마음이 心 卽 幸
행복이다

김성화 지음

사람들이 자꾸 묻습니다.

행복하냐고

낯선 모습으로 낯선 곳에서 사는

제가 자꾸 걱정이 되나 봅니다.

저울에 행복을 달면

불행과 행복이 반반이면

저울이 움직이지 않지만

불행 49% 행복 51%면

저울이 행복 쪽으로 기울게 됩니다.

행복의 조건엔 이처럼

많은 것이 필요 없습니다.

. . . .

당신은 1%의 행복을

어느 쪽에 올려놓으실 건가요?

오늘 하루의 행복은

나 스스로 만들 수 있습니다.

- 이해인 '1%의 행복' 中에서 -

머리말
우리는 지금 얼마나 행복한가?　·8

1장
신독(愼獨)과 무자기(毋自欺)

2장
발뒤꿈치를 들어라

3장
마음이 행복이다

4장
관용과 히말라야

7장
장무상망(長毋相忘)

우리는 지금 얼마나 행복한가?

다른 사람이 자신보다 행복해 보이는 이유는 우리가 남의 행복에는 확대경을 들이대면서 자신
의 행복은 축소경으로 보기 때문이다.   - 장샤오형(張笑恒), 『느리게 더 느리게』中에서 -

얼마 전 미국의 저명한 작가이자 인플루언서인 마크 맨슨(Mark Manson)이
한국을 방문한 후 '세계에서 가장 우울한 국가를 여행했다(I traveled to the
most depressed country in the world)'라는 영상을 올려 관심을 모았다. 맨슨이
한국을 가장 우울한 나라로 본 이유는 일상화된 경쟁과 '전부 아니면 전무
(all or nothing)'라는 분위기 속에서 성취압박감으로 인해 스트레스가 많기 때
문이라고 분석했다. 특히 맨슨은 자기표현능력을 무시하고 가족이나 사회
와의 친밀감을 소홀히 하면서 물질주의와 돈벌이에 매몰하고 있다고 꼬집
었다.

우리가 그토록 추구하는 행복은 부(富)의 정도와 비례하는 것일까. 여러
연구에서 그렇지 않다는 결과가 나왔다. 그러나 여전히 많은 사람은 돈이
행복을 결정한다는 착각에 사로잡혀 있다. 거기에는 이유가 있다. 현대 사
회는 황금만능주의 사회, '돈이면 다 되는 사회'로 여기기 때문이다. 조물
주 위에 건물주라는 말이 있을 정도다. 그동안 우리가 돈으로도 살 수 없다
고 믿어 왔던 우정이나 사랑, 신념과 정의마저 돈의 위력 앞에서 무릎을 꿇

고 만다. 돈은 인간의 무한한 욕망을 충족하기 위해 무분별한 소비의 도구가 되었다. 우수한 인재(人才)들이 중국처럼 공대(工大)에 미치기보다 의대(醫大)에 몰리고 있는 것은 '가난하고 병든 사람에게 인술(仁術)을 베풀기 위해'서가 아니라 오직 돈 때문이다.

이제 우리나라의 1인당 국민소득은 3만 7천 달러에 이르러 일본을 앞질렀다. 인구 5천만 명 이상 주요국 중에서는 미국과 독일, 영국, 프랑스. 이탈리아에 이어 6위를 차지한다. 100만 장자(長者)도 130만 명이나 돼 세계에서 열 번째다. 경제 규모 면에서 보면 한국은 엄연한 선진국이다. 'K-컬처'의 인기는 세계 각지에서 한국의 위상을 드높이고 있다. 그러나 글로벌 여론조사 기업인 '입소스(Ipsos)'가 발표한 「세계 행복 Global Happiness 2024」 보고서를 보면 한국인의 행복도는 최하위 수준이다. 삶의 만족도는 경제협력개발기구(OECD) 38개국 중 33위이고 자살률은 세계 1위다. 초고령사회에 출산율도 최저이며 청소년 우울증은 만성질환 1위를 차지하고 있다. 요즘 젊은이 중에는 '프리터족(free arbeiter)'이 늘고 있고 '그냥 쉬는' 청년 백수도 50만 명이 넘었다.

행복이란 무엇인가? 정의(定義)는 얼굴 생김새만큼이나 다르다. 노벨경

제학상을 받은 미국의 경제학자 폴 사무엘슨(Paul Samuelson)이 내린 정의는 '행복=소유/욕망'이다. 소유가 많을수록, 욕망이 작을수록 행복할 수 있다. 그러나 욕망이 끝이 없다면 행복은 요원하다. 그렇다고 욕망을 줄이기도 생각처럼 쉽지 않다. 누군가는 '행복은 내가 좋아하는 것, 하고 싶었던 것을 찾아서 집중하고 즐기는 지금 이 순간'이라고 말한다. 고급 승용차를 타고 여행하는 사람보다 자식에게 보낼 옥수수와 호박을 다듬고 있는 시골 할머니가 더 행복할 수 있다. 전문가들은 물질적인 추구보다 현재의 삶 속에서 행복을 찾으라고 말한다.

연세대 서은국 교수는 『행복의 기원』에서 'becoming(~이 되는 것)'보다 'being(~으로 사는 것)'에 중점을 두라고 강조한다. 미래의 목표와 성공을 위해 전력 질주하기를 멈추고 지금 이 자리에서 주변에 보이는 행복을 찾으라는 말이다. 서울성모병원 채정호 교수도 『진정한 행복의 7가지 조건』에서 '원하는 것을 갖추었을 때 느끼는 행복' 대신 '웰빙(well-being)'을 삶의 목표로 다루어야 한다고 말한다. '더' 가지려(having)고, '끊임없이' 무엇인가를 하는(doing) 기존의 성취 지향적 행복관에서 벗어나 지금 여기에 존재하는 나 자신에게 집중하라는 것이다. 그래야만 삶의 의미와 목적을 발견하고 내 안의 자원을 활용해 꾸준히 성장함으로써 자기실현을 이루어 나갈 수 있다는 것이다.

이 책은 은퇴를 앞두고 있거나 환갑이 지난 나이에도 마음은 청년 같은 장년(長年)층과 나누고 싶은 이야기를 담았다. 지나온 인생을 되돌아보면서 행복에 직·간접적으로 영향을 주는 '삶의 가치'에 관련한 주제들이다. 나를 둘러싸고 있는 가족과 사회, 세상에서 일어나고 있는 이야기에 귀 기울이다 보면 당신이 추구하는 행복의 방향과 맞닿아 있는 대목을 만날 수 있을 것이다. 주제와 관련이 있는 전문가의 연구보고서와 참고 도서를 인용해 추가적인 안내와 방향등(方向燈) 역할을 하도록 했다. 당신이 원하는 행복을 만들어 가는 데 조금이라도 도움이 되어, 책을 들고 있는 수고가 헛되지 않았으면 하는 바람이다.

2025년 눈 내린 가을에 김성화

1장

신독(愼獨)과 무자기(毋自欺)

1

첫걸음

누군가에게 행복하다고 증명하며 사는 것이 가장 불행하게 사는 방법이다.

- 김수현, 『나는 나로 살기로 했다』 中에서 -

스마트폰 시대를 맞아 많은 사람이 단톡방에 들어가 정보를 공유하고 다양한 소재로 대화를 나누며 살아간다. 그런데 단톡방에는 대화 상대의 프로필이 있어 이를 들여다보면 그 사람의 취향을 어느 정도 짐작해 볼 수 있다. 주로 좌우명(座右銘)이나 사진을 많이 올려놓았는데, 어떤 사람의 프로필에는 사진이 한 장도 없는가 하면 100장이 넘는 사람도 있다. 그중에는 자녀나 손주 사진이 대부분이다. 어느 지인의 프로필에는 짤막한 동영상이 있었는데 가만히 보니 손주가 넘어질 듯 뒤뚱거리며 걸음마 하는 장면이었다. 앙증맞은 아이의 모습을 보면서 웃다가, 지금은 장성한 두 아들을 키우던 기억과 함께 떠오른 것이 오래전에 보았던 밀레의 작품인 '첫걸음'이다.

명작 '만종'으로 널리 알려진 밀레(Jean-François Millet, 1814~1875)는 어린 시절부터 농민들의 삶을 보고 자라면서 노동의 신성함에 감명을 받았다. 1858년에 그린 「첫걸음」은 생후 1년 6개월이 지나도 잘 걷지 못하던 아이가 오늘 처음 걸었다고 자랑하는 이웃집 농부의 기뻐하는 소식을 듣고 그렸다고 한다. 「첫걸음」을 보면 화창한 봄날, 걸음마에 나서는 아이를 안아 주기 위해 일손을 놓고 두 팔을 벌려 어서 오라며 반기는 아빠의 마음과 행여라도 아이가 넘어질까 붙잡아 주는 엄마의

따스한 사랑을 느낄 수 있다. 밀레를 참스승이자 정신적인 지주(支柱)로 여기고 평생 추앙했던 고흐(Vincent Willem van Gogh, 1853~1890)는 만년에 밀레의 「첫걸음」과 똑같은 작품을 그려 밀레가 그린 작품보다 더 많이 알려지기도 했다.

1969년 미국의 닐 암스트롱이 달에 착륙하고 첫걸음을 걸으면서 했던 한마디는 "이것은 한 사람에게는 작은 한 걸음이지만, 인류에게는 위대한 도약이다(That's one small step for a man, one giant leap for mankind)."라는 말이었다. 인류의 꿈을 실현한 암스트롱의 발자국은 분명 우주를 향한 위대한 첫걸음이었다.

그러나 달 위에서 걷는 첫걸음만 위대한 것은 아니다. 사람에게는 누구에게나 첫걸음이 있다. 태어나서 내딛는 첫걸음뿐만 아니라 모든 첫걸음은 위대하다. 초등학교에 입학할 때나 군대에 입대할 때, 사회에 첫발을 내디딜 때, 예식장에서 신랑 신부가 팔짱을 끼고 하객의 박수를 받으며 내딛는 첫걸음 등 우리의 삶은 모두 첫걸음에서 비롯된다.

첫걸음이 위대하다는 것은 첫걸음이 성공이나 실패의 결과를 떠나 새로운 세계에 도전하는 그 자체가 아름답고 위대하다는 뜻이다. 미국 역사상 최초의 여성 대통령에 도전했다가 실패한 힐러리 여사는 결과에 승복하는 연설을 통해 자신의 첫걸음이 '다음번의 누군가를 위해 필요한 도전'이었다고 말했다. 그는 비록 단단한 유리천장을 깨지는 못했지만, 어린 소녀들에게 꿈을 갖게 하고 그 꿈을 이루는 데 필요한 모든 기회를 당당히 누릴 수 있는 존재라는 것을 일깨워 주었다. 첫걸음의 실패가 성공 못지않은 가치를 발휘한 것이다.

사람은 태어나서 1년 정도 지나면 걸음마를 시작한다. 자녀를 키워 본 사람은 첫걸음을 내딛는 아기의 모습을 보며 기뻐하던 장면을 기억할 것이다. 가족들은 불안하게 첫걸음을 내딛는 아기의 모습이 신기해 손뼉을 치며 응원한다. 아기는 넘어지면서도 가족들의 응원에 힘입어 덩달아 신이 나서 다시 일어난다. 넘어지고 일어서기를 수백 번 반복한 후에야 비로소 제 발로 걸을 수 있다.

첫걸음은 어린아이 때만 하는 것이 아니라 나이가 들어서도 한다. 그러나 어린아이가 걸음마에 성공하는 것처럼 모두가 성공하는 것은 아니다. 은퇴 후 경제활동에 나설 때나 취미 생활에 도전할 때 첫걸음 내딛는 자체를 두려워하기도 한다. 용기를 내서 첫걸음을 뗐다가도 몇 번 넘어지고 나면 아예 포기하는 경우도 있다. 이럴 땐 응원이 필요하다. 걸음마를 시작하는 어린아이가 넘어졌을 때 가족들이 손뼉을 치며 어서 일어나라고 응원을 보내듯이, 가족이나 친구들이 주위에서 용기를 내라고 응원을 보낸다면 커다란 힘이 된다.

내가 살아 있다는 것은 두 발로 서서 걸을 수 있다는 것을 의미한다. 사고로 다리를 다쳐 수술하고 나면 재활 치료를 한다. 목발을 짚고 첫걸음을 내디딜 때 비명을 지를 정도로 통증이 심하다. 그러나 이 고통을 극복해 내야만 다시 걸을 수 있고 높은 산에도 오를 수 있다. 그동안 해 보고 싶었지만, 시간과 돈이 없다거나 용기가 없어 미루어 두었던 것을 꺼내어 도전해 보자. 장기간 쉬고 있거나 취업에 어려움이 큰 청년들에게는 정부에서 '일자리 첫걸음 보장제'를 도입해 지원한다. 시니어들의 첫걸음은 용기와 주위의 응원이 성공을 보장해 준다. 노래를 좋아하는 나는 요즘 아내의 응원에 힘입어 '요들송' 배우기에 나서고 있다. 자전거를 처음 배울 때나 스케이트를 신고 첫발을 내디딜 때처럼 설렘과 두려움을 느껴 보자. 첫걸음을 내딛는 순간 당신은 아마도 걸음마에 성공한 어린아이보다 더 큰 기쁨을 느끼게 될 것이다.

2

똥지게

부족함을 모르고 자란 아이는 행복할 수 없다.　　　　　　　　- 다케다 교코(일본 작가) -

우리 어머니 나를 가르치며 / 잘못 가르친 것 한 가지
일꾼에게 궂은일 시켜 놓고 / 봐라 / 공부 안 하면 어떻게 되나
저렇게 된다 / 똥지게 진다

　심호택 시인(1947~2010)이 쓴 시(詩) 「똥지게」를 보면 어렸을 적 똥지게를 지고 일하시던 아버지가 떠오른다. 고등학교에 다닐 무렵이었을까? 집에 왔는데 아버지가 산비탈에 있는 밭에 거름을 낸다며 똥지게를 지고 가시는 걸 보고, 도와드린다는 생각에 대신 짊어지고 갔던 기억이 난다. 70년대까지만 해도 농촌에서는 농작물에 비료 대신 인분을 뿌려 주던 일이 일반적이었고, 도시에서도 재래식 화장실 처리를 생업으로 하는 사람들이 똥지게를 지고 다니는 모습을 흔히 볼 수 있었다.

　2023년 제24회 전주국제영화제에서 상영했던 일본의 사카모토 준지(阪本順治) 감독의 영화 「오키쿠와 세계」에도 똥지게가 등장한다. 영화는 오염된 이 세상을 똥에 비유하면서 채소와 같은 먹거리의 자양분 역할을 하는 똥의 아름다움을 드러낸다. 똥지게꾼은 똥을 더럽다고 멀리하면서도 똥 문제를 해결하지 못해 쩔쩔매는 도시인들 앞에 나타나 문제를 해결하면서 이들이 하는 일이 얼마나 가치 있는 일인가를 보여 준다.

　똥을 더럽다고 보는 것은 우리의 관념에서 비롯된 것이다. 우리 조상들이 인분(人糞)을 논밭에 뿌려 거름으로 활용했던 것처럼, 현대 과학의 힘을 빌려 똥을 자원으로 활용하는 생태 혁명이 일어나고 있다. 울산과학기술원(UNIST) 생활형 연구소 '사이언스 월든'에서는 똥을 분리하고 각종 장치를 통해 바이오 가스를 만들어 전기 에너지를 생산하고 있다. 실제로 사이언

스 월든 공간의 모든 시설은 똥으로 만들어진 전기와 에너지를 사용한다. 연구팀에 의하면 성인이 하루에 배설하는 인분의 가치는 500원 정도이며 전 국민의 똥은 매년 약 9조 원에 달하는 가치를 창출할 수 있다고 한다. 똥을 더럽다고 보이지 않게 치워 버려야만 하는 배설물이 아니라, 자원으로 활용하고 생태 순환의 한 고리로서 생각한다면 지구의 환경을 보존하고 기후 위기를 극복해 나가는 데에도 큰 도움이 될 것이다.

똥은 이제 문학적 관점에서도 새롭게 조명받고 있다. 『똥의 인문학』은 인간과 똥의 관계를 위생학적 관점에서 나아가 정치경제와 정신분석, 미생물학 등 다양한 관점에서 바라보고 있다. 최근에 출간한 『종교와 똥, 뒷간의 미학』은 종교의 관점에서 똥과 배설의 의미를 조명하고 각 종교의 교리와 문화 속에서 생명과 순환의 다른 이름이기도 한 똥을 어떻게 인식하고 있는지를 다뤘다. 『은유로서의 똥』은 근대화 과정에서 비천화된 똥을 한국문학에서는 어떻게 재현되었는지를 묶어 놓은 책이다.

직업에 귀천(貴賤)이 있을까. 겉모습과 인품은 일치하는 것일까. 조선 후기 실학자 연암 박지원은 『예덕선생전(1756)』에서 주인공인 똥지게꾼 엄행수에게 '예덕(穢德) 선생'이라는 칭호를 붙인다. 예덕은 '더러운(穢) 것으로 덕(德)을 쌓는다'는 의미다. 소설에서는 학문 높은 '선귤자(蟬橘子)'라는 선비의 제자들이 스승이 미천한 똥지게꾼과 교분을 나누는 것에 항의하며 스승을 떠나겠고 나선다. 이에 스승 선귤자는 제자들에게 "그가 하는 일이 불결하고 신분은 비천하지만 자기 직분에 충실하고 검소한 생활이 향기로우니 어찌 벗으로 삼지 않겠느냐?"라고 반문한다. 사람은 겉모습이나 직업보다 행실로 판단해야 한다고 제자들을 일깨우기 위함이다. 연암은 똥지게꾼 엄행수를 내세워 깨끗함과 더러운 것에 대한 기존의 관념을 타파하고 당시 사대부들의 위선과 허위의식을 비판한 것이다.

사람이 모여 사는 세상에 똥지게꾼은 꼭 필요한 사람이다. 그런데도 똥지게꾼을 냄새나고 더럽다며 멀리한다. 지금도 우리 곁에는 많은 예덕 선생이 있다. 분뇨 처리 업체 종사자와 환경미화원들은 물론 위험한 환경에서 힘한 일을 하면서도 차별과 부당한 대우를 받으며 살아가는 사람들이다. 정화 노동자들이 "우리도 이 일이 좋지 않다. 그래도 당신들 똥을 치우는 건데, 멸시의 눈길은 거두어 달라."는 하소연에 귀를 막고 코를 막는다. 더구나 이들은 수행하는 작업의 '질'과 '성과'보다는 학벌과 성별 등의 차이로 저임금에 시달린다. 그들에게서 향기를 느낄 수는 없다 하더라도 '능력주의'라는 명분에 사회의 구조적인 문제를 외면하는 인식은 잘못된 것이다. 누군가는 똥지게를 짊어져야 하는데도 똥지게꾼을 천시하고 '내 자식만 아니면 된다.'라는 생각은 노동을 천하게 여기는 잘못된 가르침이다.

부모의 자식 사랑이야 인지상정이지만 자식의 행복을 위해 부모가 해야 할 일은, 삶의 가치가 무엇인가를 가슴속에 심어 주는 일이다. 자식을 위한 애틋한 마음에 법과 상식을 외면하고 어떻게 해서든지 돈과 출세가 성공이라는 사고방식을 넣어 준다면 결코 훌륭한 부모라고 할 수 없다. 심호택 시인의 시 '똥지게'는 우리에게 참다운 공부가 무엇인지, 부모는 자식의 행복을 위해 무엇을 가르쳐야 하는지, 삶을 위해 흘리는 땀과 진정한 노동의 가치가 무엇인지를 생각하게 한다.

3

계탐도(戒貪圖)

돈은 결코 사람을 행복하게 만들지 못했고, 앞으로도 그럴 것이며, 본질적으로 행복을 만들어 낼 수가 없다. 사람은 돈을 가질수록 더 원하기 때문이다. — 벤자민 프랭클린(미국 정치가) —

2024년 10월, 의정부 예술의전당 대극장에서는 최자인 안무가의 연출작인 「A-GAL」 공연이 펼쳐졌다. 제목인 「A-GAL」은 '아가리'와 갈증을 나타내는 '목마를 갈(渴)'의 합성어로 '탐(貪)'의 행위를 표현한 단어다. 최자인 안무가는 지나친 탐욕이 사회에 폐해를 끼치고 나아가 자신도 파멸에 이르게 된다는 것을 깨우치기 위해 「계탐도(戒貪圖)」에서 모티브(motive)를 가져왔다고 한다.

공자의 탄생지인 중국 산시성 취푸(曲阜, 곡부)에는 공자의 사당인 공묘(孔廟)가 있다. 공묘의 동쪽에는 궁전처럼 큰 규모와 화려한 건물들이 있는데, 공자 직계 장손의 저택이며 공무(公務) 장소였던 공부(孔府)이다. 이 공부(孔府)의 저택에서 관아로 가는 길목의 건물 내부에 공연 'A-GAL'의 주제가 된 「계탐도(戒貪圖)」가 있다.

계탐도에는 용의 머리에 개의 몸, 원숭이의 꼬리, 소의 발굽을 가진 상상의 동물인 '탐(貪)'이 그려져 있다. '탐(貪)'은 네 발에 보물 주머니를 매달고도 게걸스럽게 태양까지 집어삼키려고 하는 탐욕의 상징이다. 공자의 후손들은 계탐도 앞을 지날 때마다 "그대여, 지나친 욕심을 부리지 마시오(公爺過貪了, 공아과탐료)!"라고 외쳐야 했다. 공무를 수행함에 결코 탐욕이 없어야 함을 일깨우려는 공자 가문의 가훈(家訓)인 셈이다.

탐욕을 경계하라고 교훈을 주는 상상의 동물이 「계탐도(戒貪圖)」에 그려진 '탐(貪)'이라면, 살아 있는 동물은 남아메리카 대륙의 안데스산맥에 사는 콘도르(condor)다. 1970년 미국의 포크록 가수 사이먼 앤 가펑클(Simon & Garfunkel)이 페루의 민중가요를 「El Condor Pasa(If I Could)」라는 제목으로 발표했는데, 그 노래에 나오는 새다. 우리에게도 「철새는 날아가고」라는 노래로 번안되어 많이 알려졌다.

잉카의 후손들은 지금도 사후 영혼의 자유를 염원하는 상징으로 축제 때면 콘도르를 생포해 두었다가 하늘로 날려 보낸다. 콘도르는 경계심이 강해 생포하기가 매우 어려운데, 콘도르의 탐욕을 이용하면 쉽게 잡을 수 있다. 마을 청년들은 깊은 산속으로 들어가 콘도르의 먹잇감을 풀어놓고 며칠 동안을 기다린다. 하늘에서 이를 지켜보던 콘도르는 안심하고 내려와 몸이 무거워 날아가지 못할 정도로 마음껏 포식한다. 이때를 기다리던 청년들은 재빨리 뛰어가 뒤뚱거리는 콘도르를 붙잡는 것이다.

오래전 아프리카 원주민과 중국의 남부지방에서도 원숭이를 생포할 때 원숭이의 탐욕을 이용했다. 목이 오목한 유리병에 사탕을 넣어 원숭이가 잘 다니는 길목에 놔둔다. 이를 본 원숭이는 사탕을 움켜쥔 손을 사람이 다가와도 끝까지 펴지 못하고 쩔쩔매다가 사로잡힌다.

만물의 영장이라고 우쭐대는 인간은 어떨까. 원철 스님의 『낡아가며 새로워지는 것들에 대하여』에는 「광음천자생인간(光音天子生人間, 광음천자가 인간 세상에서 살다)」이라는 신화가 나온다. 사람이 본래 신선처럼 하늘나라에서 날아다녔는데 인간세계에 내려와 맛있는 음식이 많은 것을 보고 너무 많이 먹어 날아가지 못해 땅에서 살게 되었다는 얘기다. 신화라지만 안데스산맥에 사는 콘도르와 흡사해 부끄러운 생각이 든다.

사람의 욕심은 신화에 나오는 얘기만은 아니다. 세계적인 대문호 톨스토이(1828~1910)의 단편집 『사람에게는 얼마만큼의 땅이 필요한가?』에는 주인공 '파홈'이라는 농부의 얘기가 나온다. 1,000루블의 돈만 내면 하루 동안 돌아다닌 땅을 모두 준다는 약속에 해가 지기 전에 한 뼘이라도 더 차지하려다 지쳐 목숨을 잃고 만다. 그가 묻힌 3아르신(약 2미터) 정도의 땅은 욕심의 끝이 어디인지를 극명하게 보여 주고 있다.

탐욕의 흔적은 우리네 아파트 이름에도 있다. 전남 나주에 있는 한 아파트 이름은 글자 수가 무려 25자다. 건설사 브랜드와 아파트 이름에 따라 아파트값이 달라질 것으로 여기는 조합원의 욕구가 버무려진 결과다. 1970년대에 유행했던 코미디 '김수한무 거북이와 두루미 삼천갑자 동방삭 치치카포 사리사리 센타…'를 연상케 해 쓴웃음이 나온다.

욕심은 인간의 가장 본능적인 감정이자 발전의 원동력이 될 수 있지만, 탐욕은 암 덩어리보다 더 큰 독(毒)이다. 불가(佛家)에서 말하는 삼독(三毒)은 탐욕(貪欲)과 진에(瞋恚), 우치(愚癡)인데 탐욕이 첫 번째. 사회의 지도층에 있던 사람이 탐욕의 굴레에서 벗어나지 못해 한순간에 나락으로 떨어져 의관지도(衣冠之盜, 관복 입고 도둑질하는 관리)라는 비난을 산다. 모든 다툼과 갈등은 탐욕이 근원이며 전쟁은 정치가들의 광적인 탐욕이 빚어낸 산물이다.

1997년 아시아에 금융위기 당시 노벨경제학상 수상자 조셉 스티글리츠 (Joseph Stiglitz)는 "금융위기의 근본 원인은 딱 한 가지, 욕심이다. 욕심은 만악(萬惡)의 뿌리이며 세상의 모든 재화로도 욕구라는 심연을 메울 수 없다." 라고 말했다. 4세 아이를 학원에 보내고 유명학원 입학을 위해 '7세 고시' 가 성행해 아동학대라는 비판을 사는 것도 모두 돈 때문이다.

『명심보감』「성심편」에는 "대하천간야와팔척 양전만경일식이승(大廈千間夜臥 八尺 良田萬頃日食二升)"이라는 구절이 있다. "천 칸이 되는 큰 집이라도 밤에 눕는 건 여덟 자뿐이고 기름진 밭이 백만이랑 이라도 하루에 먹는 것은 두 되뿐이다."라는 말이다. 우리는 다시금 콘도르와 원숭이의 교훈을 되새기고 공자의 후손들이 외치던 "공야과탐료(公爺過貪了)!"의 정신을 음미해 봐야 하겠다.

4

견금여석(見金如石)

당신이 행복하지 않다면 집과 돈과 이름이 무슨 의미가 있겠는가. 그리고 당신이 이미 행복하다면 그것들이 또한 무슨 의미가 있겠는가.
— 류시화, 『지구별 여행자』 中에서 —

경기도 성남시에 있는 한국국제협력단(KOICA) 연수센터에는 고려 시대 명장이자 재상이었던 최영 장군의 부조상(浮彫像)이 있다. 부조상 밑에는 "황금 보기를 돌같이 하라(Look at gold as if it is a valueless stone)."는 장군의 명언이 한글과 영어로 새겨져 있다. 사자성어로 옮기면 견금여석(見金如石)이다. 최영 장군은 아버지의 가르침이던 이 경구(警句)를 비단 조각에 새겨 늘 몸에 지니고 다녔다.

돈(Money)은 라틴어 '모네타(Moneta)'에서 기원했는데 모네타라는 말에는 '경고(Warning)'라는 뜻이 담겨 있다. 사회지도층 인사들이 뇌물을 받아 신세를 망친 사람이 한둘이 아니다. 주식과 부동산 투기에 집중해 한탕을 노리다 사기를 당하고 노숙자 신세가 되기도 한다. 드라마 「오징어 게임」에 등장하는 456명의 인물은 456억 원이라는 상금에 목숨까지 건다.

돈과 행복이 비례하지 않는다는 것은 여러 실험에서 확인된 사실이다. 최근 하나금융경영연구소에서 발표한 내용을 보면 행복에 영향을 미치는 경제력의 한계점은 총자산 50억 원 정도이다. 삶의 만족에 경제력이 중요한 것은 사실이지만, 돈의 규모만큼 행복이 무한정 커지는 것은 아닌 셈이다. 미국의 호프대학(Hope College) 심리학과 교수인 마이어스(David G. Myers) 박사는 "돈은 벌면 벌수록 우리가 살 수 있는 행복의 양은 줄어든다."라고 말한다. 가난한 사람이 돈이 많아지면 72%는 삶이 '만족스럽다'라거나 '매우 만족스럽다'라고 여기지만 부자들은 겨우 14%만이 '만족스럽다'라고 여긴다는 것이다.

그런데도 우리는 돈이 행복을 좌우한다고 굳게 믿고 있다. 오래전 흥사

단 투명사회운동본부가 초·중·고교생 각각 2천 명을 대상으로 윤리의식을 설문 조사했다. 이 조사에서 '10억 원이 생긴다면 1년간 감옥행도 무릅쓰겠다'라는 항목에 응답한 초등학생은 12%, 중학생은 28%였고 고등학생은 무려 44%에 달했다. 2018년 삼성증권 배당오류 사고 당시 직원 3명은 '감옥에 2년을 가도 연봉 50억을 번다'라는 생각으로 서로 정보를 공유하며 유령주식을 팔아치우다 자본시장법 위반 등의 혐의로 구속되기도 했다.

조정래 작가의 소설 『황금종이』에는 유산을 받으려는 자식들 간의 갈등과 돈에 중독된 사람들이 타인의 목숨까지도 위협하는 모습이 적나라하게 그려져 있다. 신(神)이 돼 버린 돈 앞에서 종교와 권력, 핏줄과 도덕도 소용없고 끝없는 욕망 속에 휘둘리는 현대인의 씁쓸한 자화상이다. 작가는 '돈은 도구이자 수단'일 뿐, 인간을 지배할 수 없다는 철학성을 확보해야만 한 번뿐인 삶을 올바르게 영위해 갈 수 있다고 강조한다.

사람은 누구나 재색명리(財色名利)라는 욕망의 범주에서 벗어나기가 어렵다. 그중에서도 돈은 가장 강렬한 유혹으로 다가온다. 이 세상에 돈을 싫어하는 사람이 있을까? 제아무리 고상한 체하고 돈을 말하면 품위가 없다고 말하는 사람도 돈의 영향력에서 벗어날 수 없다. 돈은 악마의 시중을 받을 수 있을 정도로 위력이 강해 모두가 돈으로부터의 자유를 꿈꾼다. "유전무죄(有錢無罪)요, 무전유죄(無錢有罪)"라는 말이 있을 정도다.

자리가 사람을 만들 듯, 돈은 사람을 서열화한다. 중국 한무제 시대의 역사가 사마천의 『사기(史記)』, 「화식열전(貨殖列傳)」에는 다음과 같은 내용이 있다. "대개 서민들은 상대방이 나보다 돈이 열 배 많으면 몸을 낮추고(凡編戶之民 富相什則卑下之, 범편호지민 부상십즉비하지), 백 배 많으면 두려워하며(伯則畏憚之, 백즉외탄지), 천 배 많으면 그의 일을 해 주고(千則役, 천즉역), 만 배 많으면 그 하인이 되니(萬則仆, 만즉복), 이것이 사물의 이치이다(物之理也, 물지리야)." 돈 앞에서는 자존심과 양심도 내팽개칠 수밖에 없는 현실을 간파한 말이다.

돈은 두 얼굴을 지닌 야누스와 양날의 칼처럼 잘 쓰면 약보다 더 이롭고,

잘못 쓰면 독보다 더 해롭다. 독일의 사회학자 게오르크 지멜(Georg Simmel, 1858~1918)은 명저 『돈의 철학(Philosophie des Geldes, 1900)』에서 "돈은 영혼을 지켜 주는 수문장이다."라고 말하며 돈이 개인과 사회 모두에게 축복과 재앙을 동시에 가져다줄 수 있는 양면성을 지적했다.

누구라도 돈은 많을수록 좋다고 하겠지만 '재다신약(財多身弱)'은 돈이 감당하기 힘들 만큼 많으면 건강을 해칠 수 있다는 말이다. 공자는 제자 중제일 부자였던 자공(子貢)에게 돈에 관하여 이렇게 가르쳤다. "가난해도 아첨하지 않고(貧而無諂, 빈이무첨) 부유해도 교만하지 않은 것(富而無驕, 부이무교)보다, 가난해도 즐거워하고(貧而樂, 빈이락) 부유해도 예를 좋아하는 것(富而好禮, 부이호례)이 더 낫다." 가난하더라도 비굴하지 않고 당당하게 도(道)를 즐길 줄 알며, 부유하면 베풀고 나누며 살아야 한다는 말이다.

소득이 삶의 안정과 행복에 긍정적인 영향을 미치는 것은 분명하지만 돈이 행복의 전부는 아니다. 미국의 경제학자 리처드 이스털린(Richard Easterlin)은 "소득이 증가할수록 행복도가 높아지는 것은 아니다."라고 주장했다. 이른바 '이스털린의 역설(Easterlin's Paradox)'이다. 그렇다고 "나물 먹고 물 마시고 팔을 베고 누웠으니 대장부 살림살이 이만하면 어떠리"라는 말만 해서도 안 된다. 우리는 학교에서 '황금 보기를 돌같이 하라'든가 '청백리'에 관한 교육을 많이 받아왔으나 생산과 소비, 금융 등 경제 원리에 대해서는 소홀히 한 면이 있다. 돈의 가치와 올바른 경제관을 확립하기 위한 경제 교육도 중요하다.

사람을 울고 웃게 만드는 돈, 어떻게 해야 할까. 가수 남진이 1969년에 발표한 노래 「사람 나고 돈 났지」를 들으면 답을 알 수 있다.

"… 사람 나고 돈 났지 돈 나고 사람이 났다더냐… 허겁지겁 덤비다는 코만 깨지고 잡았다고 까불다간 사그라진다…"

5

소욕지족(少欲知足)

행복의 비결은 더 많은 것을 갖는 것이 아니라 더 적은 것으로 즐길 수 있는 능력을 키우는 데에 있다.

- 소크라테스(그리스 아테네 철학자) -

"나는 20년을 검소하게 사는 가운데 집 몇 칸 갖추고, 논밭 몇 이랑 경작하고, 겨울 솜옷과 여름 베옷을 몇 벌 갖고 있네(僕二十年處約之中 營屋數椽 産業數畝 冬絮夏葛 各數件, 복이십년처약지중 영옥수연 산업수묘 동서하갈 각수건). 잠자리에 누우면 남은 공간이 있고, 옷을 입고도 남은 옷이 있으며, 밥통 바닥에는 남은 밥이 있다네(臥外有餘地 身邊有餘衣 鉢底有餘食, 와외유여지 신변유여의 발저유여식). 이렇게 남은 것들로 한세상을 한가하게 지낸다네(挾比數件 高臥一世, 협비수건 고와일세)…"

위의 글은 조선 중기의 문신이자 학자인 사재(思齋) 김정국(金正國, 1485~1541)이 친구인 「황 아무개에게 보낸 편지(寄黃某書, 기황모서)」의 일부이다. 그의 문집에는 실려 있지 않고 명종과 선조 때의 문신이자 청백리인 송와(松窩) 이기(李墍, 1522~1600)가 쓴 『송와잡설(松窩雜說)』에 담겨 있다. 황 아무개라는 친구가 노후에 호사스러운 집을 짓고 욕심 사납게 산다는 소문을 듣고 편지를 보내 자신의 지족철학(知足哲學)을 드러내 보인 것이다.

김정국은 경상도 관찰사와 예조참판, 승지 등의 벼슬을 지내며 승승장구했으나 기묘사화에 연루되어 고향인 경기도 고양군 망동에 낙향해 살았다. 권세와 명예, 녹봉까지 끊긴 마당에서도 자신을 팔여거사(八餘居士)라 불렀다. 팔여(八餘)가 뭐냐고 묻는 사람들에게 김정국은 "토란국과 보리밥을 배불리 먹고, 따뜻한 온돌에서 잠을 자고, 맑은 샘물을 마시고, 서가에 가득한 책을 보고, 봄날에는 꽃을 가을에는 달빛을 감상하고, 새들의 지저귐과 솔바람소리를 들으며, 눈 속에 핀 매화와 서리 맞은 국화에서는 향기를 맡는다. 한

가지 더, 이 일곱 가지를 넉넉하게 즐기기에 팔여라고 한다."라고 답했다.

소욕지족이란 탐욕에서 벗어나 김정국처럼 부족함 속에서도 넉넉함을 아는 삶이다. 지족상락(知足常樂, 만족할 줄 알아야 늘 즐겁다)을 강조했던 노자의 『도덕경』 44장에 "지족불욕 지지불태 가위장구(知足不辱 知止不殆 可爲長久)"라는 구절이 있다. 만족할 줄 알면 치욕을 당하지 않고, 멈출 줄 알면 위태롭지 않아 오랫동안 지속할 수 있다는 말이다. 노자는 우리의 삶이 평온하려면 만족하고 멈출 줄 알아야 한다고 강조했다. 『명심보감』「안분편(安分篇)」에 나오는 "지족자 빈천역락, 부지족자 부귀역우(知足者貧賤亦樂, 不知足者富貴亦憂)"도 "만족할 줄 아는 사람은 가난하고 비천해도 즐겁고, 만족할 줄 모르는 사람은 부유하고 신분이 높아도 근심스럽다."라는 말이다.

소유가 범죄처럼 생각된다고 말했던 마하트마 간디의 어록에는 "내가 가진 거라고는 물레와 교도소에서 쓰던 밥그릇과 염소젖 한 깡통, 허름한 담요 여섯 장, 수건, 그리고 대단치도 않은 평판, 이것뿐이오."라는 대목이 있다. 넉넉함을 자랑했던 김정국이 필요한 것은 "책 한 시렁과 거문고, 벗 한 사람, 신발 한 켤레, 잠을 청할 베게 하나, 바람 통하는 창문 하나, 햇볕 쬘 툇마루 하나, 차 달일 화로, 늙은 몸 부축할 지팡이, 봄 경치 즐길 나귀 한 마리"라고 했다. 무소유에 대해 "아무것도 가지지 않는 것이 아니라 불필요한 것을 갖지 않는 것"이라고 말한 법정 스님은 어떠했을까. 마지막 산문집 『아름다운 마무리(2008)』에서 "내 삶을 이루는 소박한 행복 세 가지는 스승이자 벗인 책 몇 권, 나의 일손을 기다리는 채소밭, 그리고 오두막 옆 개울물 길어다 마시는 차 한 잔"이라고 했다.

인간의 본성인 소유욕을 억누르기란 쉬운 일이 아니다. 그러나 만족할 줄 모르는 소유는 위험하다. '만족(滿足)'이라는 한자는 '가득 찰 만(滿)'과 '발 족(足)'인데, 이는 발목까지 차올랐을 때, 거기서 멈추는 것이 바로 완벽한 행복이라는 뜻이다. 여기에서 우리는 행복이란 욕심을 최소화할 때, 비로소 얻을 수 있음을 알 수 있다.

플라톤은 우리의 마음을 이성(Reason)과 기개(Spirit), 욕망(Desire)으로 삼분하고 이성이 인간에게 가장 중요한 능력이라고 했다. 그러나 우리는 이성과 기개를 멀리하고 물질적인 이득을 추구하는 욕망만을 앞세우고 있는 것은 아닌지 되돌아봐야 한다.

우리는 지난 시절에 비해 비교할 수 없을 만큼 잘살게 되었지만, 여전히 정신적인 가난에서 벗어나지 못하고 있다. 불필요한 것들을 가득 쌓아 두고 진정 무엇이 필요한지를 잊은 채 살아간다. 경제적으로나 사회적으로 현재의 삶에 만족할 줄 모른다면 행복은 요원하다. 넉넉함을 아는 것, 그것이 행복이다.

귀향 전 문경에서 귀촌 생활을 하는 고향 친구를 찾은 적이 있다. 마당에서 한참을 돌아 나가야 아랫마을이 보이는 외진 산비탈에 임시 건물을 짓고 부인과 함께 조그만 밭작물을 가꾸며 살고 있었다. 전기는 들어오지만 휴대폰 통화도 어려울 정도로 지금 우리가 사는 세상과는 다른 환경이었다. 그런데 집 둘레에 정성 들여 화단을 손질하던 그 친구 입에서 "자족하면 되는 거지 뭐…."라고 하는 말이 자주 나왔다. 그 친구의 생활은 얼핏 보기엔 많이 불편해 보였지만, '자족(自足)'을 입에 올리는 친구의 표정은 마냥 평온했다.

지난주에 봄 햇살이 좋아 읍내 오일장에 나가 꽃 한 포기를 사서 화단에 심었다. 그 친구가 말한 자족을 떠올리며 나는 지금 아침이슬을 머금고 갓 피어난 꽃봉오리를 바라보며 미소 짓고 있다. 나도 몰래 입에서는 "자족하면 되지, 뭐."라는 말을 곱씹으면서.

6

청렴과 사불삼거(四不三拒)

> 굶주리지 않고, 목마르지 않고, 추위에 얼어붙지 않는 것, 이런 상태를 유지하거나 바라는 자는
> 제우스와 행복을 겨룰 수 있다.
>
> – 에피쿠로스(그리스 철학자) –

러시아가 우크라이나를 침공한 지 1년이 지난 23년 2월 우크라이나 젤렌스키 대통령이 격전지인 돈바스 지역 사령관을 해임했다는 보도가 있었다. 이어서 우크라이나 정부는 부패 혐의로 5개 주 주지사와 국방부 차관, 검찰 부총장, 대통령실 차장, 지역 개발 담당 차관 등을 해임하고 정부 고위층을 상대로 부패 혐의 수사에 속도를 내고 있다는 보도가 뒤따랐다.

그 무렵 우리나라 어느 지역 시장(市長)은 모친상을 당해 시민들에게 무작위로 부고 메시지를 보냈는가 하면, 모(某) 군수는 장남 결혼식을 앞두고 이장을 포함한 지역민 1,300여 명에게 모바일 청첩장을 돌렸다. 부고와 청첩장에는 모두 계좌번호가 적혀 있었는데 보도가 나가자 사과를 하기도 했다. 어떤 공무원은 '숙부상(喪)'을 '부친상'으로 속여 부의금 2,500만 원을 챙겼다가 집행유예를 선고받기도 했다. 사람이 모여 사는 세상에서 부패는 사라질 수 없을까?

중국 역사상 가장 큰 치적을 쌓은 당태종(唐太宗)의 언행록이자 정치 교과서로 평가받고 있는 『정관정요(貞觀政要)』「군도(君道)」편에는 "미유신정이영곡(未有身正而影曲, 몸이 곧은데 그 그림자가 굽을 리 없다)"이라는 대목이 있다. 당태종은 신하들의 간언을 잘 들어 치세 동안 태평성세를 이루었는데, 치세철학의 근본은 '바르게'였다. 바르다는 것은 사심(私心)을 버리고 오직 백성의 평안을 앞세우는 정치 철학이다.

스웨덴의 총리를 23년이나 지낸 타게 엘란데르(Tage Erlander, 1901~1985)는 청렴과 정직함으로 일관해 스웨덴을 1인당 국민소득이 5만 달러가 넘는 세

계 최고의 복지국가로 일구어 냈다. 1968년 퇴임한 타게 엘란데르가 거처할 집이 없다는 사실이 알려지자 당원들이 급히 돈을 모아 한적한 시골 마을에 집을 마련해 주었는데, 그곳에는 평소에 그를 지지했던 사람들보다 반대 진영에 있던 사람들이 더 많이 찾아왔다고 한다.

2025년 5월에 타계한 우루과이의 무히카 전 대통령은 생전에 '세계에서 가장 가난한 대통령'이라는 칭호를 받았다. 그는 평소에 "나는 가난하게 사는 것이 아니라 검소하게 사는 것이다. 나는 적게 필요할 뿐"이라고 말해 왔는데. 자신이 받는 대통령 봉급 90%를 사회 기금으로 기부했다. 대통령궁을 노숙자 쉼터로 개방하고 자신은 사저에서 출퇴근했다. 차량도 작고 오래된 구형 '폭스바겐 비틀'을 운전기사도 없이 직접 몰고 다녔는데, 그가 공식적으로 소유한 재산은 구형 폭스바겐 비틀 1대가 전부였다.

과거에 우리 선비들도 바른 삶을 추구하기 위해 청렴을 최우선의 가치로 여겼다. 고려 시대부터 청렴한 관리를 선정해 상을 주는 '청백리' 제도를 시행했다. 관리들이 청렴을 실천하기 위한 핵심 덕목이 '사불삼거(四不三拒)'라는 불문율(不文律)이다. 사불삼거란 '절대로 하지 말아야 할 네 가지와 거절해야 할 세 가지 경우'를 말한다.

사불(四不)은 부업을 하지 않을 것, 땅을 사지 않을 것, 집을 늘리지 않을 것, 근무하는 곳에서 생산되는 명산물을 먹지 않는 것이고, 삼거(三拒)는 윗사람의 부당한 요구와 부탁을 들어준 것에 대한 답례, 경조사의 부조를 거절하는 것이다. 사불삼거와 같은 청렴 정신은 다산 정약용 선생의 『목민심서』에도 잘 드러나 있다. 목민관(牧民官)의 기본자세로 제시한 육염(廉)은 재염(財廉)과 색염(色廉), 직염(職廉), 권위염(權威廉), 명염(明廉), 강직염(剛直廉)으로서 청렴이 재물뿐만 아니라 명예욕 등 정신적인 수행 덕목임을 알 수 있다.

이처럼 지도자와 관리의 청렴이 강조되는 것은 부패가 국민에게 해를 끼치는 사회악이자 국가의 근본을 뒤흔들 수 있기 때문이다. 근대 민족사의 큰 사건이었던 동학농민혁명도 탐관오리의 학정(虐政)에서 비롯된 것이었다. 우리나라 대통령 중에서도 돈과 관련하여 불명예를 안은 대통령이 있는가 하면, 사회지도층의 비리와 공직자의 부정부패는 아직도 근절되지 않고 있다.

부패는 공익보다 사익을 추구하는 개인의 도덕 불감증에서 비롯된다. 지나친 탐욕은 개인은 물론 사회와 국가 전체를 혼탁하게 한다. 개인의 양심에 기대어서는 청렴 사회를 이룩할 수 없다. 그동안 부패 방지를 위한 제도적인 노력이 이어져 왔으나 인사청문회에 나온 인사가 윤리 문제로 낙마하고 부정부패와 관련된 뉴스가 하루가 멀다 하고 터져 나온다. 일부 지자체장이 억대가 넘는 관용 승용차를 두고 월 수백만 원 하는 고급 임대차를 타고 다닌다거나, 의원들의 외유성 해외연수와 공직자의 이권 개입은 그치지 않고 있다. 우리 사회의 부정부패가 근절되지 않고 있는 것은 잘못된 관행과 지연이나 혈연, 학연, 근무연 등으로 얼룩진 연고주의 문화가 뿌리 깊게 자리 잡고 있기 때문이다. 더욱이 정치인과 사회지도층의 낮은 청렴의식은 공정한 법치 사회의 실현을 방해하고 있다.

오이밭을 지나갈 때는 신을 고쳐 신지 말고, 오얏나무 밑을 지날 때는 갓을 바로 잡지 말라는 말이 있는데, 50억 원을 대가 없이 받았다고 했다가 처벌받는 고위직 인사가 있다. 지자체장(地自體長)이 선출직으로 되면서 공직자들이 승진할 때 금전 문제가 있었다는 얘기가 나돈 지도 오래되었다. 이재명 대통령이 공무원 특강에서 "돈 유혹을 조심해야 한다."라며 청렴을 강조한 대목은 공직자가 아니더라도 우리가 모두 새겨야 할 말이다.

"돈이 마귀입니다. 이 마귀는 절대로 마귀의 얼굴을 하고 나타나지 않아요. 가장 아름다운 천사의 모습을 하고 나타나죠. 돈은 그렇게 무서운 거니까 '마귀다' 이렇게 생각하고 조심하시면 여러분의 인생이 편해질 수 있습니다."

7

신독(愼獨)과 무자기(毋自欺)

세상일에는 선과 악이 있다. 선을 행한 자에게는 행복이, 악행을 저지른 자에게는 불행이 오는 것이 세상의 이치이다.

- 『채근담』 中에서 -

"쏙이지 말그래이!" 이 말은 "산은 산이요, 물은 물이로다."라는 고측(古則)을 원용(援用)하여 많은 사람에게 깊은 인상(印象)을 남겼던 성철(性徹, 1912~1993) 스님이 깨달음의 말씀을 청하는 청년에게 던진 한마디였다. 이 말을 들은 청년은 출가 후 성철 스님의 제자가 되어 입적할 때까지 23년이나 시봉(侍奉)했던 원택 스님이다. '불기자심(不欺自心, 자기 마음을 속이지 마라)'을 화두로 삼았던 성철 스님은 신도들이 올리는 공양을 독화살처럼 무서워했고, 남의 허물보다는 내 허물을 먼저 보라는 말을 자주 했다고 한다.

골프를 일컬어 신독(愼獨)의 경기라고 한다. 선수의 규칙 위반을 지켜보는 감시자가 없기에 스스로 양심에 따라 '룰'을 준수해야 하기 때문이다. 몇 해 전 대한골프협회(KGA)는 오구(誤球) 플레이를 한 유망한 신인 여자 프로골프 선수에게 3년 동안 출전을 금지하는 중징계를 내린 적이 있다. 경기 중 남의 볼을 자신의 볼로 착각해 경기를 계속하고 15일이 지나 자진 신고를 했지만 이를 부정 행위로 본 것이다. 해외 골프계에서는 규칙 위반 선수를 '치터(Cheater, 사기꾼, 부정행위자)'로 간주해 더욱 엄격하게 처벌하고 있다.

신독(愼獨)은 『중용(中庸)』의 첫 장 '군자신기독야(君子愼其獨也)'에 나오는데 혼자 있을 때도 마음의 작용까지 허물이 없도록 삼간다는 뜻이다. 『대학(大學)』에 나오는 "무자기(無自欺)"나 『해동소학(海東小學)』에 나오는 "독처무자기(獨處毋自欺)"도 홀로 있는 곳에서 자신을 속이지 말라는 뜻이어서 신독과 같은 의미로 쓰인다. 명나라 정치가 유기(劉基)가 말한 '무괴아심(無愧我心, 내 마음에 부끄러움이 없도록 한다)'도 마찬가지다. 남송(南宋)대 유학자인 주희

(朱熹)는 신독의 독(獨)을 '자기 혼자만이 있을 때'에서 나아가 여러 사람과 함께 있더라도 '남이 모르는 자신의 마음속'이라고 말한다.

"행불괴영 침불괴금(行弗愧影 寢不愧衾)"은 중국의 북제(北齊) 시대 유주(劉晝, 516~567)라는 사람이 쓴 것으로 추정되는 『유자신론(劉子新論)』 제10편 「신독(愼獨)」에 나오는 말이다. 본래는 "獨立不慚影 獨寢不愧衾(독립불참영 독침불괴금)"으로 "홀로 서 있어도 자기 그림자에 부끄러움이 없고, 홀로 잘 때도 자기 이불에 부끄러움이 없어야 한다."는 뜻이니 언제 어디서나 떳떳하게 행동해야 한다는 수신(修身)의 상징이라 할 만하다.

신독은 중국의 유학자나 옛 선비들이 자신의 호(號)나 공부하는 재각(齋閣)의 이름으로 사용하고 병풍에 새겨 머리맡에 두고 잠자리에 들 만큼 삶의 핵심 철학이었다. 다산 정약용 선생도 강진에서 보낸 18년의 유배 생활 동안 독처무자기(獨處無自欺)를 좌우명으로 삼아 힘든 나날을 이겨냈다. 다산 정약용 선생은 천주교 신자로 박해를 받아 오랜 유배 생활을 했는데 신독에 대한 해석이 독특하다.

"어두운 방에 홀로 있는 군자가 두려워하며 감히 나쁜 짓을 하지 못하는 것은 하느님이 함께하심을 알기 때문이다."

신독은 양심(良心)의 등불 아래에서 빛을 발한다. 중국 후한(後漢) 시기에 형주자사와 동래태수를 지낸 양진(楊震)이라는 사람이 있었다. 그가 형주자사로 부임하러 가는 도중인데 고을 수령이 밤에 황금 10근을 가지고 왔다. "날이 어두워 아는 사람이 아무도 없습니다." 그러자 양진이 말했다. "하늘이 알고, 땅이 알고, 내가 알고, 그대가 아는데 어찌 아는 자가 없다고 말하는가?" 양진이 말한 사지(四知, 네 가지 앎)는 서양에서 말하는 양심의 어원과도 통한다. 양심을 가리키는 영어 'conscience'는 '함께 안다'라는 의미가 있다. 제아무리 비밀스러운 일이라 할지라도 자신의 양심은 안다는 말이다. 그래서 기독교에서는 양심을 신의 목소리로 간주한다.

혼자 있는 시간은 진정으로 나와 마주하는 시간이다. 내 마음이 선(善)한 쪽으로 기우는지, 악(惡)한 쪽으로 기우는지를 들여다보는 시간이다. 이러한 마음의 움직임은 오직 나만이 알 수 있다. 그래서 세상 모두를 속일지언정 나 자신은 속일 수 없다. 세상에 범죄자가 줄지 않는 것은 남들은 물론, 자기 자신도 속일 수 있다고 여기는 사람이 많기 때문이다. 아무 곳에나 쓰레기를 버리는 사람은 날마다 거울을 들여다보면서도 자기 마음 밭(心田)에 독초와 악취가 나는 것을 못 본 체하고 사는 사람이다.

CCTV가 늘어나고 많은 블랙박스가 나를 지켜보기 때문에 신독을 가까이 해야 할 필요성이 더욱 커지고 있다. 자기소개서나 학위 논문은 물론 문화계에서 벌어지는 '표절(剽竊)' 문제가 언론에 보도되기도 한다. 남들 앞에서 양심을 속이고 위선자(僞善者)인 척하는 것은 가짜 '나'이다. '슬그머니 버린 휴지 슬그머니 버린 양심'. 홀로 있을 때 진짜 나를 보면서 내면의 성찰을 다지고 선이 악에 가려지는 것을 물리쳐야 한다. 십목소시(十目所視), 열 사람의 눈이 나를 보고 있는 것처럼 생각하는 것이 바로 신독과 무자기(毋自欺) 정신이다.

맹자(孟子)는 '군자삼락(君子三樂)'의 하나로 '앙불괴어천(仰不愧於天, 하늘을 우러러 부끄럽지 않다)'을 들고 있으며, 윤동주 시인도 「서시(序詩)」의 첫 단락에서 떳떳함을 추구하던 삶의 자세(하늘을 우러러 한 점 부끄럼이 없기를)를 표현하고 있다. 나는 과연 신독을 입에 올릴 만한 자격이 있는가? 달 밝은 날이면 홀로 마당에 나와 그림자를 보다가, 잠자리에 들어 이불을 끌어당기다가 '신독'을 떠올리며 '독립불참영 독침불괴금(獨立不慙影 獨寢不愧衾)'을 되뇌어 본다.

8
실패 자랑하기

> 행복한 삶이란 어둠이 없으면 있을 수 없고, 슬픔이라는 균형이 없으면 행복이라는 말은 그 의미를 잃어버린다.
>
> — 카를 융(스위스 심리학자) —

"실패는 많이 할수록 좋다. 아무 일도 하지 않아 실패하지 않는 사람보다 무언가 해 보려다 실패한 사람이 훨씬 유능하다."

삼성 이건희 회장이 했던 이 말은 실패보다 성공만을 최고의 가치로 여겼던 우리에게 고개를 갸우뚱하게 한다. 미국의 전설적인 CEO인 토마스 왓슨이 "성공률을 높이고 싶다면 실패율을 두 배로 올려라."라고 한 말도 마찬가지다. 그러나 미국의 발명왕 에디슨(Thomas Alva Edison, 1847~1931)이 "실패는 성공의 어머니다."라고 한 말을 생각하면 실패보다 성공을 위한 말이라는 것을 알 수 있다. 1,000번이 넘는 실패 끝에 전구(電球)를 발명한 에디슨은 실패를 성공의 과정으로 생각했다. 1908년 노벨 생리의학상을 차지한 독일의 세균학자 파울 에를리히(Paul Ehrlich, 1854~1915)는 1909년에 매독 치료제 '살바르산'을 개발해 특허를 받았다. 그런데 이 살바르산의 별칭은 '606'인데 606번의 실험 끝에 만든 약이라고 해서 붙여진 것이다. 2025년 미국 일론 머스크의 스페이스X가 화성 탐사를 위한 위성 발사에 성공했는데 9번의 실패 끝에 이룩한 쾌거였다.

비단 위의 사례뿐만 아니라 세상의 모든 성공은 모두 실패를 딛고 일어선 결과물이다. 글로벌 기업인 구글(Google)과 아마존(Amazon), 테슬라(Tesla)는 모두 수많은 실패를 딛고 일어선 기업들이다. 구글은 프로젝트 중 성공확률이 50% 정도에 불과했다. 구글 웹사이트에는 '구글 공동묘지(Google Graveyard)'라는 게 있다. 사이트에는 '구글이 죽인 것들(Killed by Google)'이라는 문구 아래 구글이 지금까지 종료한 300여 가지의 서비스가 나열돼 있는

데, 서비스 이름을 누르면 관련 기사로 이동한다. 이미 서비스가 종료된 구글의 제품과 프로젝트의 실패 원인을 솔직하게 전시해 교훈으로 삼고 있다.

'세계 실패의 날(10월 13일)'은 2010년 핀란드에서 유래됐다. 인구가 600만도 되지 않는 핀란드는 인구수 대비 스타트업(Startup)이 가장 많은 나라다. 통신 장비를 제조하던 국민 기업 '노키아'가 몰락한 후 고용 침체를 겪던 청년들이 창업에서 돌파구를 찾기 위해 교수와 기업인 등이 모여 실패의 경험을 나누고 서로를 격려하면서 시작됐다.

미국 뉴욕의 인더스트리 시티(Industry City)에는 '실패 박물관(Museum of Failure)'이 있다. 여기에는 혁신적인 아이디어로 여겨져 시장에 출시됐다가 실패한 수많은 제품이 전시되고 있다. 미국은 실패를 감추기보다 드러내놓고 공유하며 실패에 대한 인식을 바꿔 나갔다. 실리콘밸리에는 매년 10월 창업자들이 모여 「실패를 껴안고 성공을 만들자」라는 제목으로 실패담을 공유하는 페일콘(Failcon, 실패 콘퍼런스)이 열린다. 실패를 사회적 자산으로 인식하는 미국의 기업 문화를 보여 주는 대표적인 사례다.

일본도 '실패 지식 활용 연구회'를 만들어 국가 차원에서 실패 지식을 활용해 나가고 있다. 실패학의 창시자인 도쿄대 하타무라 요타로 명예교수는 『써먹는 실패학』에서 실패는 숨길수록 병이 되고 드러낼수록 성공이 된다고 역설한다. 실패에서 배우면 큰 실패를 막고 성공의 지렛대로 활용할 수 있다는 것이다.

우리는 실패를 어떻게 받아들이고 있을까? 한 번 실패하면 끝장이라는 생각에 실패를 감추려 하고, '과정'으로 여기기보다 '결과'로만 보는 사람이 훨씬 더 많다. 실패를 교훈 삼아 다시 도전하는 기업가 정신은 세계 하위권이다. 젊은이들이 창업에 망설이는 이유도 실패에 대한 두려움 때문이다. 정부의 국가 연구·개발(R&D) 과제 성공률은 95%가 넘지만, 사업화 성공률은 20%에 그친다. 연구에 실패하면 다음 연구에 참여가 제한되는 등 불이익을 받을 수 있어 연구 목표를 낮게 설정하고 성공할 만한 연구 주제만 올리기 때문이다.

다행히 대기업 중에서 '실패 사례 경진 대회'나 '실패 박람회'를 개최하고 '혁신적 실패 상(賞)'을 제도화하는 등 실패를 두려워하지 않는 기업 문화가 퍼지고 있다.

카이스트는 2021년에 '실패 연구소(CAF·Center for Ambitious Failure)'를 설립했다. 가을에는 2주 동안 '실패 주간' 행사를 열어 '망한 과제 자랑 대회'와 사진 전시회 등 다양한 실패 사례를 공유하고 도전 정신을 북돋는 계기로 삼는다. 실패 연구소장 조성호 교수는 야구의 3할 타자를 예로 들면서, 실패는 인생을 위한 자양분이 될 수 있기에 실패를 걱정하기보다 실패를 많이 안 해 본 것을 걱정하라고 말한다. 『이시형의 인생 수업』에도 "실패라는 말은 90세가 되거든 그때 하세요. 그전에 겪는 일들은 인생의 한 과정입니다."라는 말이 나온다.

실패는 유익한 경험이다. 인생이라는 긴 여정에서 볼 때 스티브 잡스의 말(Connecting the dot)처럼 실패도 큰일을 할 수 있는 밑거름이 될 수 있다. 쇼펜하우어는 『희망에 대하여』에서 "돈을 유용하게 사용할 수 있는 방법 가운데 가장 유익한 것은 사기를 당하는 것이다. 왜냐하면, 그 대가로 현명함을 얻을 수 있기 때문이다."라고 말했다. 미국의 베스트셀러 작가 마크 맨슨(Mark Manson)도 『신경끄기의 기술』에서 실패는 회피의 대상이 아니라 '실패 면역력'을 강화하고 '실패 회복탄력성'을 높이는 성장의 기회로 삼아야 한다고 강조한다. 실패 없는 성공 사례는 없으며 실패는 성공의 반대가 아니라 성공의 일부이다. 미국의 자동차 왕 헨리 포드(Henry Ford, 1863~1947)가 "실패란 더 현명하게 다시 시작할 기회"라고 한 말은 우리에게 실패를 두려워하지 말고 시도해 보라는 외침이다. 강한 사람은 넘어지지 않는 사람이 아니라 넘어져도 다시 일어서는 사람이다.

9

역경과 희망

큰 행복을 느끼기 위해선 큰 고통과 불행을 먼저 가져야 한다. 그렇지 않으면 이게 행복인지 어떻게 알겠는가?

- 레슬리 캐런(미국 여배우) -

최근 어려운 경제 상황을 두고 IMF 때보다, 코로나 때보다 더 힘들다는 사람이 늘고 있다. 자영업자들의 폐업이 줄을 잇고 생활고 때문에 가족이 목숨을 끊었다는 뉴스도 들려와 마음이 아프다. 2024년도에 폐업 신고를 한 사업자가 100만 명을 넘었다. 급기야 정부가 민생회복 지원금을 지급했지만, 아직도 경제 회복을 낙관하기에는 시간이 필요한 실정이다. 살면서 누구나 한두 번 역경에 처해 보지 않은 사람이 어디 있겠는가마는, 인생이란 잘 나갈 때보다 역경을 이겨냈을 때 더욱 빛을 발하는 것 같다.

김이율 작가의 『나는 인생의 고비마다 한 뼘씩 자란다』에는 모든 것이 끝이라는 절망적인 상황에서 희망의 끈을 놓지 않고 역경을 극복한 23명의 감동적인 실화가 담겨 있다. 그들 중에는 전신 마비 장애 아들을 둔 미국의 아버지 딕 호이트(Dick Hoyt)가 40년 동안 아들과 함께 72회의 마라톤 풀코스 완주와 257회의 철인 경기 등 1,130개 대회에 도전해 전 세계 사람들에게 불가능은 없다는 것을 보여 준 사례도 있다.

호주에서 팔과 다리가 없이 태어나 편견과 차별을 극복하고 세계적인 동기부여 연설가로 활동하고 있는 닉 부이치치(Nick Vujicic)는 '사지 없는 인생 (Life Without Limbs)'의 대표로서 지체장애인과 많은 사람에게 희망의 상징이 되고 있다.

『지선아 사랑해』라는 책으로 알려진 이지선 씨는 대학교 졸업을 앞두고 있던 1970년, 음주 운전 차량에 교통사고를 당해 온몸에 3도 화상을 입었다. 일본과 미국을 오가며 40여 차례나 수술을 받았으나, 지금도 흉터로 얼룩진 얼굴과 여덟 손가락 끝마디가 없는 채로 생활하고 있다. 이지선 씨는 수많은 좌절과 역경을 딛고 일어선 끝에 대학교수로 재직하면서 화상을 입은 환자들에게 멘토 역할을 하고 있다.

살다 보면 누구나 넘어지고 역경과 마주할 수 있다. 그러나 넘어지는 것보다 어떻게 다시 일어서느냐가 더 중요하다. 전문가들은 역경에 처했을 때 대처하는 사람의 유형을 좌절하고 포기하는 사람(Quitter)과 뚜렷한 대안을 찾지 못하고 적당히 안주하는 사람(Camper), 모든 능력과 지혜를 동원하여 극복해 내는 사람(Climber)으로 구분한다. 그런데 여기에서 주목해야 할 점은 역경을 극복해 내는 사람들은 대체로 회복탄력성이 높다는 사실이다. 회복탄력성(resilience)이란 원래 제자리로 돌아오는 힘을 말하는데, 심리학에서는 주로 시련이나 고난을 이겨내는 긍정적인 힘을 의미하는 뜻으로 쓰인다.

그렇다면 어떠한 방법으로 회복탄력성을 높일 수 있을까? 연세대 김주환 교수는 『회복탄력성』이라는 책에서 감사하기 훈련과 규칙적인 운동, 깊고 넓은 인간관계를 유지해 긍정적인 정서를 향상해 나가라고 강조한다. 그러면 음치가 훈련을 통해 노래를 잘 부를 수 있게 되는 것처럼, 회복탄력성도 꾸준한 노력을 통해 얼마든지 향상될 수 있다는 것이다.

신은 인간이 극복할 수 있을 만큼의 시련만 준다는 말도 있지만, 회복탄력성이 약한 사람은 작은 악성 댓글에도 삶에 대한 의욕을 잃고 만다. 그러나 회복탄력성이 높은 사람은 살아 있다는 자체만으로도 희망의 빛을 좇아 일어선다. 그렇다면 역경에 직면한 사람이 회복탄력성이 약해 다시 일어설 의욕조차 없을 때는 어떻게 해야 할까? 한탄과 좌절에 빠져 있을 것이 아니라 호흡을 가다듬고 이 어려움이 지나가기를 기다리는 것도 좋은 방법이다.

2025년 작고한 방송인 뽀빠이 이상용은 한창 잘 나가던 전성기에 정계 입문을 제의받았으나 이를 거절해 혹독한 대가를 치렀다. 심장병 어린이 돕기 성금을 횡령했다는 누명을 쓰고 모든 방송에 출연할 수 없게 된 것이다. 미국에 건너가 후배 방에 얹혀살며 여행안내자 생활을 했다. 귀국해서도 막일을 하며 힘든 나날을 보낼 때 주변에서 보내 준 격려 한마디가 큰 힘이 되었다고 한다. 그중에서도 김수환 추기경의 "쌓인 눈을 급히 치우려 하지 마라, 봄이 오면 저절로 녹는다."와 법정 스님의 "자루에 곡식을 많이 담으려면 좌우로 많이 흔들어야 한다.", 김동길 박사의 "강물에 오물을 버리는 사람도 있지만 결국에는 바다로 흘러간다."라는 말은 지금도 가슴속에 남아 있다고 회고한 바 있다. 모두가 어려움을 딛고 일어서기 위한 인내와 기다림의 철학이 담긴 말이다.

역경에 처했을 때 무너지는 것은 희망을 보지 못하기 때문이다. 노자 『도덕경』 23장에 "표풍불종조 취우불종일(飄風不終朝 驟雨不終日)"이라는 말이 나온다. "거센 회오리바람은 아침나절을 넘기지 않고, 아무리 세찬 소나기도 종일토록 내리지 않는다."는 뜻이다. 다윗 왕의 반지에서 유래했다는 "이것 또한 지나가리라(This, Too, Shall pass Away)."라는 말과 상통한다. 영화 「바람과 함께 사라지다」에서 주인공 스칼렛이 "내일은 내일의 태양이 뜬다(Tomorrow will bring its own sunshine)."라고 한 말도 마찬가지다.

서울대 교수로 재직하다 불의의 사고로 목 아랫부분을 움직일 수 없게 된 이상묵 교수는 혹독한 재활 과정을 이겨내고 6개월 만에 교수직에 복직해 '한국의 스티븐 호킹'이란 별명을 얻었다. 그는 『0.1 그램의 희망』이란 책에서 "하늘은 모든 것을 가져가시고 희망이라는 단 하나를 남겨 주셨습니다."라고 말한다. 타고 난 잿더미 속에서도 새싹이 돋듯, 절망스러운 상황에서도 살아 있는 한 희망의 꽃은 핀다. 세상이 무너진 것 같은 절망감을 장벽이 아닌 도약의 발판으로 삼아 다시 일어선다면 오늘보다 나은 내일은 반드시 찾아올 것이다.

10
성공의 의미

> 성공을 위해 치열한 경쟁을 벌이는 과정에서 모든 것을 희생하고, 이 희생을 무릅쓴 성공은 인간을 행복이 아닌 불행으로 이끈다.
>
> — 버트런드 러셀(영국 사상가) —

어떤 경마 대회에서 말 2마리가 동시에 결승점을 통과했는데 사진을 판독해 보니 1등과 2등의 차이는 입술 두께 차이, 즉 1/1000초였다. 1등과 2등은 결국 입술 두께 차이에 불과한 것이니 성공한 사람은 교만하지 말고, 1등을 하지 못해도 좌절하거나 비굴하지 않은 자세로 당당하게 살라고 말할 때 쓰인다.

너나 할 것 없이 세상 사람은 누구나 성공을 꿈꾼다. 성공이란 과연 무엇일까? 사전적인 의미는 '목적한 바를 이루어 냄'이다. 인도의 구루(guru)이자 철학자인 오쇼 라즈니쉬(Osho Bhagwan Shree Rajneesh)의 『성공이란 무엇인가』에는 "성공은 제 눈에 안경이다."라는 말이 있다. 사람마다 목적하는 바가 모두 다르고 사람과 사물을 보는 기준도 제각각이니, 성공이라는 것도 '제 눈에 안경'이라는 뜻이다. TV에 얼굴이 나오고 이름이 알려져야만 성공한 것이 아니다. 체중을 감량하거나 금연(禁煙)에 성공한 일이 명문대나 대기업 입사 시험에 합격한 것보다 더 가치 있는 성공일 수도 있다. 그러나 우리는 성공을 사회적인 지위나 재산의 많고 적은 것으로만 판단한다.

성공을 출세나 재산의 크기로만 바라볼 때 그 사회는 암울한 사회가 될 수밖에 없다. 어느 분야에서나 성공하는 사람은 소수자에 불과하다. 성공하지 못한 다수의 사람이 좌절하며 상실감에 빠져 산다면 건강한 사회가 될 수 없다. 그러나 불행하게도 우리 사회는 젊은이들을 가능성이 낮은 성공의 길로 몰아가면서 무수히 많은 낙오자를 양산하고 있다. 경쟁에서 이긴 소수자만을 성공한 것으로 간주한다면 성공하지 못한 대다수 사람의 삶을 무가치한 것으로 여기게 된다. 출세나 돈보다 다양한 삶의 가치를 추구하면서 헌신과 사랑을 나눌 줄 아는 '훌륭한 삶'이 더욱더 숭고하고 성공일 수 있다는 인식을 넓혀 가야 한다.

어떤 분야에서 정상을 차지하고 1등과 금메달만을 성공으로 여기는 세상에서 동메달도 아닌 4등을 목표로 삼는 사람이 있다. 영화 「범죄 도시」에 출연했던 배우 박지환은 "인생 목표는 4등"이라고 말한다. 4등이란 메달 순위에는 들지 못하더라도 최선을 다하는 소시민의 얼굴이라는 것이다.

2020년 스페인 바르셀로나에서 열린 철인 3종 대회에서 스페인 선수 디에고 멘트리다는 코스를 착각해 뒤처진 영국 선수 제임스 티글이 먼저 골인 지점을 통과하도록 양보했다. 실수한 선수에게 동메달을 받도록 하고 자신은 4위로 결승선을 통과한 것이다. 이를 지켜본 티글 선수는 멘트리다 선수에게 감사의 인사를 보냈다. 관중들도 진정한 스포츠맨십을 보여준 멘트리다 선수에게 뜨거운 박수를 보냈으며 대회 본부는 '명예 3위' 입상자 자격을 부여하고 3위와 같은 상금을 지급했다.

성취(成就)와 성공(成功)을 혼동하는 사람도 있지만, 이는 엄연히 다르다. 성취는 본인이 이룬 것을 본인만 갖고 누리는 것이고, 성공은 본인이 이룬 것을 나눈다는 것이다. 진정한 성공은 크게 이룬 것에서 나아가 본인이 이룬 것을 주변에 나누어 줄 때 빛을 발한다. 세계 최고 갑부인 빌 게이츠는 '부자로 죽지 않겠다'라는 삶의 철학으로 재산의 99%에 해당하는 280조 원을 사회에 환원했다.

카카오 김범수 의장이 평소에 자주 인용한다고 알려진 시(詩)가 있다. 미국의 버락 오바마 전 대통령도 늘 가슴에 새기고 다녔다는 시인데, 미국의 시인이자 사상가인 에머슨(Ralph Waldo Emerson, 1803~1882)의 「무엇이 성공인가(What is Sucess)」이다. 에머슨은 이 시에서 성공이란 많이 웃거나 친구의 배반을 참아내고, 건강한 아이를 낳든, 한 뙈기의 정원을 가꾸든, 사회

환경을 개선하든, 자신이 태어나기 전보다 세상을 조금이라도 살기 좋은 곳으로 만들어 놓고 떠나는 것이라고 말한다. 끝부분에서는 "자신이 한때 이곳에 살아 단 한 사람의 인생이라도 행복해지는 것, 이것이 진정한 성공 (This is to have succeeded)"이라고 강조한다.

시골에 주택을 짓고 귀향한 나는 골목길과 맞물린 마당 울타리 사이에 차량 통행이 원활하도록 공간을 확보해 정원수와 화초를 심고 물 주기와 잡초 제거에 정성을 들였다. 차가 다니기 편하고 지나다니는 사람들도 꽃을 보며 좋아해 보람을 느낀다. 동네 사람들로부터 "좋은 사람이 우리 동네에 이사 와서 동네가 훤해졌다."라고 평가받는 것을 성공의 목표로 삼았는데 목표에 한 걸음 다가서고 있는 느낌이다.

돌이켜보면 삶에서 크나큰 불운만 없어도 복 받은 인생이요, 성공한 인생이라 할 수 있다. 오래 사는 사람은 전화를 걸어 오는 사람만 있어도 성공이요, 더 오래 사는 사람은 아침에 눈만 떠도 성공이라는 말이 우스갯소리만은 아니다. 누구라도 '성공'이란 단어 앞에서 위축감이 든다면 '세로토닌(Serotonin, 행복 호르몬) 전문가' 이시형 박사의 말을 음미해 보자. "나의 작은 말 작은 흔적들이 누군가에게 울림과 도움이 된다면 그것으로 내 인생은 된 것이다!"

2장

발뒤꿈치를 들어라

불로장생과 청려장(青藜杖)

가장 어리석은 행동은 다른 행복을 위해 건강을 희생하는 것이다.

- 쇼펜하우어(독일 철학자) -

어느 날 '104세 할머니, 하늘을 날다!'라는 뉴스를 보고 깜짝 놀랐다. 미국의 도로시 호프너라는 104세 할머니가 4천 미터 상공에서 뛰어내리는 스카이다이빙에 성공했다는 소식이었다. 호프너 할머니는 2023년 10월 1일, 2인승 스카이다이빙 장비를 타고 세계 최고령 스카이다이버라는 기록을 수립한 후 착지하면서 "나이는 숫자에 불과하다."라는 평소 자신의 말을 증명했다. 아무리 100세 시대라고 하지만 보행기가 없으면 걷기도 힘들 나이에 스카이다이빙을 즐기는 호프너 할머니가 부럽고 존경스러운 마음이 들었다.

100세가 넘어서까지 활동하는 사람을 보는 것은 이제 어려운 일이 아니다. 미국의 헨리 키신저 전 국무장관은 100세의 나이로 타계하기 전까지 중국을 방문해 열정적인 외교 활동에 나서기도 했다. 김형석 교수는 104세에도 활발한 강의를 이어 가고 있고, 대전의 이삼추 어르신은 105세가 넘었는데도 4층 계단을 걸어서 올라갈 정도의 건강을 유지해 공익형 일자리 사업에도 참여하고 있다.

최근 보험개발원이 생명보험 가입자 통계를 바탕으로 개정한 '10회 경험생명표'에 따르면 평균수명은 남자 86.3세, 여자 90.7세로 나타났는데 여성의 평균수명이 처음으로 90세를 돌파했다. 조선 시대 평균수명이 채 40세가 되지 않았던 데 비하면 두 배 이상이 증가한 것이다. 인구학자들은 100세 시대를 넘어 120세 시대를 예고하고 있다. 『역노화』의 저자인 세르게이 영(Sergey Young)은 인간이 150세까지 살 수 있게 도와줄 기술이 10년 이내에 상용화될 것이라고까지 말한다. 지난 2025년 9월 중국 베이징에서 열린 전승절에서는 러시아 푸틴 대통령과 시진핑 국가주석이 나눈 대화가 화제를 모았다. 장기이식의 발전으로 150세까지 살 수 있을 것이라는 예측과 함께 '불멸'을 언급했기 때문이다.

이에 따라 장수(長壽)산업이 생겨나고 진시황이 그토록 찾아 헤맸던 불로초(不老草)의 꿈을 실현하기 위해 거액을 투자하는 억만장자들이 늘고 있다. 아마존 창업자인 제프 베이조스가 항노화 바이오 기업 '앨토스 랩(Altos Labs)'을 만들어 30억 달러(3조 9,000억 원)를 투자했고, 구글(Google) 창업자들은 2조 원을 투자해 '칼리코(Calico)'라는 수명 연장 회사를 세워 노화 방지를 연구하고 있다. 그런가 하면 사우디아라비아의 실세인 무함마드 빈 살만 왕세자도 10억 달러(1조 3,500억 원)를 투자해 불로장생과 노화 치료 연구에 나섰으며, 마이크로소프트 창업자 빌 게이츠도 5,000만 달러를 투자하고 있다.

회춘을 위해 자기 아들의 피를 수혈받은 사례도 있다. 40대 중반인 미국 IT 사업가인 브라이언 존슨은 여러 의사와 함께 '프로젝트 블루프린트(Project Blueprint)'라는 이름으로 노화를 늦추기 위해 연간 수백만 달러를 투자해 왔다. 자신이 직접 실험 대상이 돼 한 달에 한 번씩 젊은 사람의 피를 수혈해 오던 그는 17세인 자기 아들의 피를 수혈받기도 했으나, 몇 달 후 "젊은 사람의 혈장 수혈에 따른 이점을 확인하지 못했다."라며 관련 실험을 중단한 바 있다.

이러한 회춘 산업에 대해 회의적 시선과 생물학적으로 회춘은 불가능하다는 주장도 있다. 세계 최고 부자 반열에 오른 일론 머스크 테슬라 창업자는 우주여행을 비롯해 갖가지 미래 사업에 돈을 투자하면서도 회춘 산업에는 관심이 없다. "사람들이 너무 오래 살거나 죽지 않으면 낡은 생각에 갇히게 되고 사회는 진보하지 못한다."는 이유에서다.

머스크의 말이 아니더라도 이토록 회춘과 불로장생을 염원하는 것이 어쩌면 부질없는 일인지도 모른다. 미국 보스턴의 보훈(VA) 보건 시스템 연구진은 최근 열린 미국영양학회 연례 학술회의에서 수명을 늘려 주는 연구 결과를 발표했다. 그런데 그 연구 결과가 별다른 게 아니고 운동과 좋은 식습관, 긍정적 사회관계, 스트레스 관리, 절제된 음주, 절대 금연, 충분한 수면, 약물 중독에 빠지지 않기 등 8가지 건강 생활 습관이었다. 인명은 재천(在天)이라고 하지만 인명은 재비(在備)이기도 하다. 불로초보다 일상에서 건강에 해로운 습관을 피하고, 건강에 도움을 주는 습관을 길들이는 것이 불로장생의 비결이 아닐까.

해마다 노인의 날(10월 2일)에는 100세를 맞는 어르신들이 대통령 명의의 '청려장(靑藜杖)' 지팡이를 받는다. 2025년에는 어르신 2,568명(남자 499명, 여자 2,069명)이 받았다. '청려장'에서 한자 '려(藜)'는 명아주를 뜻한다. 신라 시대 김유신이 늙었다며 은퇴하려고 하자 임금이 말리면서 이 지팡이를 내렸다는 얘기가 있다. 경북 안동에는 퇴계(退溪) 선생이 짚던 청려장이 보존돼 있고, 1999년 영국 여왕 엘리자베스 2세가 안동을 방문했을 때 청려장을 선물로 받기도 했다. 평균수명이 짧았던 조선 시대에는 부친이 50세가 되면 자식이 청려장을 바쳤는데 이를 가장(家杖)이라고 했다. 60세가 됐을 때 마을 사람들이 주는 것을 향장(鄕杖), 70세에 나라에서 주는 것을 국장(國杖), 80세에 왕이 하사하면 조장(朝杖)이라고 했다.

100세 인구는 갈수록 늘어 2024년에는 8,737명(남자 1,582명, 여자 7,155명), 2025년에는 8,891명(남자 1,553명, 여자 7,338명)에 달했다. 청려장은 노인들이 쇠약해진 몸을 의탁하기 위해 사용했다. 시대가 변해 이제는 청려장을 짚고 다니는 노인보다 보행기나 전동차를 이용하는 노인이 더 많다. 그분들을 볼 때마다 자신보다 자식을 위해 평생을 바쳐 온 땀방울이 비쳐 보여 고개가 숙어진다. 청려장은 장수(長壽)의 증표이자 거룩한 삶을 살아온 분들에게 바치는 보상이자 훈장 같은 선물이다.

12

걸어야 산다

인간의 궁극적인 행복은 자기 안에 있다. 행복은 염원하고 찾아가는 자에게 미소로 맞이한다.

- 리스트 페렌츠(헝가리 작곡가, 피아니스트) -

군대 생활 중 가장 힘들었던 일 중의 하나는 100km 행군이었다. 한미 연합 훈련인 팀 스피리트(Team Spirit) 훈련 준비를 위해 24시간 동안 군장을 메고 식사와 10분간 휴식만 하면서 100km의 비포장도로와 산골짜기를 걸었다. 영하의 추위 속에서 발바닥이 아파 고통스러웠던 기억이 지금은 추억으로 남았다.

행군 훈련을 위해 걷는다는 것은 무척 힘든 일이지만 걷는 게 좋아 스스로 나선 길이라면 멀고 험난한 길도 즐겁다. 프랑스 신문 기자로 30년을 일하다 은퇴한 베르나르 올리비에(Bernard Olivier)는 61살의 나이에 걷기의 매력에 빠져 터키 이스탄불에서 중국 시안까지, 1만 2,000km에 달하는 실크로드를 1,099일 동안 걸었다. 4년여 동안에 걸친 도보 여행을 마치고 기록한 『나는 걷는다』라는 여행기는 도보 여행서의 바이블이 됐다. 베르나르 올리비에처럼은 아닐지라도 산티아고 순례길이나 히말라야 트래킹을 버킷리스트(Bucket list)에 넣고 발길을 옮기는 사람이 있다. 곳곳에 있는 둘레길 답사를 위한 동호회도 있다.

걷는다는 것이 이제 단순한 취미나 도전이 아니라 건강을 유지하는 핵심 요소가 됐다. 영국의 역사가 트리벨리안(G. M. Trevelyan)은 "나에게 두 명의 주치의가 있다. 왼쪽 다리와 오른쪽 다리다."라는 명언을 남겼는데, 의사들에게는 좀 서운할지 몰라도 걷기 운동의 중요성을 상징하는 말이다. 나이 든 사람들의 단톡방에는 '누죽걸산(누우면 죽고 걸어야 산다)'이라는 말이 수시로 올라온다. 같은 의미로 쓰이는 '와사보생(臥死步生)'도 마찬가지다. 짚신을 등에 짊어지고 천 리(里)가 넘는 한양도 걸어서 가야 했던 옛날 사람이 들으면 이해하지 못할 이 말이 건강의 첫 번째 덕목이 되었다.

걷기가 건강에 중요하다는 인식은 오래전부터 있었다. 서양 의학의 아버지로 불리는 히포크라테스는 "최고의 약은 걷는 것이다."라고 말했는가 하면. 허준이 지은 『동의보감』에도 "약보(藥補)보다는 식보(食補)요, 식보보다는 행보(行補)"라는 말이 나온다. 그러나 안타깝게도 현대인은 탈것을 발명한 이후 걷는 것보다 앉아서 이동하는 일이 더 많아 질병이라는 굴레를 짊어지고 산다. 세계보건기구(WHO)는 장시간 앉아 있는 생활 습관을 '의자병(sitting disease)'이라고 명명하고 이를 또 다른 유형의 중독 상태로 규정했다.

걷기가 건강을 위해 '신이 내린 최고의 선물'이라는 것은 그동안 많은 연구를 통해 알려졌다.

세계보건기구(WHO)는 신체 활동의 부족이 사망 원인 중 네 번째라고 밝혔는가 하면, 미국 하버드대학의 연구팀은 하루 1시간 이상 경쾌하게 걷기 운동을 하는 사람은 그렇지 않은 사람보다 사망률이 무려 25%나 낮아진다는 연구 결과를 발표했다. 일본 최고의 재활치료사인 다나카 나오키는 『나는 당신이 오래오래 걸었으면 좋겠습니다』라는 책에서 "100명 중 99명은 아파서 못 걷는 게 아니라 걷지 않아서 아픈 것"이라고 말할 정도. 최근 국내 연구에서도 규칙적인 걷기 운동이 40~50대 중장년층의 디지털 중독 위험을 11% 낮추고 뇌 기능을 활성화해 우울·불안 같은 정신 건강 문제를 개선한다고 밝혔다.

걷기에 관한 책이나 명사들의 걷기 예찬을 보면 걷기가 가히 만병통치약으로 여겨질 정도다. KBS TV에서 방영했던 「생로병사의 비밀」 22편을 모은 책, 『걷기만 해도 병이 낫는다』에서는 걷기의 효능을 에너지 소비 증가와 심뇌혈관 기능 강화, 하체 근력 강화 등 세 가지로 제시한다. 사례자들의 질병 상태와 증상은 달랐지만, 절망적인 상황에서 건강을 되찾기 위해 시작한 치료의 첫 단계는 모두 '걷기'였다.

    베르나르 올리비에가 실크로드 도보 여행에 나설 때, 그는 아내와 사별하고 우울증에 시달려 자살을 기도하기도 했었다. 그러다가 대장정의 여정을 통해 자연의 경이로움과 치유를 경험한 그는 '쇠이유(Seuil, 문턱)'라는 협회를 설립하고 『나는 걷는다』라는 책을 출간해 인세를 모두 협회의 운영비로 기부하고 있다. 쇠이유는 소년원에 수감 중인 청소년이 언어가 통하지 않는 다른 나라에서 3개월 동안 2천 km 이상을 걸으면 석방해 주는 교정 프로그램이다.

    일반 소년범의 재범률이 85%에 달하는 것에 비해, 쇠이유 프로그램에 참여한 청소년의 재범률은 15%에 불과한데, 이는 '걷기'가 몸 건강은 물론 정신을 치유하는 데도 매우 효과적이라는 것을 입증한다. 이에 제주지방검찰청은 2022년에 사단법인 제주올레와 제주소년원, 제주보호관찰소 등과 함께 소년범 선도 프로그램인 '손 심엉 올레(손잡고 올레길을 걷다)'를 도입했으며, 인천시교육청은 삶을 읽고, 세상을 걷고, 생각을 쓰고 표현하며 다른 사람과 공감하고 세상과 소통하도록 '읽걷쓰' 정책을 시행하고 있다.

    「보행이 신약(神藥)」이라는 설화에서 남자구실을 못 하는 조 참봉은 혈기 왕성한 행랑아범을 따라나서 신약이라는 음양수를 먹고 효과를 본다. 그러나 조 참봉이 먹은 음양수는 샘물 한 사발과 토끼 똥이었고, 실은 석 달간의 걷기 운동이 신약(神藥)이었다. 최근 미국 베일러대와 보스턴 사이언티픽 연구팀은 걷기와 같은 유산소운동이 발기부전 증상 치료에 비아그라만큼 효과적이라는 연구 결과를 국제 학술지 「성의학저널(The Journal of Sexual Medicine)」에 발표했는데, 보행이 신약(神藥)임을 과학적으로 입증한 것이다.

    걷기 운동을 안 해도 100세를 넘기기도 한다지만, 고희를 넘긴 내가 고혈압과 당뇨약 없이 이 정도나마 건강을 유지하는 것은 걷기 운동 덕분이라는 생각이다. 나는 30년째 눈이 오나 비가 오나 날마다 1시간 정도를 걷는다. 프랑스의 사상가 사르트르가 "인간은 걸을 수 있을 만큼만 존재한다."라고 말한 것처럼 나는 걸을 때 살아 있음을 온몸으로 느낀다. 걸음이 나를 살린다.

13

발뒤꿈치를 들어라

행복의 기준을 남에게 맞추지 않고 자신의 삶을 살아가면 현재의 삶에 감사하게 될 것이다.

- 『채근담』 中에서 -

고향 친구가 입원해 있다는 소식을 듣고 문병을 갔다. 콩팥이 좋지 않아 절제 수술을 했는데, 통증이 심하고 밥 한 숟갈을 넘기지 못해 죽을 맛이란다. 평소에 당뇨약을 먹고 있으면서도 술을 좋아해 자제하라고 일렀건만 몸 관리를 소홀히 해 사달이 난 것이다. 건강은 건강할 때 지켜야 하는데 이제 와서 후회한들 무엇하랴. 힘들어하는 친구의 모습이 남 일 같지 않아 마음이 무거웠다.

실건실제(失健失諸), 건강을 잃으면 모든 걸 잃는다는 뜻이다. 천하를 얻어도 건강하지 않으면 무슨 소용이랴. "돈을 잃으면 조금 잃는 것이고, 명예를 잃으면 많이 잃는 것이며, 건강을 잃으면 모든 것을 다 잃는다."라는 말은 진리다. 해가 바뀔 때마다 조사 전문 기관에서 새해 소망에 관해 물어보면 대다수 응답자가 건강을 1순위로 꼽는다. 우리가 그토록 추구하는 행복도 건강해야 누릴 수 있다.

나이가 들수록 돈이나 자식보다 더 중요한 것은 건강이다. 너나 할 것 없이 약봉지를 들고 몸뚱이 관리하기에 벅차다. 박완서 작가가 생전에 몸을 상전(上典)으로 표현했던 말에 공감이 간다. "… 나이 들면서 차차 내 몸은 나에게 삐치기 시작했고, 늘그막의 내 몸은 내가 한평생 모시고 길들여 온 나의 가장 무서운 상전(上典)이 되었다…"라는 말을 실감한 것이다.

옛날에는 먹을 것이 부족해 영양실조를 걱정했지만, 요즘은 너무 잘 먹어 과체중을 걱정한다. 보건위생 환경이 좋아지고 병원 문턱도 낮아져 일반적인 진료를 받는 데에는 어려움이 없다. 건강 정보도 넘쳐난다. TV 방송에서는 하루가 멀다고 건강에 관한 주제를 다루고 있으며 인터넷에서도 전문적인 의학지식을 쉽게 접할 수 있다.

건강의 지표를 3쾌(快)라고 말하기도 한다. 쾌식(快食, 잘 먹고)과 쾌숙(快宿, 잘 자고), 쾌변(快便, 잘 배설)이 이루어지면 일단 건강하다는 것이다. 3쾌를 위해서는 건강에 좋은 습관을 늘리고 건강에 해로운 습관을 피하는 것이 관건이다. 노화의 요인도 25%가량은 유전자에 의해 결정되고, 나머지 75%는 우리가 매일 하는 습관에 달려 있다고 한다. 금연과 절주(節酒), 규칙적인 생활과 꾸준한 운동, 동물성 식품을 줄이고 골고루 먹기, 체중과 스트레스 관리, 사회적 연결 등이 건강에 좋다는 것은 누구나 다 안다. 그러나 습관을 들여 실천하고 있는 사람은 많지 않다. 습관이 형성되려면 뇌 안에 있는 '습관 회로'를 바꾸기 위해 많은 에너지를 소모해야 하기 때문이다. 그래서 전문가들은 좋은 습관이 몸에 배게 하려면 하루도 빠짐없이 60일을 반복해야 한다고 강조한다.

규칙적인 생활이 건강에 도움을 준다는 것은 잘 알려진 상식이다. 2025년 1월 세계 최고령자였던 일본인 이토오카 도미코 할머니가 116세로 별세했는데, 매일 아침 카루피스(CALPIS)라는 일본 요구르트와 음료를 즐겨 마셨다고 한다. 독일 철학자 칸트는 160cm가 되지 않는 키에 가슴이 기형적인 허약한 체질이었지만 당시의 평균수명인 50세보다 훨씬 많은 80세까지 장수했다. 칸트의 장수 비결은 몸에 밴 철저한 규칙적인 생활이었다. 칸트는 걸어 다니는 시계라고 불릴 정도로 언제나 아침 5시에 일어나 밤 10시에 잠들 때까지 엄격하게 짜인 일과를 고수했다. 특히 사계절 언제나 오후 3시 30분이면 지팡이를 들고 어김없이 산책에 나섰는데, 이를 본 마을 주민들이 시계를 맞출 정도였다.

칸트처럼 날마다 규칙적인 생활은 못 할지라도 아주 손쉽게 할 수 있는 운동이 많이 있다. 손뼉만 많이 쳐도 건강에 좋다. 허준 선생은 건강의 비법으로 배 문지르기와 항문 조이기, 귓불 만지기, 머리 두드리기 등 열 가지를 들고 있는데 모두가 도구 없이 몇 분이면 할 수 있다. 나는 '발뒤꿈치 들기'에 습관이 들었는데, 까치발로 서는 동작은 일상에서 아무 때나 마음만 먹으면 얼마든지 할 수 있다. 자주 할수록, 발레 선수처럼 뒤꿈치를 높이 들수록, 까치발로 오래 있을수록 운동량이 많다. 간단한 이 동작은 다리 근육 발달과 무릎 관절염 예방은 물론 혈액 순환에 도움을 주는 운동이라고 질병 관리청 자료에도 나와 있다.

나의 건강 철학은 '진인사대천명(盡人事待天命)'이다. 알고 있는 건강 지식을 하나라도 더 실천하기 위해 금연과 금주는 물론이고 골고루 제때 먹으려고 애를 쓴다. 규칙적인 습관과 걷기 운동은 중독이 되었을 정도다. 그래도 나이가 들어가니 몸에 이상 징후가 나타난다. 칫솔과 치실을 주머니에 넣고 다닐 정도로 치아 관리를 해왔으나 윗니가 세 개나 부스러져 병원에 다녀야 했다. 내 몸을 지키기 위해서는 용기도 필요하다. 친구들로부터 '음식을 가리는 게 많다'라거나 '얼마나 살려고 그러느냐'라는 핀잔을 들어도 흘려 넘겨야 한다. KBS 아나운서였던 김재원은 동료들과 식당에 가면 공깃밥 하나를 덜 시키고 도시락에 담아 온 잡곡밥을 먹는다. 가수 송창식은 한밤중에 제자리 빙빙 돌기 운동을 30년 넘게 하고 있다.

나는 고속도로 휴게소에 들르면 소변기 앞에서도 발뒤꿈치 들기 운동을 한다. 그럴 때면 옆 사람이 '저 사람이 뭐 하나' 하고 곁눈질할 때도 있다. 그래도 아랑곳하지 않는다. 괜히 맞아도 날아가지 않는 '파리 스티커'를 조준하는 것보다는 건강에 훨씬 도움이 될 것이라는 믿음이 있어서다. 건강을 바라기만 해서는 감나무 밑에 누워서 홍시가 떨어지기를 기다리는 것과 같다. 습관을 바꾸면, 습관이 나를 바꾼다.

14

나쁘다 하게 먹어라

행복은 과잉(過剩)도 과소(過小)도 아닌 절제에 있다.　　　　　- 채닝 폴록(미국 작가) -

200여 년 전 일본에서 고아로 자라 부랑자 생활 끝에 감옥에도 갔던 미즈노 남보쿠(水野南北, 1757~1834). 그가 3천여 명의 제자를 거느린 관상가로 거듭난 비결은 바로 소식과 절제였다. 그가 남긴 저서가 국내에서도 여러 권 출간됐는데 그중에서 『소식주의자』와 『절제의 성공학』, 『결코, 배불리 먹지 말 것』의 공통 주제는 모두 '소식(小食)과 절제'다.

그는 위의 저서에서 "사람의 성공과 수명이 타고난 운명에 있지 않고 오직 음식을 먹는 방식에 따라 좌우된다."라고 강조한다. 나아가 과식하면 뱃속을 가득 채운 새가 높이 날지도, 멀리 날지도 못하듯이 결코 장수할 수 없다고 단언한다. 한마디로 절제의 기본인 '음식을 먹는 일'에 장수와 행복이 달려 있다는 것이다.

남보쿠는 현대 영양학을 접할 수 없는 200여 년 전 일본의 관상가였지만 현대적인 과학 기법이나 연구 없이 오로지 관찰과 지혜로만 저서를 집필했다. 그런데 놀라운 것은 이러한 내용이 오늘날 전문학자들에 의해 사실로 증명되고 있다는 점이다.

오래전부터 현자들은 음식의 절제가 장수의 비결이라고 강조해 왔다. 일본 속담에는 "배 8부에 병 없고 배 12부에 의사 부족하다."라는 말이 있다. 4천 년 전 이집트 피라미드 비문에는 "사람은 먹는 양의 4분의 1로 살아간다. 나머지 4분의 3은 의사가 먹는다."라는 말이 새겨져 있다. 과식으로 인해 병에 걸린 사람이 많아 의사들이 먹고산다는 의미를 풍자한 말이다. "복팔분(腹八分)이면 무의(無醫)"라는 말도 있다. "뱃속을 8할만 채우면 의사가 필요 없다."라는 말이다.

허준이 집필한 『동의보감(東醫寶鑑)』에도 소식을 장수의 비결 중 하나로 강조하고 있으며, 조선 중기 관료이자 의병장인 고상안(高尙顏, 1553~1623) 선생의 문집 『태촌집(泰村集)』 「효빈잡기(效嚬雜記)」에도 "음식부절(飮食不節) 이 질병지소유생야(疾病之所由生也)"라는 내용이 있다. 모든 질병의 원인은 잘못된 식습관에서 기인한다는 뜻이다. 사상의학(四象醫學)을 창시한 이제 마(李濟馬)의 대표적인 의학서 『동의수세보원(東醫壽世保元)』에는, 음식, 의복, 활동에 관한 「광제설(廣濟說)」 편이 있다. 주 내용이 양생의 원칙인데 첫째 가 "음식은 배고픔을 견딜 수 있을 정도로만 먹어야 하고 배부름을 욕심내 서는 안 된다."이다. 『논어』의 '식무구포(食無求飽, 먹음에 배부름을 구하지 않음)' 를 떠올리게 하는 구절이다.

조선 시대의 왕 중에서 소식을 실천한 왕이 영조다. 조선 왕 27명의 평 균수명이 45.1세일 때 영조는 소식으로 83세까지 장수했다. 소식과 절식 을 실천한 영조는 신하들에게도 늘 식탐(食貪)을 경계하라고 강조했다. 소식 (小食)은 인체에 필요한 평균 권장 칼로리를 70~80% 정도로 줄여서 섭취해 식사 후 배가 부르지 않을 정도로 식사량을 조절하는 것이다. 그러나 우리 는 배고픈 시대를 살아와서인지 배가 불러야만 잘 먹었다고 말한다.

그동안 전문가들은 다양한 실험과 연구를 통해 소식이 체내의 백혈구 를 늘려 면역력 향상과 노화를 늦추는 것은 물론 각종 질환을 예방해 주 는 효과가 있음을 밝혀냈다. 암과 성인병은 물론 노화의 주범인 활성산소 는 흡연이나 스트레스, 과격한 운동을 할 때보다 과식할 때 더 많이 발생한 다. 2023년 미국 컬럼비아대학교 연구팀은 국제 학술지인 『네이처 에이징 (Nature Aging)』에 열량 섭취를 25% 줄인 사람들의 노화 진행이 2~3% 느려 졌다고 발표했다. 이는 사망 위험을 15% 줄인 것에 해당한다.

한의학에서 말하는 '만병 일원(萬病一元)'은 만병이 하나의 원인에서 발생 한다는 뜻인데 그 하나의 원인이 바로 혈액이다. 혈액이 탁해지면 발병의 원인이 되고, 깨끗하면 병의 예방은 물론 치료가 된다고 본다. 중요한 것은 과식하면 혈액이 탁해지고, 소식하면 혈액이 맑아져 건강할 수 있다는 것이다. 이처럼 소식과 절제된 삶이 우리의 건강을 유지하는 비책이라는 사실을 일깨워 주고 있으나, 먹방(먹는 방송)이 인기를 끌어서인지 뷔페식당을 다녀오면 "배불러 죽겠다."라는 사람이 있다.

속담 중에 '먹고 죽은 귀신은 때깔도 좋다'거나 '금강산도 식후경'이라는 말은 먹는 것이 얼마나 중요한 것인가를 나타내는 말이다. 그러나 살기 위해 먹는 것이지 먹기 위해 사는 것은 아니다. 다른 동물과 달리 인간은 공복이나 식욕이 없어도 먹으며 때로는 과식을 해 각종 질병에 시달린다. 음식은 잘 먹어야 약이 되지, 너무 먹으면 독이 된다. 사찰에서 공양(供養, 식사)하기 전에 독송하는 오관게(五觀偈) 중에 '정사양약 위료형고(正思良藥 爲療形枯)'는 음식을 '몸을 지탱하는 약으로 알아' 절제 있게 먹으라는 말이다.

미국 젊은 철학자 라이언 홀리데이는 『절제 수업』에서 "절제는 평온의 기쁨을 가져오고 삶의 주인이 되게 한다."라고 말한다. 소식과 절제는 단순히 조금 덜 먹는 일이 아니라 욕심을 내려놓는 수행이다. 나는 가끔 "저녁 식사는 거지처럼 먹어야 한다."고 말하면서도 한 숟갈의 유혹을 이겨내지 못해 속이 불편하면 스스로 한심하다고 여길 때가 있다.

어렸을 적 아버지는 밥상머리에서 "나쁘다 하게 먹어라."라고 자주 말씀하셨다. 먹을 것이 부족하던 시절에 내가 과식으로 고생할 것을 예견하셨을까? 무학(無學)이신 아버지는 '소식'이라는 진리를 어떻게 터득하셨을까. 70이 넘어서도 아버지의 가르침을 깨닫지 못한 불효자는 때로 엉뚱한 생각을 한다. 음식을 80% 정도 먹으면 저울에 빨간 눈금이 보이듯 식별할 수 있는 장치를 누군가가 발명했으면 하는 공상(空想)이다. 먹을 때는 80% 정도 먹은 것 같은데 조금 지나면 배가 부르기 때문이다. 소식은 발뒤꿈치를 드는 것보다 숟가락을 놔 버리면 되니 건강을 위해 가장 손쉽고 더 좋은 방법인데도 가끔 실천을 못 할 때가 있어 해 보는 생각이다.

15 술은 덕성을 베는 도끼

알코올 의존증 환자는 술이 있으면 행복하겠지만, 행복도를 재는 데 있어 그들의 손에 들려 있는 술의 양을 척도로 하지는 않는다.

- 클라이브 해밀턴(호주 작가) -

1960~70년대에 '술 조사'라는 게 있었다. 가정에서 몰래 술을 빚어 먹는 일을 단속하기 위해 나온 공무원이다. 전화기도 없던 시절에 술 조사가 온다는 연락을 받으면 온 동네가 비상이었다. 집마다 빚어 놓은 술과 누룩을 숨기기에 급급했다. 술 조사에 적발되면 술독이 깨지고 벌금을 물어야 하기 때문이다. 어렸을 때 별생각 없이 술 단속하는 장면을 보아 왔던 나는 음주 운전으로 인한 끔찍한 사고 소식을 접할 때마다 술에 관한 해악(害惡)을 생각하게 된다.

술은 회식이나 모임, 각종 행사에서 서로 정을 나누고 축하하며 기쁨과 슬픔을 달래기 위해 빠짐없이 나오는 음식이다. 고단한 삶에 활력을 불어넣는 윤활유와 같다. 그래서 많은 사람이 술을 예찬하며 시를 남기고 즐겼다. 중국의 문학가 임어당(林語堂, 1895~1976)은 "봄비는 독서에, 여름비는 장기 두기에, 가을비는 가방 속이나 다락방 정리에, 겨울비는 술 마시기에 좋다. 비난받아야 할 것은 음주가 아니라 과음이다."라고 말했다. 주선(酒仙)이라 일컫는 당나라 시인 이백은 "술 석 잔이면 도(道에) 이르고 한 말이면 자연과 하나가 된다."고 했다. 공자도 술에 대해서는 지나친 정도만 아니면 괜찮다고 할 정도로 관대한 편이었다. 그러나 술이 과하면 화근이 되어 목숨을 잃고 망국의 원인이 되기도 했다.

주지육림(酒池肉林)이라는 고사의 배경이 된 인물은 고대 중국 은(殷)나라의 주왕(紂王)이다. 역사가 사마천(司馬遷)은 『사기(史記)』의 「제왕세기 십팔사략」에 "주(紂) 임금이 달기(妲己)라는 여자에 빠져 … 술로 연못을 만들고 고기를 매달아 숲을 만들어 남녀가 벌거벗고 밤낮없이 술을 퍼마시며 즐겼다…"라고 기록했다.

이처럼 술은 부정적 효과도 많았기에 예로부터 술을 경계하라는 경구와 기록도 많이 남아 있다. 정구선 작가의 『조선 왕들, 금주령을 내리다』에는 『조선왕조실록』에 나와 있는 당시의 술 문화와 술로 인한 폐해를 극명하게 정리해 놓았다. 책에는 태조의 우대를 받았던 재상인 홍영통이 태조의 탄신일 잔치에서 만취해 귀가 중 낙마로 사망한 사례와 세조에게 절대적인 신임을 받아 영의정까지 오른 정인지가 과음한 나머지 임금한테 '너'라고 부른 웃지 못할 사례도 나와 있다. 오늘날 같으면 패가망신(敗家亡身)할 일이다.

『조선왕조실록』에는 금주령에 관한 기록이 129회나 나온다. 조선의 역대 왕들은 술로 인한 폐해를 줄이기 위해 계주교서(戒酒敎書)를 내려 지나친 음주를 훈계하고 경계하도록 했다. 조선 초기에는 세종이 가장 적극적으로 술을 경계하였고, 선조와 영조 등의 왕들도 음주를 삼가라는 교서를 잇달아 반포하였다. 술을 싫어했던 세종은 재위 15년에 『계주윤음(戒酒綸音)』이란 책을 펴내 서울과 지방의 관청에 보급하여 관리들이 술을 조심하는 데 지침서로 삼았다. 금주의 명분은 식량이 부족하던 당시 곡식과 재물의 낭비를 막는다는 것이었다. 유교가 국교이던 사회에서 풍기문란 방지와 예의범절을 지키기 위해서는 물론이고 부모의 봉양을 소홀히 하는 것을 예방하기 위한 목적도 있었다.

1513년(중종 8년)에 치러진 과거시험에서는 '술이 초래하는 재앙'에 대한 논술 문제가 나오기도 했다. 답안 중에는 "술은 덕성을 베는 도끼로써 술을 마시면 인격자도 어리석어지고, 명철한 사람도 혼미해지며, 강한 사람도 나약해지므로 술은 곧 마음을 공격하는 문(門)이다."라는 내용이 담겨 있다.

조선왕조 기간 중 가장 강력한 금주 정책을 편 임금은 영조였다. 술은 음식이 아니라 광약(狂藥)이라고 말한 영조는 '계숭음(戒崇飲, 음주를 경계한다)'을 3대 국정 지표에 포함하고 일반 백성들이 제사 때 술을 쓰지 못하게 한 것은 물론, 국가의 제사인 종묘 제례에도 술을 쓰지 않았다. 금주 정책을 위반하면 일반 백성은 말할 것도 없고 관리라 할지라도 파직을 당하고 귀양을 가야 했으며 노비로 신분이 박탈됐다. 심할 때는 사형까지 내리는 등 엄벌을 가했다.

그러나 금주령은 실효성에 비해 부작용도 많았다. 금주령 이후 술집 단속을 위해 형조와 한성부의 이속(吏屬)들이 '금란방(禁亂房)'이라는 술집 단속 전담반을 설치했다. 그런데 이 단속반원이 뇌물을 받거나 술 파는 집을 찾아가 돈을 징수하는 비리가 발생한 것이다. 과잉 단속과 함정 단속도 빈번했다.

술은 담배보다 덜 해롭고 적당한 음주는 건강에 좋다는 말도 있다. 그러나 술을 마시면 암 발생과 치매의 원인이 될 뿐만 아니라 200가지 이상의 질병에 좋지 않은 영향을 미친다. 세계보건기구(WHO)는 하루 적정 음주량을 남자는 40g(소주 4잔) 미만, 여자는 20g(소주 2잔) 미만으로 제시하고 있다. 그러나 단 한 방울이라도 알코올은 건강에 해롭다고 주장하는 전문가도 있다. 세계보건기구(WHO) 산하 국제암연구소(IARC)도 알코올은 담배와 헬리코박터 파일로리균, 석면 등과 함께 발암성 물질 1군으로 분류했다. '1군'은 사람에게 암을 유발하는 확실한(Carcinogenic to humans) 물질이다. 이에 따라 보건복지부도 2016년부터 '술은 하루 2잔 이내로만 마시기' 부분을 개정하여 국민 암 예방 수칙에 '암 예방을 위해 하루 한두 잔의 소량 음주도 피하기'로 강화했다.

가수 강진은 자기관리를 위해 술은 입에 대지도 않아 친구가 멀어질 정도라고 한다. 가수 김호중은 음주 운전 뺑소니 혐의로 많은 사람의 지탄을 받았다. 윤석열 전 대통령이 탄핵 국면에 처했을 때 과음으로 출근을 늦게

했다는 보도가 있어 세간의 화제가 되었다.

한자를 보면 '술잔 치(巵)'는 '위태로울 위(危)'와 비슷하고, '취할 취(醉)'에는 '술 유(酉)' 변에 '죽을 졸(卒)' 자가 함께 있다. 술잔은 낭만만 넘치는 것이 아니라 위태로움과 죽음이 따르는 1급 발암물질이다. 술은 잘못 쓰면 독이 됨은 물론 잘 써도 독이 될 수 있다. 탈무드에는 "악마는 인간을 찾아가기가 너무 바쁠 때 술을 대신 보낸다."라는 말이 있고, 600여 년 전 세종은 「계주윤음(戒酒綸音)」에서 "술은 안으로 마음과 의지를 손상하고 겉으로는 위의(威儀)를 잃게 한다."라고 했다. 옛날처럼 취중 실수에 관대했던 시대는 지났다. 혹시라도 술로 인한 실수나 건강이 염려되는 애주가라면 반드시 한 번쯤 되뇌어 봐야 할 말이 있다. "술이 사람을 못된 놈으로 만드는 것이 아니라, 그 사람이 원래 못된 놈이라는 것을 술이 밝혀 준다."

16
슬픈 병, 치매

대부분 사람은 자신이 마음먹은 만큼만 행복하다.

- 에이브러햄 링컨 -

"85세 노인 중에서 둘의 하나는 알츠하이머병에 걸려 있다. 당신은 아니었으면 좋겠다고? 그렇다면 당신은 그를 돌보는 보호자로 살고 있을 것이다···"

생각만 해도 끔찍한 이 말은 하버드대 신경학박사이자 뇌과학 교양서인 『기억의 뇌과학(Remember)』의 저자 리사 제노바(Lisa Genova)가 테드(TED) 강연 서두에서 한 말이다.

친구들과 모여 건강에 관한 얘기라도 나올 때면 이구동성으로 "암보다 더 무서운 게 치매"라고 말한다. 치매 인구가 2024년에 100만 명을 넘었다. 독거 치매 환자만 해도 30만 명이다. 2050년이면 200만 명에 이를 전망이니 85세가 되면 둘 중의 하나는 알츠하이머 환자이거나 보호자가 될 것이라는 말이 과한 말은 아닐 것 같다.

치매는 생각보다 빠르게 우리 가까이에 와 있다. 2023년 1월 영화배우 윤정희가 프랑스 파리에서 79세로 별세했는데, 10여 년간 알츠하이머병으로 고초를 겪었다는 사실이 알려져 많은 사람의 안타까움을 샀다. 알츠하이머병은 치매의 대표적인 유형이지만 기억상실과 인지 기능 저하 등 증상이 유사해 같은 의미로 사용할 때가 많다. 치매는 알츠하이머병을 포함해 인지 장애를 유발하는 다양한 상태를 포괄하는 총칭이다.

개그맨에서 목사로 변신한 김정식은 어느 날 어머니가 "엄마 친구들이 놀러 왔는데 인사도 할 줄 모르느냐"며 화를 내시길래 어떤 친구들인가 봤더니, 방 안에 국자와 밥주걱, 청소기 등을 눕혀 놓고 친구라고 하더라며 생전에 치매로 고생하시던 어머니를 회고했다. 최근에는 가수 태진아가 치매를 앓고 있는 아내가 남편인 자신도 몰라본다며 아픈 소식을 전하기도 했다. 얼마 전 TV에서 방영된 다큐멘터리 '주문을 잊은 음식점'은 치매에 대한 사회적 시선을 새로운 각도에서 보여 주었다. 네 명의 경증 치매인이 나와 직접 음식을 준비하고 영업하는 과정에 참여하는 모습을 보여 줌으로써 치매인이 돌봄의 대상만이 아니라 자발성과 독립성이 있다는 것을 일깨워 주었다.

나이가 들어갈수록 무언가를 깜박 잊어버리는 일이 자주 일어나 치매증세가 아닌가 하고 불안해하는 사람이 많다. 나도 최근 들어 자동차 열쇠를 손에 들고 한참을 찾았던 웃지 못할 사태를 겪고 말았다. 다행히 이 정도는 건망증이라고 하니 안심이 들기도 하지만 치매에 대한 불안감은 어쩔 수 없다. 전문가들에 의하면 열쇠나 리모컨을 손에 들고 찾는 것은 단순한 건망증이지만 이를 어디에 쓰는 물건인지 알지 못하는 것은 치매 증상이라고 한다.

치매는 나 자신이 누구인지를 잃어버린다는 점에서 슬픈 병이다. 자식을 보고도 "아저씨 누구야?"라고 한다면 그것이 온전히 살아 있다고 할 것인가? 더욱 안타까운 것은 치매는 치료제가 없다는 것이다. 현재까지 허가된 치매 치료제는 인지 기능이 떨어지는 것을 지연시키는 것뿐이다. 치매가 무서운 것은 가정 파탄으로 이어질 수 있기 때문이다. 치료비도 부담이지만 음식을 거부하고 간병하는 가족들에게 욕설하는 등 난폭한 성향을 보인다면 가족들도 지치기 마련이다. 그렇다고 요양 시설에 보냈을 경우 혹시라도 양손이 침대에 묶여 있는 모습을 보게 된다면 배우자나 자식들의 심정은 어떠하겠는가.

'황혼 살인'이라는 말은 치매의 심각성을 상징하는 말이다. 망상과 폭력 증세가 심해 견디지 못해 평생을 같이해 온 배우자의 목을 졸라 숨지게 하거나 동반 자살하는 사례가 보도에 나온다. 오죽하면 그랬을까 하면서도 내가 만약 그러한 상황에 부딪힌다면 어떻게 했을까 하는 끔찍한 생각이 들기도 한다.

치매도 다른 질병과 같이 조기 발견과 예방이 중요한데, 60세 이상이면 보건소에서 언제든지 무료로 치매 검사를 받을 수 있다. 전문가들에 의하면 장시간 TV를 보거나 고스톱 놀이를 많이 하면 뇌 건강에 해롭다고 한다. 치매를 예방하기 위해서는 충분히 잠을 자고 친목 모임과 같은 사회적 집단 활동을 많이 하라고 강조한다. 특히 악기나 외국어를 배우는 등 뇌를 자극하는 새로운 활동을 많이 시도하는 것이 효과적이라고 한다.

보건복지부에서 제시하는 '치매예방수칙 333'을 잘 지키는 습관도 큰 도움이 된다. 3권(勸, 즐길 것)과 3금(禁, 참을 것), 3행(行, 챙길 것)인데, 3권은 운동(일주일에 세 번 이상 걷기)과 식사(생선과 채소를 골고루 챙겨 먹기), 독서(부지런히 읽고 쓰기)이고, 3금은 절주(한 번에 석 잔 이하로 마시기)와 금연, 뇌 손상 예방(머리를 다치지 않게 조심)이다. 3행은 건강검진(혈압, 혈당, 콜레스테롤 주기적 체크)과 치매 조기 발견(매년 보건소 검진), 소통(가족과 친구 자주 만나기)이다. 다행히 의지만 있다면 실천하기가 그리 어렵지 않은 것들이다.

일본의 국립장수의료연구센터에서 발표한 내용을 보면 눈을 감고 30초 이상 한 발로 서 있을 수 있다면 아직 뇌가 건강한 상태이다. 나이대별로 눈을 감고 한 발로 서 있는 평균 시간이 50대는 23.7초, 60대는 9.4초, 70대는 4.5초, 80대는 2.9초다. '치매예방수칙 333'을 잘 지키고 학(鶴)처럼 한 발로 서 있는 시간을 늘린다면 치매 없이 오래 살 수 있다. '노래 부르며 돈을 세는 놀이'나 '다섯 글자 단어 거꾸로 해 보기'도 재미와 뇌 운동에 도움이 된다. 나는 치매 예방과 건강한 노후를 위해 '노래 가사 외우기'를 실천하고 있다.

17

화(火) 바라보기

우리는 남이 행복하지 않은 것은 당연한 일로 생각하고, 자기 자신이 행복하지 않은 데 대해서는 언제나 잘 납득하려고 하지 않는다.

— 에센 바하(독일 음악가) —

"인격이자시화복관(忍激二字是禍福關)"이라는 말이 있다. '인(忍)과 격(激), 두 글자는 행복과 불행의 관문(경계)'이라는 뜻으로 중국 명나라 시절 고위 관료였던 여곤(呂坤, 1536~1618)이 공직자가 지녀야 할 사명과 수기치인(修己治人)의 내용을 담은 『신음어(呻吟語)』에 나온다.

사회학자들은 현대사회를 '분노 사회'로 표현한다. 가난과 빈곤의 상징이었던 '헝그리(hungry) 사회'에서 '앵그리(angry) 사회'로 급변했다. 인도의 간디는 "내가 옳다면 화낼 필요가 없고 내가 틀렸다면 화낼 자격이 없다."라고 말했지만, 보복 운전이 사회문제가 되고 있다. 흉악범죄자의 입에서 "홧김에"라는 말이 나오고 좌절된 욕구가 분노를 일으켜 자살로 치닫는 일까지 벌어진다. 최근 자신과 아무런 원한 관계가 없는 상대에게 무차별적으로 폭행을 가하는 '이상 동기 범죄'가 늘고 있는데, 이는 모두 화를 참지 못해 일어나는 분노 조절 장애(intermittent explosive disorder)와 관련이 있다. 1995년 세계정신의학계에서는 화병(火病, hwa-byung)을 한국인에게만 나타나는 독특한 정신질환으로 인정하기도 했다.

살면서 화(火)를 한 번도 내 보지 않은 사람이 있을까? 아무리 점잖은 사람이라도 운전할 때는 화의 노예가 되고 만다. 상인방(上引枋)이 낮은 문을 지나다 이마를 찧었을 때, 화장실에서 나오다가 슬리퍼가 따라 나올 때는 혼자서도 화를 낸다. 사랑을 맹세했던 부부가 화를 다스리지 못해 파멸로 끝나는 예도 있다. 골프 선수나 테니스 선수는 경기가 잘 안 풀리면 골프채나 라켓을 부수면서 화를 낸다. 테니스 국가대표였던 이형택 선수도 고교 시절 경기 도중 화를 참지 못해 라켓을 6개나 부순 적이 있다고 한다. 도대체 화는 왜 일어나는 것일까?

화를 낸다는 것은 울거나 웃는 것처럼 인간이 가진 원초적인 감정의 표현이다. 화는 인간의 뇌가 극도의 스트레스나 위협을 느꼈을 때 자기방어를 위해 나타나는 자연스러운 감정이며, 타인을 조종하기 위해 진화된 생존 전략이기도 하다. 화가 나는 이유는 '내가 옳다'는 자기중심적 사고에서 비롯된 것이며 자기통제력을 상실했다는 것을 뜻한다. 화는 일종의 습관이자 선택이며 후회를 가져오기 마련이다. 화의 영어 단어(anger)에 한 글자만 더하면 위험(danger)한 지경에 빠질 수 있으니 사고를 방지하듯 화를 잘 관리해야 한다.

'화'라는 글자의 뒤에는 으레 참아야 한다는 말이 뒤따른다. "참을 인(忍)자 셋이면 살인도 면한다."라든가 "인지위덕(忍之爲德, 참는 것이 덕이 된다)", "백인당중 유태화(百忍堂中 有泰和, 백 번 참으면 집안에 큰 화평이 있다)" 등이다. 성경(잠언 12:16, 29:11)에도 화를 억제하지 못하는 사람을 어리석은 사람으로, 화를 참는 사람을 지혜로운 사람으로 말하고 있다. 미국의 조너선 파넬(Jonathan pamell) 목사는 『일곱 가지 치명적인 죄』라는 책에서 분노를 교만이나 시기, 나태, 탐욕, 탐식, 정욕보다 더 치명적인 죄라고 말한다. 더 많은 예를 들지 않더라도 화는 인간관계를 망치는 가장 위험한 감정이다.

화를 참지 않고 분출해야 스트레스가 해소되고 정신 건강에 도움이 된다는 주장이 있다. 그러나 전문가들의 많은 실험 결과는 화풀이 행위가 더 많은 내면의 분노와 공격성을 불러온다고 말한다. 화를 표출하면 기분이 좋아지고 취할 수 있어 중독되기도 하는데 아마 갑질의 횡포가 이런 경우일 것이다. 그러나 화는 상대방에게 커다란 모멸감과 상처를 안겨 주고 자기 자신에게도 정신적, 신체적 손상을 가져와 자해 행위나 다름없다.

화가 났을 때 거울을 보면 얼굴이 붉은색을 띤다. 이는 피가 너무 강하게 뿜어져 나와 모세혈관을 팽창시키기 때문이다. 화를 내면 혈압이 올라가고 몸 안에 독소가 발생해 장기에 손상을 가져온다. 이런 이유로 화를 잘 내는 사람은 심장병, 뇌졸중 위험도가 높다. 결국, 화는 내도 병이 되고, 참아도 병이 된다. 그렇다면 원치 않아도 불쑥불쑥 올라오는 화를 어떻게 해야 할까.

살다 보면 화가 나는 것은 어쩔 수 없는 일이지만, 끓어오르는 화를 이성적으로 어떻게 표출할지는 선택할 수 있다. 화를 무조건 참거나 발산하는 것이 아니라 건강한 에너지로 바꾸는 지혜가 필요하다. 선불교의 위대한 스승이자 교육자인 베트남 출신 틱낫한(Thich Nhat Hanh) 스님은 마음속에 화가 나면 먼저 모든 행동을 중지하고 깊은 호흡과 침묵을 유지하라고 권한다. 그래도 화가 가라앉지 않으면 천천히 걸으면서 호흡하는 걷기 명상을 통해 화를 누그러뜨리고 마음의 평정과 고요를 되찾을 수 있다는 것이다.

미국의 분노 전문가이자 정신과 의사인 에프론(Ronald T. Potter-Efron) 박사도 『욱하는 성질 죽이기』라는 책에서 먼저 마음을 가라앉히고 심호흡을 한후, 화를 내면 안 된다고 자신에게 상기시킨 다음 그래도 화를 참지 못하겠으면 즉시 사람들에게서 떨어져 휴식을 취하라고 조언한다.

화를 치유하는 최고의 방법은 화를 잠시 늦추고 화가 난 자기 자신을 바라보는 것이다. 호수는 작은 돌멩이에도 물결이 일지만, 시간이 지나면 이내 잠잠해진다. 화가 나면 흙탕물이 가라앉는 것을 지켜보듯이 일단 기다려라. 화가 나는 대상을 『장자(莊子)』의 「산목(山木)」 편에 나오는 허주(虛舟, 빈 배)처럼 대하라. 그러면 화는 곧 연기처럼 사라질 것이다. 가장 강한 사람은 상대를 쓰러뜨리는 사람이 아니라 화가 날 때 자제할 줄 아는 사람이다.

18

불안과 걱정

행복으로 가는 길은 오직 하나뿐이다. 그것은 우리의 의지를 넘어선 것에 대한 걱정을 멈추는 것이다.

— 에픽테토스 (고대 로마 철학자) —

하지 않아도 될 걱정을 하는 것을 일컫는 '기우(杞憂)'는 '기인지우(杞人之憂)'의 줄임말이다. 『노자』, 『장자』와 함께 도가삼서(道家三書)로 꼽히는 『열자(列子)』의 「천서편(天瑞篇)」에 나온다. "옛날 기(杞)라는 나라에 살던 사람이 하늘이 무너지고 땅이 꺼져서 몸을 망치고 몸 둘 곳조차 없어질까 봐 걱정한 나머지 자고 먹는 일마저 그쳤다(杞國有人 憂天地崩墜 身亡無所倚 廢寢食者, 기국유인 우천지붕추 신망무소기 폐침식자)."라는 고사에서 유래했다.

미국 코넬대 교수인 칼 필레머(Karl Pillemer)는 삶에 대한 지혜를 수집하기 위해 70세 이상, 1,000여 명의 노인을 대상으로 인터뷰를 했는데, 여기에서 관심을 끈 대목은 응답자들이 '시간'을 가장 소중한 자원으로 생각했다는 내용이다. 귀한 시간을 일어나지 않을 수도 있는 일이나 일어난다고 해도 어떻게 할 수 없는 일 때문에 걱정하느라 낭비했다는 아쉬움을 토로한 것이다.

세상에 걱정거리 하나 없는 사람이 있을까? 중국 한(漢)나라 고시(古詩)에 '인생불만백 상회천세우(人生不滿百 常懷千歲憂·인생은 백 년을 채우지 못하는데, 항상 천년의 근심을 품는다)'라는 구절이 있다. 10년 전 『피로사회』를 펴냈던 한병철 작가는 최신작 『불안사회』에서 이 시대의 질병을 '불안'이라고 진단한다. 불확실성과 무기력에 빠진 현대인은 실패에 대한 불안과 소외에 대한 불안, 도태에 대한 불안 등에 빠져 허우적대는 삶을 살고 있다는 것이다.

월수입이 백만 원으로 사는 사람은 혹시라도 아프면 어쩌나 하는 걱정을, 월수입이 일억 원인 사람은 이번 달에 일억 원을 벌지 못하면 어쩌나 하는 걱정을 하며 산다고 한다. 너나없이 돈과 건강, 자식 문제, 일, 사랑,

노후 대책 등 걱정이 태산이다. 심지어 안 해도 될 남 걱정과 나라 걱정은 물론 아직 일어나지도 않은 일을 미리 가불(假拂)해서 걱정하고 있으니 "걱정도 팔자"라는 말이 나온다.

불안이 무익한 것만은 아니다. 인간이 '불안'을 느낄 수 있어서 야생동물과 자연재해와 같은 위험한 상황에서 살아남고 자손을 존속시킬 수 있었다고 말하는 학자도 있다. 불안은 인간이 가진 고유한 특성이며 다른 동물과 달리 미래에 관련한 선택을 할 수 있는 존재이기에 불안을 느낀다는 것이다. 그러나 불안함을 잘 이해하지 못하고 정도가 심해지면 병이 될 수 있다. 더구나 현대인은 넘쳐나는 정보와 치열한 경쟁 속에서 증가하는 욕구를 충족하기 위해 더 많은 불안과 마주하게 된다. 그래서 덴마크의 철학자인 키르케고르(Søren Aabye Kierkegaard, 1813~1855)는 불안을 "자유가 경험하는 현기증"이라 표현하고 있다.

그러나 우리가 하는 걱정의 96%는 쓸데없는 것이다. 미국의 심리학자 어니 젤린스키(Ernie J. Zelinski)는 『모르고 사는 즐거움』이란 책에서 우리가 하는 걱정의 40%는 절대 일어날 수 없는 일이고, 30%는 이미 일어난 일에 대한 것이며, 22%는 무시해도 될 만큼 사소한 것들이고, 4%는 도저히 사람의 힘으로는 어쩔 도리가 없는 일에 대한 것이며, 나머지 4%만이 우리가 바꿔 놓을 수 있는 일에 대한 것이니 굳이 애써 미리 걱정하지 말라고 권고한다.

불안과 걱정은 행복이란 사과를 갉아 먹는 벌레와 같다. 네덜란드계 유대인으로 전후(戰後)에 용서와 화해의 메시지를 전파했던 코리 덴 붐(Corrie ten Boom, 1892~1983) 여사는 "걱정은 내일의 슬픔을 덜어 주는 것이 아니라 오늘의 힘을 앗아간다."라고 했다. 그런데 문제는 걱정은 스스로 통제하기가 어렵다는 데 있다. 『나는 왜 걱정이 많을까』의 저자인 미국의 임상심리학자 데이비드 카보넬(David Carbonell)의 말처럼 걱정은 하지 않으려고 해도 끊임없이 올라온다. 그 이유는 불확실한 미래와 불안 심리가 작용하기 때문이다. 그렇다면 이 걱정을 어떻게 해야 할까?

자기계발의 전문가이자 『인간관계론』의 저자인 데일 카네기(Dale Carnegie)는 '걱정'이 모든 인생 문제의 주원인이자 자기관리의 핵심 요소임을 깨닫고 이를 알리기 위해 『자기관리론(How to Stop Worrying and Start Living)』을 저술했다. 그는 이 책에서 걱정을 멈추고 행복하게 살 수 있는 30가지 방법을 제시했는데, 그중에서 우리가 당장 적용할 수 있는 것은 "최악의 상황에 대비하라."이다. 이미 일어난 일이나 어쩔 수 없는 일은 받아들이고, 그 상황을 개선하기 위해 노력하라는 것이다. 최악의 상황을 생각하면, 현재 상황이 그렇게 나쁘지 않다는 것도 깨달을 수 있다.

또 하나는 "믿을 수 있는 사람에게 털어놓아라."이다. 혼자서 걱정을 키우지 말고 친구나 가족, 연인 등에게 솔직하게 말해 조언이나 위로를 받을 것을 강조한다. 걱정의 90%를 사라지게 만들 수 있는 네 단계의 걱정 해소 방법도 적용해 볼 수 있다. 먼저 내가 걱정하는 문제를 정확하게 적어 본 다음, 내가 무슨 일을 할 수 있는지를 판단해서 무엇을 할지 결정한 다음, 즉시 실행에 옮기는 것이다.

걱정거리가 생겼을 때 우리가 생각해야 할 것은 오직 두 가지, 내가 걱정해서 해결할 수 있는 걱정과 해결할 수 없는 걱정이 무엇인가를 헤아리는 일이다. '내일 행사에 비가 오면 어떻게 하나?' 취소하거나 우산을 준비하면 된다. 비가 오고 안 오고는 하늘에 달린 문제이다. 차 사고가 걱정되면 보험에 가입하고 안전운전을 해도 사고가 나면 받아들이는 것이다. 결국, 후회 없는 삶의 해답은 걱정이 아니라 오늘, 지금 할 일에 몰입하는 것이다. '걱정해서 걱정이 사라지면 걱정이 없겠네'라는 티베트 속담도 있지 않은가. 그래도 걱정된다면 "그대여 아무 걱정하지 말아요 우리 함께 노래합시다~"라고 소리 높여 노래를 불러 보자.

19

속 편한 게 행복이다

아무리 교육을 많이 받거나 부유해도 마음의 평안이 없으면 행복하지 않다.

- 달라이 라마(티베트 망명정부 지도자) -

"축하해요~" 아내가 아침 잠자리에서 일어나 나에게 건넨 말이다. 생일도 아니고 로또에 당첨된 것도 아닌데, 나이 들어 아내로부터 축하받을 일이 뭐 있겠나 싶겠지만 진짜 축하받을 만한 일이었다. 평소에는 그렇게도 잘 나오던 방귀를 4일 만에야 시원하게 뀐 것이다. 좀체 배탈이 나지 않던 나는 무얼 잘못 먹었는지 배탈이 나서 3일 동안 밥도 제대로 먹지 못했다. 밥맛이 없으면 살맛도 없다. 예전에 맹장 수술을 한 친구를 문병 갔을 때 방귀가 나와야 비로소 안심한다는 말이 떠올랐다. 의사인 아버지 손문수와 간호사인 아들 손범수 부자(父子)가 지은 『방귀만 잘 뀌어도 행복하다』에서 생리 현상인 방귀를 "생존의 언어이자 환자의 회복을 알리는 가장 따뜻한 신호"라고 한 말에 공감이 갔다. 세상에 그 하찮은 방귀가 이토록 소중하고 축하받는 일이 될 줄이야. 속이 편해야 행복하다는 말을 실감하는 사건이었다.

속이 편하다는 것은 건강하다는 증거다. 건강은 삶의 기초요, 행복의 전제 조건이다. 병원에 갈 정도는 아니더라도 치아나 장(腸)이 좋지 않아 마음대로 먹지를 못한다거나, 변비나 치질로 고생을 해 본 사람이라면 건강이 얼마나 소중한 것인가를 절감할 것이다. 과음한 다음 날 식사도 못 하고 속쓰림 속에서 하루를 보낸다는 것은 고역일 수밖에 없다. 손가락을 다쳐 세수하기가 불편하고 다리를 다쳐 제대로 걷지를 못하면 그렇게도 원하던 돈과 명예가 그다지 소중하게 여겨지지 않는다. 그래서 독일 철학자 쇼펜하우어는 행복의 90%가 건강에 달려 있다고 갈파(喝破)했다. 병이 들어 고통을 받으며 평생을 건강을 돌보는 데 바쳐야 하는 왕보다, 여기저기 돌아다닐 수 있는 건강한 거지가 더 행복한 것이다.

세상에 속 시원할 일만 있다면 얼마나 좋을까. 속이 불편한 이유가 몸이 아니라 정신적인 문제라면 더욱 심각할 수 있다. 억울하고 분통한 일, 말 못 할 고민과 걱정 때문에 잠을 이루지 못하는 밤은 그야말로 지옥이나 다름없다. 살다 보면 잘못된 인간관계로 인한 갈등 때문에 마음이 상할 때가 있다. 가족이 스트레스 요인이 되기도 한다. 내가 원했던 목표를 이루지 못한 데 따른 좌절감, 심하면 우울증으로 인해 삶의 의욕을 잃기도 한다. 엇나간 자식 때문에 고개를 들지 못하는 고위층 인사도 있다. 과거의 잘못이 드러나 사회적인 비난을 못 이겨 목숨을 끊기도 한다. 대통령이 되었다 할지라도 탄핵을 당하고 재판정에 나가야 하는 일이 있다면 성공한 인생이라고 할 수 없다. 이러한 예들은 모두 삶의 가치와 기준이 잘못된 원인이 크다. 행복이 남보다 돋보이고 앞서가는 것으로 잘못 알고 살아온 결과다.

그렇다면 삶의 가치를 평범함으로 돌려보면 어떨까? 미국 뉴욕 바드 대학(Bard College)의 비교 문학 교수인 마리나 반 주일렌(Marina van Zuylen)은 아리스토텔레스와 스피노자, 톨스토이, 조지 오웰 등 전 세계 현자(賢者)들이 깨달은 삶의 참된 진리를 간추려 『평범하여 찬란한 삶을 향한 찬사』라는 책으로 펴냈는데, 여기에서 가장 큰 특징은 '평범한 삶'이었다. 평범한 삶이란 곧 속 편하게 사는 것이다. 우리는 살면서 무언가 대단한 것을 이루지 못했다면 아무것도 아니라고 생각하기 쉽다. 그러나 많은 현자는 사소하고 평범해도 인생은 이미 완전하다고 말한다. 치열한 경쟁 속에서 오직 사회적인 성공만을 향해 나아가는 우리에게 삶의 기준을 어디에 둘 것인가를 생각하게 한다.

이솝 우화에 나오는 「여우와 신포도 이야기」는 목표 달성을 위해 좌절하지 않고 도전 정신을 발휘해야 한다는 교훈을 주지만, 긍정적인 의미로 사용할 때도 있다. 자신의 능력으로 오르지 못할 나무는 아예 포기하고 다른 목표를 찾는 것도 괜찮은 일이다. 한 우물을 파는 것도 좋지만 물이 잘 나올 만한 곳을 찾아 새로운 시도를 하는 것을 나무랄 일만은 아니다. 노래에 별로 소질이 없는 딸이 가수가 되겠다고 매달린다면 바리스타 자격증에 도전하라고 한 번쯤 조언할 수도 있지 않겠는가. 때로는 최선을 다해도 안 되는 것에 무한정 집착하고 안달하는 것보다 방향을 바꿀 때 오히려 속이 편할 수도 있다.

행복은 화려한 성공보다도 일상 속의 작은 기쁨에서 온다. 고대 그리스의 철학자 플라톤은 행복의 조건이란 완벽하고 만족스러운 상태가 아니라 조금은 부족하고 모자란 정도라고 보았다. 즉, 살고 싶은 수준에서 조금 부족한 듯한 재산과 모든 사람이 칭찬하기에는 약간 부족한 용모, 사람들이 절반 정도밖에 알아주지 않는 명예라는 것이다. 건강의 중요성을 강조한 쇼펜하우어도 "행복한 사람이란 정신적으로나 육체적으로 그다지 큰 고통을 겪지 않고 속 편하게 살아온 사람이지 엄청난 성공을 맛본 사람이 아니다."라고 말하지 않았던가.

죽고 사는 일이 아니라면 병원과 경찰서에 가지 않고 별 탈 없이 하루를 보낸다는 것에 감사할 줄 알면 될 일이다. 뱃속이 불편하면 약이라도 먹어야 하지만 마음속에 불편한 일이 있을 때는 심호흡을 크게 하고 푸른 하늘을 향해 힘껏 소리라도 한번 질러 보자. 불편한 것이 보이면 시선을 아름다운 곳으로 돌려 보자. 남들보다 크게 이룬 것이나 쌓아 놓은 것이 없을지라도 밥 잘 먹고 속이 편안해 두 발 뻗고 편히 잠들 수 있으면 그것이 바로 행복이다.

20

웃으면 복이 와요

하루가 얼마나 행복할 수 있는지는 얼마나 젊어 보이고 예뻐 보이려는 욕망을 포기하느냐에 따라 달라진다.

― 윌리엄 제임스(미국 사상가) ―

프란치스코 교황이 선종하기 전 2024년 6월 14일, 세계의 유명 코미디언 107명을 바티칸으로 초청해 유머의 힘을 강조했다. 이 자리에서 교황은 "우울한 뉴스가 넘쳐나고 사회적 불안과 개인적 위기 속에서 여러분은 평온과 웃음을 전파하는 힘을 가지고 있다."라며 "웃음은 전염성이 있어, 사회적 장벽을 허물고 더 나은 세상을 꿈꿀 수 있도록 도와달라"고 말했다. 이어서 교황은 "주여, 내게 좋은 유머 감각을 주소서"라고 40년 동안 기도해 왔다는 농담을 덧붙여 청중에게 웃음을 선사하기도 했다.

"웃음이 최고의 약이다(Laughter is the Best Medicine)"라는 말이 있다. 웃음의 효과는 전문가들에 의해 이미 실험으로 증명이 됐다. 위암 수술 세계 1위인 노성훈 연세대 강남세브란스병원 특임교수는 『위암 완치설명서』에서 "웃음은 심장박동수를 높여 혈액 순환을 도와 소화기 마사지 효과와 변비 예방에 좋다."고 말한다. 미국 스탠퍼드대학의 윌리엄 플라이 교수도 웃음이 칼로리 소비를 높여 운동 효과를 거둘 수 있고 건강한 심장을 유지할 수 있게 한다고 발표했다.

웃음이 건강에 좋은 이유는 스트레스를 받을 때 부신(副腎)에서 분비되는 호르몬인 코르티솔(cortisol) 분비가 줄어들고 헤모글로빈 A1c 수치를 낮춰 당뇨병 발병 위험을 줄이는 데 도움이 되기 때문이다. 웃음은 부교감신경을 자극해 심장을 천천히 뛰게 하고 몸 상태를 편안하게 만들어 심장병을 예방해 준다. 또한, 웃음은 혈압을 떨어뜨리며 혈액 순환을 개선하고 소화액 분비를 촉진한다. 웃음은 단순히 감정의 표현뿐만 아니라 뇌에서 도파민과 세로토닌 같은 '행복 호르몬'을 분비시켜 정신 건강에도 좋다. 엔도르핀을 분비하여 통증을 줄이기도 한다. 활짝 웃는 표정은 면역세포의 활동을 촉진하여 질병에 대한 저항력까지 높인다고 하니 그야말로 몸과 마음을 치료하는 만병통치약인 셈이다.

웃는 행동은 얼굴에 있는 근육 15개와 몸 안의 근육 650개 중 230여 개가 움직여 만들어지는 과정이다. 웃음은 1,000억 개에 달하는 뇌세포를 자극해 몸에 활력을 불어넣는다. 1분간 실컷 웃으면 10분 동안 에어로빅이나 자전거를 타는 것과 같으며, 10초 정도만 크게 웃어도 100m 달리기와 윗몸일으키기 25번, 3분 동안 노를 힘차게 젓는 효과가 있다.

이러한 웃음의 효과는 고대 그리스의 의사 히포크라테스가 웃음이 건강에 유익하다고 언급할 정도로 오래전부터 인정받아 질병 치료에 적용하고 있다. 현대적인 웃음 치료는 20세기 중반 미국에서 암과 심장병, 당뇨병 등과 같은 질환 치료에 활용하기 시작했다. 일본 웃음연구가 이타미 진로 씨는 암 환자와 심장병 환자가 코미디 공연을 관람하기 전·후에 채혈한 혈액을 조사했는데, 19명 중 14명이 NK세포(바이러스에 감염된 세포나 암세포를 직접 파괴하는 면역세포)가 활성화되고 암에 저항하는 면역력이 높아졌다고 설명한 바 있다.

미국 로마린다대학교(Loma Linda University)의 리 버크(Lee Berk) 교수도 웃음이 면역 시스템에 도움이 되는 NK세포를 활성화한다는 것을 증명했다. 그는 "웃음 치료가 대체의학이 아니라 참의학"이라고 역설할 정도다. 뉴욕 장로교병원은 코미디 치료단을 만들어 활동하고 있다. 영국은 의사가 웃음 요법(Humor therapy)을 처방전에 사용할 수 있도록 하고 있으며, 독일 암 병원은 매주 1회씩 어릿광대를 불러 환자들을 웃기고 있다. 우리나라의 서울 아산 암병원과 경희대병원 등도 웃음 효과를 입증하고 치료에 적극적으로 도입하고 있다.

웃음은 주변 사람까지도 웃게 만드는 '행복 바이러스(happy virus)'다. 인도의 간디는 "웃음은 가장 저렴한 사치품이자 누구나 가질 수 있는 강력한 무기다."라고 했다. 웃음은 신이 오직 인간에게만 허락한 최고의 선물이다. 우리는 이처럼 보약과 같은 선물 보따리를 어디에 놓아 두었는지 잊어버리고 찾을 생각도 않으며 살아간다. 어릴 때는 "까꿍"만 해도 곧잘 웃었으나 나이가 들어가면서 점차 웃음이 사라졌다. 근엄한 남자들은 웃겨도 잘 웃지를 않는다. 여자들은 그다지 우습지 않은 일에도 잘 웃어 평균수명이 남자들보다 더 길다.

웃음은 세계 모든 나라, 모든 사람에게 통하는 만국 공통 여권이다. "웃는 얼굴에 침 못 뱉는다."라는 말처럼 세상에서 제일 아름다운 꽃은 얼굴에 피는 웃음꽃이요, 최고의 미인은 미소 짓는 얼굴이다. 웃으면 주름이 생길까 봐 걱정하는 사람도 있지만 웃음은 오히려 표정 근육을 자극해서 근육이 약해지는 것을 막아 주는 효과가 있다.

'소문만복래(笑門萬福來, 웃으면 복이 온다)'. 1969년 8월, MBC TV에서 방영했던 「웃으면 복이 와요」 프로그램은 1985년 4월까지 무려 17년 동안 이어졌다. 웃음과 행복은 같은 말이다. 살면서 즐겁고 행복하면 저절로 웃음이 나오지만 사는 게 항상 즐겁고 행복할 수만은 없다. 고단한 일상에 언제 웃을 일이 있겠느냐고 반문할 수도 있겠다. 그러나 행복해서 웃는 것이 아니라 웃으니까 행복해진다는 말이 있다. 웃음소리가 나는 집에는 행복이 와서 들여다보고, 고함 소리가 나는 집에는 불행이 와서 들여다본다는 말도 있다. 우리 뇌는 가짜와 진짜 웃음을 구별하지 못해 억지로 웃어도 90%의 효과가 있다고 한다. 그러니 하루에 한 번 억지로라도 크게 웃어, 우리 몸이 행복해서 웃는 줄 착각하게 해 보면 어떨까.

3장

마음이 행복이다

고전 속의 고언(苦言)

> 행복의 비결은 필요한 것을 얼마나 갖고 있느냐가 아니라 불필요한 것에서 얼마나 자유로워지
> 느냐에 달려 있다.
>
> - 법정 스님 -

"남용이 「백규」의 시구(詩句)를 하루에 세 번씩 암송하자, 공자께서 형님
의 딸을 그에게 시집보냈다(南容三復白圭 孔子以其兄之子妻之, 남용삼복백규 공자이
기형지자처지)." 이 글은 『논어』 11편 「선진편(先進篇)」 제5장에 나오는 내용이
다. 공자의 제자 남용이 날마다 읊조린 「백규」라는 시가 대체 어떤 내용이
길래 공자는 아끼던 조카의 배필로 삼게 했을까?

남용이 날마다 암송했다는 '白圭之玷 尙可磨也 斯言之玷 不可爲也,(백규지
점 상가마야 사언지점 불가위야)'는 『시경(詩經)』의 「대아(大雅) 억편(抑篇)」 5장에
있다. "흰 구슬의 이지러진 흠은 오히려 갈(磨)면 되지만, 말(言)의 흠은 어찌
할 수 없다."라는 뜻이다. 공자는 제자 남용이 말조심하는 것을 깊이 새기
기 위해 날마다 암송하고 다니는 것을 보고 "남용은 나라에 도(道)가 있으면
출세를 할 것이요, 나라에 도가 없어도 욕을 당하지는 않을 것이다."라고
감탄해 조카사위로 삼았다.

중국 당태종(唐太宗)이 '정관지치(貞觀之治)'로 일컬어지는 명군(名君)이 될
수 있었던 것은 충신 위징(魏徵, 580~643)의 역할이 컸다. 『정관정요』에 따르
면 위징은 죽음을 두려워하지 않고 당태종에게 300여 건의 간언을 올렸다.
태종은 위징의 신랄한 비판과 조언에 때로는 격노하면서도 기꺼이 수용하
는 도량을 보였다. 태종이 만약 간신의 듣기 좋은 아첨에만 귀를 기울였다
면 그의 치세는 오래가지 못했을 것이다.

전국시대 제(齊)나라의 위왕(威王)은 한때 신하들의 말을 듣지 않아 '불통왕
(不通王)'이란 오명을 들었다. 그러나 추기(鄒忌)라는 재상이 "아첨으로 눈이

어두워지거나 마음이 팔리지 않도록 조심하라."는 충언을 하자 소통 정치에 나섰다. 이때 위왕이 내린 포고문이 『전국책(戰國策)』에 다음과 같이 나와 있다. "앞으로 나의 잘못을 직언하고 간하는 자에게는 대서(大書)를 준다. 상서(上書)하여 나에게 간한 자에게는 중상(中賞)을 준다. 사람들과 말하면서 나를 비판하고 그 소리가 내 귀에까지 들어오면 하상(下賞)을 준다. 그러나 나를 칭찬하는 자에게는 어떤 상도 주지 않겠다." 이후 왕의 잘못을 말하고 상을 받기 위한 백성들이 몰려 '문정약시(門庭若市, 대문 안뜰이 시장과 같다)'라는 말이 나왔고 오늘날 '문전성시(門前成市)'라는 말로 바꾸어 사용하고 있다.

'불치하문(不恥下問)'은 '아랫사람에게 묻는 것을 부끄럽게 여기지 않는다' 라는 뜻으로 『논어(論語)』의 「공야장(公冶長)」 편에 들어 있다. 공자를 비판했던 모택동의 좌우명이기도 한 이 말을 실천에 옮긴 인물은 한고조(漢高祖) 유방(劉邦)이다. 유방(項羽)은 난관에 부딪혔을 때 부하들의 의견을 묻고 경청해 결단을 내렸다. 그러나 유방과 패권(覇權)을 겨루던 항우(項羽)는 부하들의 진언을 무시해 부하들로부터 신망을 잃었다. 결국, 이러한 차이로 인해 유방은 전력이 우세했던 항우를 누르고 승리할 수 있었다.

리더에게는 직언을 잘 듣는 것만큼이나 아첨을 멀리하는 것이 중요하다. 『채근담(菜根譚)』 명각본(明刻本)에는 "참부훼사 여촌운폐일 불구자명(讒夫毁士 如寸雲蔽日 不久自明), 미자아인 사극풍침기 불각기손(媚子阿人 似隙風侵肌 不覺其損)"이라는 말이 있다. "남을 참소하고 헐뜯는 사람은 마치 조각구름이 햇볕을 가리는 것과 같아 머지않아 스스로 밝아지나, 아양 떨고 아첨하는 사람은 마치 문틈으로 들어오는 바람이 살결에 스미는 것과 같아 그 해로움을 미처 깨닫지 못한다."라는 뜻이다.

고대 중국 전국시대 말기의 유가 사상가인 순자(荀子)가 지은 『순자』의 「수신편(修身篇)」에는 이런 내용도 있다.

"非我而當者 吾師也(비아이당자 오사야)

나에게 잘못한다고 하면서 상대해 주는 사람은 나의 스승이고

是我而當者 吾友也(시아이당자 오우야)

나를 옳다고 하면서 상대해 주는 사람은 나의 벗이며

諂諛我者 吾賊也(첨유아자 오적야)

나에게 아첨하는 사람은 나의 적(敵)이다."

여기서 첨유(諂諛)는 아첨(阿諂)한다는 의미로 조직의 리더가 가장 경계해야 할 말이다. 아무리 규모가 작은 조직이라 할지라도 윗자리에 있는 사람에게 거슬리는 말을 하기란 쉽지 않은 일이다. 하물며 막강한 권력자의 앞이라면 말할 필요도 없다. 그러니 충언은커녕 '예스맨'과 아첨꾼만 늘어난다.

오죽하면 『한비자(韓非子)』에 "막락위인군 유기언이막지(莫樂爲人君 唯其言而莫之)"라는 말이 나왔겠는가. 중국 진(晋)나라의 평공(平公)이라는 왕이 연회석상에서 "군주의 유일한 낙은 거역하는 이가 없는 것이다."라고 했다는 말이다. 그래서 명나라의 사상가였던 여곤(呂坤)은 당시 정치 현실을 비판하면서 『신음어(呻吟語)』에 "유상즉유농고 기옹폐자중야(愈上則愈聾瞽 其壅敝者衆也)"라고 썼다. "위로 갈수록 눈과 귀가 먹고, 그것을 막는 자들이 많아진다."라는 뜻이다.

리더의 귀에 반대의 목소리가 들리지 않는다면 그 조직은 죽은 것이나 다름없다. 누구나 쓴소리는 듣기 싫어한다. 명군(名君)의 여부는 고언(苦言)을 얼마나 잘 받아들이냐에 달려 있다. 고전의 지혜는 역사의 거울(史鑒, 사감)이다. 대한민국의 현대사에서 역대 대통령이 온전한 예가 없고 두 명이나 탄핵으로 권좌에서 물러났다는 것은 고언(苦言)에 귀를 닫고 듣기 좋은 말에만 귀를 열었기 때문이다. 고전에 담긴 교훈은 지금도 우리 곁에 살아 있다.

행복도 선택이다

그림자가 싫다면 태양을 향해 돌아서면 되고 불행에서 벗어나고 싶다면 행복을 선택하면 된다.

- 이만규, 『행복도 선택이다』中에서 -

프랑스 철학자 장 폴 사르트르(Jean-Paul Sartre, 1905~1980)는 "삶은 우리가 만드는 선택의 총합이다(Life is the sum of all our choices)."라고 말했다. 세계에서 가장 많이 팔린 소설 『해리 포터(Harry Potter)』 시리즈의 작가 J. K. 롤링(Joanne Kathleen Rowling)은 "우리가 진정 누구인지를 보여 주는 건 우리가 가진 능력보다 우리의 선택입니다."라고 말했다. 우리의 삶에 있어서 선택이 얼마나 중요한 것인가를 상징하는 말이다. "인생은 B와 D 사이의 C다(Life is B.C.D)."라는 말을 처음 대했을 때 느낀 점은 그 말의 의미보다는 알파벳 순서의 비유가 참 절묘하다는 생각이었다. 그러나 나이가 들어갈수록 인생은 출생(Birth)과 사망(Death) 사이에 끊임없는 선택(Choice)의 순간들이 있고 그 선택이 삶에 결정적인 영향을 미친다는 말을 실감한다.

1980년 모 전자회사 TV 광고에 "순간의 선택이 10년을 좌우한다."라는 말이 유행한 적이 있었다. 광고 말마따나 선택은 순간이지만 영향은 오래간다. 1년을 갈 수도 있고 10년뿐만 아니라 평생을 갈 수도 있다. 내가 오래된 자동차를 바꿀 시기가 되자 주위에서 권고가 많았다. 전기차가 대세라느니, 나이 들고 허리가 불편한 사람에게는 SUV 차량이 제격이라느니…. 친구들의 조언을 듣고 망설이다가 결국 나는 종전에 타던 차종을 구매했다. 몇 달은 스스로 탁월한 선택이었다고 만족스러워하며 잘 타고 다녔다. 그런데 예기치 않던 일로 차량 운행이 많아지자 연료비가 덜 드는 하이브리드 차종을 살 걸 그랬나 하는 후회가 들었다.

살다 보면 자동차를 구매할 때처럼 많은 선택의 갈림길에 서게 된다. 선택에는 외출할 때 입고 나갈 옷을 고르거나 물건을 살 때, 식당에 들어가 앉을 자리와 음식을 주문할 때처럼 일상의 사소한 선택이 있다. 이와 달리 취업과 결혼, 출산 등 인생을 결정짓는 중대한 선택도 있다. 투표는 지역 발전과 나라의 미래를 좌우할 중차대한 선택을 결정하는 순간이다. 우리는 이처럼 크고 작은 선택의 갈림길에 직면하면 망설일 수밖에 없다. 선택으로 인한 앞날의 결과를 예측할 수 없기 때문이다. 요즘은 정보가 넘쳐나 '결정 장애'를 겪을 정도로 선택을 더 어렵게 하기도 한다.

선택을 앞두고 알아야 할 것은 우리가 선택을 결정할 수 있고 선택이 나만의 특권이라는 사실이다. 나는 선택을 하는 주체이자 내 삶의 주도권을 가진 주인공으로서 스스로 결정하는 사람인 것이다. 누군가가 내 인생의 중요한 길목에서 대신 선택해 주는 길을 그대로 따라가는 인생은 커다란 불행이다. 인간은 누구나 자신이 삶의 주인이 되어 자신의 삶을 통제할 수 있을 때 행복을 느낀다. 그렇다고 모든 일을 내가 선택하는 것은 아니다. 태어나고 죽는 일은 물론 국가나 인종, 성별, 부모 등은 선택과 상관없이 어찌할 수 없는 것들이다.

이들 외에도 우리 앞에 일어나는 90%는 선택할 수 없는 것들이라고 한다. 날마다 부딪히는 문제 중에서 기껏해야 10% 정도만 우리 마음대로 바꿀 수 있다는 얘기다. 그러나 이 10%마저도 확신하고 결정했던 선택이 후회로 돌아올 때가 있다. 이럴 때면 왜 내 앞에는 불행한 일들만 벌어질까 하는 생각이 밀려와 낙담한다. 이러한 생각은 행복이 외부의 요인이나 조건에 의해 주어진다는 관념 때문에 일어난다.

우리에게 일어나는 일은 선택할 수 없어도 이를 어떻게 받아들이고 반응할 것인가를 결정하는 것은 선택할 수 있다. 『행복도 선택이다』의 저자인 아주대학교 이민규 교수와 『행복의 선택』의 저자인 경기대학교 김청송 교수는 책의 제목처럼 행복과 불행이 나의 선택에 달려 있다고 입을 모은다. 행복은 외부의 환경이나 조건이 아니라 그 환경을 어떻게 해석하고 대처하느냐에 따라 결정된다. 진정한 행복은 외부의 조건에 대해 우리가 부정적인 반응을 선택하느냐 긍정적인 반응을 선택하느냐의 문제이다. 그러므로 부정적인 사고방식을 긍정적인 사고방식으로 바꾸는 행복 버튼을 잘 누르기만 하면 된다는 것이다.

긍정적인 마음가짐으로 행복 버튼을 누른다는 것이 말처럼 쉬운 일은 아니다. 후회하지 않는 현명한 선택을 위해서 우리는 어떻게 해야 할까? 무엇보다 서두르지 않는 신중함이 필요하다. 베스트셀러 작가인 『선택』의 저자 스펜서 존슨(Spencer Johnson)은 현명한 선택을 위해서는 자신이 당장 원하는 것보다 필요한 것을 위해 많은 정보를 가지고 신중히 접근하라고 말한다. 남의 시선이나 주위의 평가를 의식하지 않는 용기도 필요하다. 내가 추구하는 가치와 목표에 맞는지 면밀하게 따져 보고 위험 정도를 분석한 후에 결정해도 늦지 않다. 전문가와 경험자의 조언을 구하고 최악의 상황을 상상해 냉정하고 객관적인 자세로 판단해야 한다.

하지만, 그렇다고 해도 우리는 언제나 완벽한 선택을 기대할 수는 없다. 그래서 최선으로 여겼던 선택이 후회로 돌아올 때는 받아들이는 자세도 필요하다. 나아가 내가 내린 선택의 성공률을 높이기 위해 최선을 다해 나가야 한다.

글로벌 헬스케어 시장을 개척한 이병구 회장은 불확실한 환경 속에서도 과감한 선택과 불굴의 신념으로 성공한 기업인이다. 이 회장은 자신의 성공 스토리를 담은 저서 『베스트 옵션』에서 처음부터 완벽한 선택을 할 수 없다면 지금 내가 내린 선택을 최고의 결과로 만들어 가는 것이 중요하다고 강조한다. 처음부터 최고의 선택을 하는 것이 아니라, 내가 결정한 선택을 최고의 길로 만들어 가는 과정에 정성을 다하라는 말이다. 결국, 우리의 미래는 현재의 선택에 달려 있다. 어떤 선택도 성공과 후회가 따르기 마련이다. 선택은 우리의 자유지만 어떤 선택을 하든 그 책임 또한 자신에게 있다. 선택한 목표에 오직 최선을 다하고 결과를 겸허하게 받아들일 줄 아는 것 또한 지혜로운 선택이다.

23
마음이 행복이다

행복한 일을 생각하면 행복해지고 비참한 일을 생각하면 비참해진다.

- 데일 카네기(미국 작가) -

단편소설 『마지막 잎새(The Last Leaf)』는 미국 작가 O.헨리(O.Henry, 본명 William Sydney Porter)가 1905년에 발표한 작품이다. 죽음이 임박한 주인공은 창문 밖에 보이는 담쟁이잎을 자신과 동일시하면서 담쟁이잎이 다 떨어지면 자기도 죽을 거라는 생각을 한다. 이를 안 이웃집 화가는 끝까지 떨어지지 않고 붙어 있는 것처럼 보이는 잎새를 벽에 그렸는데 주인공은 이를 보고 삶에 대한 의지를 불태워 완치된다.

어떤 관광객이 나이아가라 폭포를 보고 감탄하다가 목이 말라 폭포의 물을 떠서 맛있게 마셨는데 폭포 옆에 '포이즌(POISON)'이라고 쓰여 있는 팻말을 보았다. 자기가 마신 물이 독 성분이 든 물이라는 것을 알게 되자 갑자기 심한 복통을 일으켜 병원에 갔다. 자초지종을 들은 의사는 포이즌은 영어로는 '독(毒)'이지만 프랑스어로는 '낚시 금지'라며 그냥 돌아가라고 말했다. 그 말을 듣자 그렇게 아프던 배가 거짓말처럼 아무렇지도 않게 됐다.

이러한 예는 수도 없이 많다. 대표적인 사례가 원효대사의 '해골바가지 물' 일화이다. 결론은 일체유심조(一切唯心造), 모든 것은 오직 마음이 지어낸다는 의미다. 여의길상(如意吉祥)이나 위약효과(僞藥效果)라고도 하는 '플라세보(placebo) 효과'도 마찬가지다. 잠을 이루지 못하는 불면증 환자가 수면제 모양의 가짜 소화제를 진짜로 알고 먹으면 곧 편안하게 잠이 든다.

마음이 건강과 질병 치료에 영향을 미친다는 사실은 알려진 지 오래되었다. 전문가들은 건강을 유지하는 데 음식과 운동이 20%라면 마음을 잘 관리하는 것은 80%에 달한다고 말한다. 암과 마음의 관계를 탐구하는 '정신

종양학'의 연구진은 면역력이 강하면 암을 예방할 수 있다고 발표했다. 현대의학에서는 3대 암 치료법인 수술과 방사선치료, 항암 화학 요법 외에 제4의 항암 치료로 면역력 강화를 위한 면역 요법을 든다. 전문가들은 많은 연구를 통해 마음이 면역력에 영향력을 미치는 과정을 규명하고 스트레스 관리가 면역 기능의 향상과 암세포의 성장을 저지해 암 재발을 낮춘다는 사실을 증명해 냈다.

미국 심리학자 존 바지(John Bargh)는 우리의 행동 중 95%가 무의식에 의해 결정된다고 주장했다. 존 바지 교수는 생각과 행동의 연결을 보여 주는 '개념 점화(Priming)' 실험에서 특정 자극에 노출된 사람은 인지하지 못한 상황에서도 행동에 변화가 나타나는 것을 확인했다. 실험에 참여한 그룹 중 '주름'과 '지팡이', '느리다' 등 '노인'을 연상시키는 단어들을 사용한 참가자들은 느린 걸음걸이를 나타내 보인 것이다.

하버드 심리학과 엘렌 랭어(Ellen J. Langer) 교수는 『노화를 늦추는 보고서』에서 질병과 가속 노화를 피하기 위해서는 꾸준한 운동과 식단 변화에 앞서 근본적인 사고와 인식을 바꿔야 한다고 강조한다. 랭어 교수의 대표적인 연구가 '시계 거꾸로 돌리기 연구(역방향 연구)'이다. 70~80대 노인들에게 시골 마을에서 20년 전 시절처럼 무거운 짐을 나르거나 설거지와 빨래를 하고, 20년 전 뉴스와 영화를 보게 했더니 불과 일주일 뒤에 노인들의 청력과 기억력이 향상되었으며 관절 유연성과 악력이 좋아지는 등 각종 신체 기능이 더 젊어졌다.

"마음이 행복이다."라는 말은 곧 '세상만사가 마음먹기 나름이다'라는 뜻이다. 말기 암으로 시한부 생명을 이어 가고 있는 문영희 씨는 방송에서 암 덩어리는 복덩어리라고 말한다. 그동안 앞만 보고 달려온 삶을 새로운 눈으로 바라볼 수 있기 때문이다. 마음먹기에 따라 올림픽에서 은메달을 딴 사람보다 동메달을 딴 사람이 더 큰 행복감을 느끼기도 한다. 미국 코넬대의 빅토리아 메드빅(Victoria Medvic) 교수는 올림픽 입상 선수들이 메달의 색깔이 아니라 '사후 가정 사고(Counterfactual Thinking)'에 영향을 받는다는 연구 결과를 발표했다. 사후 가정 사고란 어떤 일을 경험한 후에, 일어날 수도 있었지만 일어나지 않았던 가상의 대안들에 대한 생각을 말한다. 은메달을 딴 선수는 금메달을 놓친 아쉬움이 크고 동메달을 딴 선수는 동메달을 놓쳤을 상황을 가정해 안도감을 느끼기 때문에 이러한 현상이 나타난다.

고대 로마의 노예 출신 철학자 에픽테토스(Epictetus, 약 55~135)는 행복과 마음의 관련성을 보다 명확히 간파했다. 에픽테토스는 인간이 통제할 수 없는 외부의 일에 매달리기 때문에 고통을 받는다고 주장했다. 우리의 삶에서 이성과 의지로 통제할 수 없는 것은 부(富)와 건강, 명예, 타인의 평가, 죽음 등이며 우리가 통제 가능한 것은 생각과 감정, 판단, 욕망 등이다. 구태여 에픽테토스의 말이 아니더라도 우리는 외부 환경이나 사건을 통제할 수 없다. 반면에 그에 대한 우리의 반응과 태도는 통제할 수 있다. 그러므로 우리는 참된 자유와 행복을 위해 통제할 수 없는 것들에 집착하지 말고, 통제할 수 있는 내면에 집중해야 한다.

아리스토텔레스는 "행복은 우리가 마음먹기에 달려 있다."라고 말했다. 천재 과학자 아인슈타인(Albert Einstein)도 "삶에는 아무것도 기적이 아닌 것처럼 사는 방법과 모든 것이 기적인 것처럼 사는 방법이 있다."라고 말했다. 신발이 낡았다고 불평하다가 발이 없는 사람을 보면 불평은 순식간에 사라진다. 마음이 곧 행복이다.

24

마음먹기와 자기암시

자신의 처지에 대해 별로 깊이 생각하지 않는 사람들은 깊이 생각하는 사람들보다 더 행복한 경향이 있다.

- 개리 마커스(미국 인지심리학자) -

세상사 마음먹기에 달렸다는데 그렇게 말처럼 쉬우면 고달픈 인생이 어디 있겠으며 고민거리가 뭐 있겠는가. 문제는 '마음먹기'가 그리 쉽지가 않다는 데 있다. 음식을 섭취하는 행위인 '먹다'라는 동사는 다양한 의미로 쓰인다. '욕을 먹다'와 '뇌물을 먹다', '나이를 먹다' 등이 그 예다. 그중에서도 '마음을 먹다'는 단순한 신체적 행위가 아니라 내적인 결심과 실제 행동을 다짐하는 긍정적인 표현이다. 그래서 어떤 결행을 앞두거나 비장함을 표현할 때면 '마음을 단단히 먹자'라고 말하는 것이다. 이렇게 먹은 이 마음을 말로 표현하면 생각을 더욱 구체화하고 자기암시 효과를 강화해 행동 변화의 가능성을 높일 수 있다.

성공과 행복을 바라는 사람이 가장 손쉽게 할 수 있는 일은 '마음먹기'를 실천하는 것이다. 마음먹기는 실로 마음만 먹으면 얼마든지 가능한 일이다. 그러나 마음만 먹고 있으면 배도 부르지 않고 아무런 변화도 없다. 행동이 뒤따라야 하는데 가장 쉽고도 기초적인 행동이 자기암시다.

최근 한국직무능력개발원의 조사 결과를 보면 직장인 10명 중 9명이 동기부여 콘텐츠 소비에 월평균 15만 원을 지출했으나 실제 행동으로 이어지는 경우는 8.7%에 불과했다. 대한민국 직장인 91.3%가 행동이 없는 동기부여에 많은 돈을 지출하면서 마음만 먹고 있는 셈이다.

세계적인 비즈니스 컨설턴트이자 베스트셀러 작가인 미국의 브라이언 트레이시(Brian Tracy)는 『행동하지 않으면 인생은 바뀌지 않는다』에서 '행동'의 중요성을 역설한다. 많은 성공자는 물론이고, 자신이 시급 25센트 잡초 제거 아르바이트에서 회당 8억 원을 받는 강연자가 되기까지는 동기부여에 그치지 않고 오직 이를 전적으로 행동에 옮긴 결과라고 강조한다. 성공은 교육이나 집안, 운이 아니라 목표를 이루기 위해 끊임없이 지속한 '아주 작은 행동의 누적'에 좌우된다는 것이다.

자현 작가의 『마음먹기』는 마음을 여러 가지로 요리하는 방법을 재치 있게 보여 주는 어린이를 위한 그림책이다. 주인공 '마음이'를 우리가 즐겨 먹는 달걀로 비유해 요리하듯 마음을 언제든지 내가 원하는 방식으로, 먹고 싶은 마음을 만들 수 있다는 것을 상징적으로 보여 준다. 내가 먹고 싶은 마음을 어떻게 만드느냐에 따라 오늘 하루와 인생이 달라진다. 음식을 요리하는 것처럼 마음의 방향을 선택한다는 것은 넓은 의미로 자기암시라 할 수 있다.

'자기암시'란 자신에게 긍정적인 말을 반복 주입함으로써 잠재의식을 일깨워 사고와 행동을 변화해 나가는 심리 기법이다. 프랑스의 약사(藥師)이자 심리학자인 에밀 쿠에(Émile Coué, 1857~1926)는 『자기암시』에서 반복적인 자기암시를 통해 성공과 질병을 치유하는 기적 같은 현상을 가져올 수 있다고 말한다.

자기암시는 구체적인 문장으로 미래의 희망이 아닌 현재시제(時制)로 해야 한다. 아침에는 거울을 보며 "나는 반드시 성공할 수 있는 사람이다.", 저녁에는 잠자리에 들면서 "오늘도 멋진 하루였다. 내일도 잘될 거야."라는 말을 꾸준히 반복한다. 구체적인 시각화도 중요하다. 운동선수는 우승 장면을 상상하면서 훈련을 하고 기업가는 고객이 제품에 만족해하는 장면을 상상하면서 제품 생산에 임하는 것이다. 자기암시는 상상하고 말하면서 행동이 뒤따라야 한다. 수능시험을 앞둔 학생은 "나는 이번 수능시험에 충분히 실력을 발휘할 거야."라고 하면서 공부를 열심히 해야 하고, 암 환자라면 "암은 반드시 낫는다. 점점 좋아지고 있다."라고 말하면서 치료에 전념

해야 효과를 기대할 수 있다. 나아가 지금 나에게 필요한 자기암시 문안을 잘 보이는 곳에 붙여 놓고 볼 때마다 주문을 암송하듯 반복해서 말하는 것도 좋은 방법이다.

2023년 취업 포털 잡코리아의 조사 결과에서는 직장인 82.3%가 자기 자신에 대한 부정적인 생각으로 고민한다고 답했으며 2030 세대는 91.5%가 자신을 과소평가하는 것으로 나타났다. 그런데 미국 하버드대학교의 심리학과 연구진은 하루 5분만 긍정적인 자기암시를 해도 스트레스 호르몬인 코티솔 수치는 23% 감소했지만, 행복 호르몬인 세로토닌은 31% 증가했으며 업무 생산성은 27%나 향상했다고 발표했다.

우리의 머릿속에는 날마다 많은 생각으로 가득 찬다. 이러한 생각 중에서 나에게 이롭거나 해로운 생각이라는 것을 구별할 수 있다면 이로운 쪽으로만 상상해 보자. 잠재의식을 깨우는 가장 좋은 방법은 생각한 것을 상상으로 바꾸는 것이다. 자기암시는 의지(willpower)가 아니라 상상(imagination)에 작용하는데, 사람은 감정이나 의지보다 이미지에 더 잘 반응하기 때문이다. 즉 회사 내에서 '좋은 평가를 받아야지'라는 막연한 억지 의지보다 내가 '스마일 상이나 우수사원 상'을 받는 장면을 '상상하고 믿는 것'이 미소 띤 얼굴로 업무에 적극적으로 임할 수 있게 한다는 것이다. 이제부터라도 부정적인 생각이 들 때는 TV 채널을 돌리듯 얼른 긍정적으로 마음을 바꾸어 보자. 그리고 마음먹은 내용을 상상하고 말로 반복해서 '자기암시' 효과를 도모해 보자. 그러다 보면 성공과 행복이 나도 모르게 내 곁에 다가올 것이다.

25

노래가 약이다

티셔츠와 반바지를 입고 맨발로 해변을 걸을 때 나는 행복하다.

- 야니(그리스 출신의 미국 음악가) -

1914년 12월 벨기에의 플랑드르 평원. 1차 대전이 한창이던 그곳에서 독일군과 영국군은 널브러진 시체와 그 사이를 헤집고 다니는 쥐 떼 속에서 지옥과 같은 참호전을 벌이고 있었다. 12월 24일, 절망과 죽음이 드리워진 침묵을 깨고 독일군 참호 쪽에서 '고요한 밤~ 거룩한 밤~' 노랫소리가 들려왔다. 독일군 전체로 이어진 합창이 끝나자 영국군 진영에서는 박수와 함께 앙코르를 외치는 소리가 터져 나왔다. "메리 크리스마스! 우리는 쏘지 않겠다! 너희도 쏘지 마라!" 그러자 독일군들은 스코틀랜드의 민요로 화답을 했다. 총성 없는 화해의 분위기는 크리스마스이브와 다음날에도 이어졌다. "우리 중간 지점에서 만납시다." 독일군과 영국군 너나 할 것 없이 참호에서 뛰어나와 전선 한가운데에 모였다. 살벌했던 전장이 만남의 장으로 변해, 버려져 있던 전사자들을 모아 합동 장례식까지 열었다. 비록 한시적이었지만 노래 한 곡이 크리스마스의 기적을 만들어 낸 것이다.

2005년 8월 23일 우여곡절 끝에 평양 정주영체육관에서 가수 조용필 공연이 있었다. 엄숙하고 무표정한 관객들의 반응 속에 이어지던 공연은 조용필의 재치 있는 인사로 활기가 돌더니 북한 노래인 「자장가」와 「험난한 풍파 넘어 다시 만나리」 등 110분의 공연이 끝나자 기립박수까지 터져 나왔다. 앙코르를 외치는 관객의 요청으로 준비해 간 「홀로 아리랑」을 부를 때에는 북한 관객들도 함께 따라 부르고 감동의 눈물까지 내비쳤다. 노래가 정치 회담이나 경제 협력보다 더 큰 힘을 발휘해 갈라진 민족을 하나로 만들어 낸 것이다.

노래는 예나 지금이나 힘든 사람들의 마음을 위로하고 지난 추억을 떠올리게도 하며 즐거운 사람에게는 흥을 돋워 행복감을 더 느끼게 한다. 여러 행사에서 부르는 노래는 행사의 품격을 높여 주며, 부르는 사람과 보고 듣는 사람들의 마음을 하나로 모이게 한다. 실향민과 타국에서 생활하는 사람들에게 노래는 향수와 그리움을 달래 준다. 노래가 약이 되고 더없는 보약이 되는 것이다.

중국(中國)의 한 말더듬이 교정 전문가는 환자들에게 기차역 앞 등 대중이 많이 모이는 공공장소에서 노래를 부르게 하는 등의 치료 방법을 통해 1만여 명의 말더듬이 환자를 100% 교정하는 데 성공했다고 발표한 바 있다. 지적장애와 뇌 병변, 언어장애를 가진 정성인 씨는 노래에 대한 열성으로 KBS「아침마당」에 나와 3승 도전에 성공했다. 지금은 음반도 내고 트로트 가수로 활동하면서 장애인 인식 개선 교육 파트너로 일하는 중이다.

미국의 뇌신경학자였던 올리버 색스(Oliver Wolf Sacks, 1933~2015)는 음악은 우리 뇌에서 언어보다 더 넓은 영역을 차지한다고 강조하면서 인간을 '음악적 종(musical species)'이라고 표현했다. 가수 주병선이 부른 노래「칠갑산」을 작사 작곡한 조운파 선생은 "말이 다한 곳에 시(詩)가 있고, 시가 다한 곳에 노래가 있다."라고 말한다. 조용필의 노래「그 겨울의 찻집」과 임주리의「립스틱 짙게 바르고」등의 가사를 지은 양인자 작사가는 "노래는 살아 있는 생명"이라고 말한다. 불러 주는 이가 있어 심장이 뛰고 나무처럼 키가 크며 꽃을 피우는 노래의 속성이 마치 살아 있는 것처럼 느껴지기 때문이다.

부산에서 약국을 운영하는 황원태 약사는 음반을 5장이나 낸 가수이자 음악 치료사이다. 그는 노래가 보약이라며 약 먹기보다 노래를 부르는 것이 건강을 지키는 비결이라고 강조한다. 노래야말로 부작용 없는 완벽한 치료제라는 것이다. 노벨문학상 수상 작가인 한강은 자작곡을 담아 음반을 내고 산문집 『가만가만 부르는 노래』를 펴낼 정도로 음악 애호가이다. 한강 작가는 노래에 담긴 그리운 지난 시절의 기억을 되돌아보면서 우리에게 노래의 치유력이 얼마나 큰 것인가를 말해 주고 있다.

"… 내가 울 때 눈물을 닦아 주거나, 내가 영혼을 팔았을 때 그걸 되사서 나에게 줄 사람은 이 세상 어디에도 없다는 걸 알고 있었지만, 노래를 듣다 보면 일어날 힘이 생기고, 온몸이 터져 나갈 듯한 만원 지하철 속으로 다시 뛰어들 용기가 생겼다. 어떤 종교도, 위로해 줄 애인도 없을 때, 때로는 그렇게 노래 하나가 거짓말처럼 일상을 버텨주기도 한다…"

나는 노래를 좋아하기로는 누구 못지않지만, 가수 할 실력도 용기도 없어 그저 노래를 취미로만 부르고 있다. 최근에 관심을 두고 배운 노래는 나훈아가 2020년에 발표한 「명자」라는 노래다. 노래 가사를 음미해 보면 타임머신을 타고 60여 년 전으로 되돌아간 듯하다. 여느 유행가 가사처럼 사랑과 이별이 아니어서 가볍지도 않고 나이 든 세대의 마음속 어딘가에 잠들어 있는 고향의 추억을 고스란히 꺼내어 준다. 노래 「명자」 속에는 어릴 적 뛰놀던 친구들의 모습이 담겨 있고, 잘못했다고 혼내시며 보듬어 주시던 어머니의 저고리 속 온기가 녹아 있다. 혼자서 걷다가 「명자」를 부르다 보면 어느새 내 마음은 저 멀리 노을 속 뭉게구름 아래에 펼쳐져 있는 고향 들녘과 동네 어귀에 가 있다. 노래의 처음 대목에서는 웃음이 나오다가도 마지막에 가서는 가슴이 먹먹해지는 노래가 「명자」다.

… 자야 자야 명자야 찾아 샀던 어머니 청소해라 동생 업어 줘라
깔깔거리면 놀던 옥희 순이 지금 어디서 어떻게 변했을까
자야 자야 명자야 무서웠던 아버지 술 깨시면 딴사람 되고
세월은 흘러 모두 세상 떠나시고 저녁별 되어 반짝반짝거리네 …

26
신(神)의 손

우리가 이 세상에 존재하는 이유는 자신의 삶에서 할 수 있는 모든 것을 얻기 위함이 아니라 다른 이들의 삶을 더 행복하게 해 주기 위함이다.

- 윌리엄 오슬러(캐나다 의사) -

신(神)의 손은 1986년 아르헨티나와 잉글랜드의 월드컵 8강전에서 아르헨티나의 마라도나 선수가 헤딩슛으로 넣은 골에서 유래했다. 마라도나는 경기 중 페널티 에어리어 안쪽으로 날아오른 공을 헤딩하는 과정에서 왼손으로 공을 터치하여 잉글랜드의 골문으로 넣었다. 이는 마치 헤딩슛처럼 보여, 주심이 이를 득점으로 인정하면서 논란이 됐으나 경기는 아르헨티나의 2:1 승리로 끝났다. 마라도나는 경기를 마친 후 인터뷰에서 신의 손과 자신의 머리로 득점했다고 말했고, 자서전에서도 당시 이 골은 왼손 주먹으로 터치해서 넣은 것이라고 밝혔다.

선종한 프란치스코 교황은 몇 년 전 바티칸에서 마라도나의 알현을 받았을 때 농담 삼아 그에게 "어느 쪽이 죄지은 손이냐?"며 물었다고 회고한 바 있다. 그 후 축구 경기 중 마라도나처럼 중요한 순간에 손으로 공을 터치했으나 주심에게 적발되지 않아 반칙으로 판정되지 않은 사례를 '신의 손'으로 부르게 되었다.

마라도나로 인한 신의 손은 결코 따뜻하지도 아름답지도 않은 손이었지만 코로나19가 심각하던 2021년 브라질에서는 실제로 따뜻한 신의 손이 화제가 된 적이 있었다. 병원에서 중증 코로나 환자를 돌보던 간호사 리디안 멜로는 치료받던 할머니가 통증이 너무 심하다며 손을 좀 잡아 달라고 간절하게 부탁했지만 그럴 경황이 없었다. 너무 많이 밀려드는 환자에 정신이 없었기 때문이다. 멜로가 진통제라도 놔 드리겠다고 했으나 거절하던 할머니는 "손녀 둘을 돌봐 주고 있어 절대 죽을 수 없다."라며 계속해 손을 잡아 달라고 했다. 죄송한 마음에 고민하던 멜로는 의료용 라텍스 고무장갑 2개를 가져와 손가락 부분을 서로 묶고 따뜻한 물로 채워 할머니 손을 감싸 드렸다. 할머니는 즉각 웃어 보이며 "누가 진짜 따뜻하게 손을 잡아 주고 있는 것 같아요."라고 반응했다. 그런 할머니에게 멜로는 "제 손이 아니고 신의 손"이라며 할머니가 꼭 나을 수 있도록 신이 도와주실 거라고 응원을 보냈다.

그 덕분인지 할머니는 기적처럼 완치 판정을 받아 퇴원했고, 멜로는 손을 잡아 달라는 다른 환자들에게도 라텍스 장갑으로 만든 손을 나누어 드렸다. 이러한 사실이 현지 언론을 통해 알려지자 심리적 안정을 주는 '신의 손'이라는 입소문이 더해져 다른 병원에도 확산하는 일이 벌어졌다. 고무장갑으로 만든 '신의 손'은 코로나의 감염 우려를 불식하고 가족과 떨어져 홀로 투병 중인 환자들의 우울감과 외로움을 덜어 줘 정서적 위안을 얻게 했다.

전문가들에 의하면 실제로 환자의 손을 따뜻하게 하면 체내 혈류 흐름에 도움을 주고, 손이 차가워 혈중 산소 농도를 잘못 측정하는 의학적 문제도 줄일 수 있다고 한다. 나아가 '손을 잡는 것'은 연인들이 사랑을 속삭일 때 포옹이나 키스보다 가장 친밀감을 주는 행위라는 주장도 있다. 미국 버지니아 대학교의 심리학자 제임스 코언 박사는 "손을 잡는 행위는 아기가 엄마의 손바닥을 만질 때처럼 본능적으로 이뤄지는 인간 유대감을 형성하는 데 있어 가장 중요한 행동이다."라고 강조한다. 손을 잡으면 사랑의 호르몬인 '옥시토신'이 생성되기 때문에 통증의 역치(閾值)를 높이고 신체의 염증 수치와 스트레스를 줄여 준다는 것이다.

브라질에서 고무장갑으로 화제가 됐던 '신의 손'과는 달리 선진 기술의 힘으로 만든 '신의 손'도 있다. 3D 프린팅을 활용해 저렴한 맞춤형 전자 의수(醫手)를 제작하는 기업 '만드로'의 이상호 대표는 컴퓨터공학을 전공한 소프트웨어 엔지니어였다. 이 대표는 언론을 통해 양손을 잃은 한 청년이 기타를 칠 손이 필요하다는 사연을 알고 의수 제작에 뛰어들어 많은 사람에게 새로운 '손'을 선물하고 있다.

미국 라스베이거스에서 열린 세계 최대 IT·가전 전시회 'CES 2024'에서 부분 손가락 의수 기술로 최고혁신상을 받은 이상호 대표는 직접 개발한 기술을 적용해 손가락 하나를 제작하는 데 천만 원 수준의 비용이 들던 것을 50만 원 정도로 낮추었다. 손이나 팔을 잃은 장애인이 국내에만 대략 15만 명이다. 그중 의수를 착용하는 사람은 약 3만 명이고 전자 의수(電子義手)를 사용하는 사람은 0.2% 정도밖에 되지 않는다. 이유는 미관상의 문제와 가격이 비싸기 때문이다. 손을 잃은 장애인에게 저렴하고 손의 기능을 할 수 있는 값싼 전자 의수는 그야말로 신의 손이나 다름없는 선물이다.

신의 손이란 브라질 간호사들이 만든 라텍스 고무장갑 손이나 전자 의수만이 아니다. 수술실에서 꺼져 가는 생명을 살려낸 명의(名醫)의 손이나 재해 현장의 어려움에 부닥친 사람들에게 내미는 따뜻한 손길, 아픈 배를 문질러 주시던 엄마의 약손도 모두 신의 손이다. 영화배우 오드리 헵번은 내 손도 신의 손이 될 수 있다는 깨달음을 준 명언을 남겼다. "기억하라. 네가 도움을 주는 손이 필요하다면 너의 팔 끝에 있는 손을 이용하면 된다. 네가 더 나이가 들면 손이 두 개라는 사실을 알게 될 것이다. 한 손은 너 자신을 돕는 손이고 다른 한 손은 다른 사람을 돕는 손이다." 우리가 모두 힘들어하는 누군가에게 따뜻한 손을 내민다면 그 손이 따뜻한 신의 손이 되어 세상을 더욱 행복하게 만들 것이다.

27

더하기보다 빼기 인생

행복은 인생에서 불필요한 것들을 덜어내는 데 달려 있다.

- 스벤 브링크만(덴마크 심리학자) -

인생에 정답이 있을까? 누군가는 돈과 명예와 권력에 답이 있다 하고, 또 누군가는 각자 추구하는 방향과 가치 기준이 다르니 정답이 따로 없다고 말한다. 배운 사람이든 못 배운 사람이든, 신앙이 있든 없든 대부분 사람은 무엇이든 많이 채우고 쌓아 올리는 것이 답이라고 여기며 산다. 그러다가 건강을 잃거나 생의 끝자락에 다다르면 그때야 비로소 정답이 아니라는 것을 깨닫고 후회한다.

노자의 『도덕경(道德經)』 첫 구절에 나오는 "爲學日益 爲道日損(위학일익 위도일손)"은 '배움은 나날이 더하는 것이고, 도는 날마다 덜어내는 것'으로 풀이할 수 있다. 이 말은 재물과 명성을 쌓기 위해 앞만 보고 달려가는 우리에게 인생의 정답이 무엇인지를 생각하게 해 준다.

우리의 삶은 빼고 덜어내는 일보다 늘리고 쌓아 올리는 데 더 익숙하다. 학문과 지식뿐만 아니라 재산은 물론이요 스펙과 직급과 명예 등 더하고 채우려고만 한다. 이 길은 오직 나만을 위한 길이다. 오르막이라서 멀고 힘들지만 다들 가는 길이니 당연하게 여기고 나아간다. 그러나 늘리고 높이는 데는 끝이 없고 쌓기만 하다가 무너지면 위험에 빠질 수 있다.

반면에 빼고 덜어내는 일은 더불어 사는 길이고 행복으로 다가가는 길이다. 하지만 몸에 밴 일이 아니고 가는 사람이 많지 않아 망설이다 시늉만 내고 만다. 덜어내다 보면 어떻게 될까? "損之又損 以至於無爲(손지우손 이지어 무위)", 덜어내고 또 덜어내면 무위의 경지에 이르게 된다. 무위(無爲)의 경지야말로 다툼이 없는, 궁극적인 행복에 이르는 길이다.

노자는 배움을 강조한 공자와 달리 "절학무우(絶學無憂)"를 말했다. 배움(學)을 끊어 버리면 근심이 없다는 뜻이다. 배움을 통해 자기만의 신념이나 가치관에 갇히면 열린 사고는 정지하고 분별심과 이데올로기화한 체계가 견고해진다. 그러므로 과도한 지식 추구나 욕심을 버리고, 걱정이나 근심이 없는 삶의 지혜를 발휘해 나가라고 역설한 것이다.

피 흘리는 전쟁이 그칠 새 없던 노자가 살던 시대의 사람들도 우리와 별반 차이가 없었다. 땅을 넓히고 부(富)와 권력을 추구하는 '채움'이 최고의 가치였다. 그러나 쌓고 채우는 데는 필연적으로 경쟁과 다툼으로 이어져 살벌한 사회가 될 수밖에 없다. 따뜻하고 행복한 사회가 되기 위해서는 쌓기와 비우기의 조화가 절실하다. 나아가 쌓기보다 비우고 나누는 데 더 집중한다면 궁극적인 행복의 지점에 더 가까이 다가갈 수 있다.

비운다는 것은 어려운 일이다. 체중을 감량하려면 무수한 고통의 과정을 감내해야 하는 것과 마찬가지다. 그러나 내가 이룬 부(富)와 명예, 성공을 비우는 것은 위대한 일이다. 빼기의 삶을 위해서는 기대와 원망, 불편한 인간관계와 같은 내면의 감정도 덜어내야 한다. 나이가 들수록 우리는 과거의 상처, 후회, 걱정 등 불필요한 감정으로부터 멀어져야 진정한 행복의 길로 나아갈 수 있다. 더하고 채워야 할 것은 지혜와 봉사, 용서, 좋은 인간관계 등이다.

덜어내지 않고 더하고 늘리기만 한다면 어떻게 될까? 이스라엘에 있는 갈릴리호수는 물을 받아들여 다른 곳으로 흘려보낼 수 있어 청정 호수가 되고, 사해(死海)는 요르단강이 흘러들어도 물이 빠져나가지 못하고 증발해 염분이 쌓인 죽은 호수가 되고 만다.

기업을 경영하는 김태섭 작가는 『인생은 뺄셈, 행복은 곱셈』에서 사업의 진정한 고수는 뺄셈의 달인이라며 경영의 성공을 위해서는 더하기 전에 반드시 빼내는 일이 먼저라고 강조한다. 서울아산병원 노년 내과 임상조 교수도 『지속 가능한 나이 듦』에서 "노화 속도를 줄이는 것은 무언가를 더하는 게 아니라 빼는 것"이라고 말한다. 잠과 운동, 섬유질 채소, 머리 비우는 시간 등은 늘리되 먹는 것과 번뇌, 스트레스, 영양제 등은 줄이는 것이 내 몸에 득이 될 가능성이 크다는 것이다.

태권도 방어 기술에서 빼기 동작도 일종의 수비 동작이며 상대방에게 잡혔을 때 빼내는 기술이다. 자신의 신체 부위를 잡혔을 때 틀거나 돌려서 빼기 동작에 성공하면 공격의 기회로 전환할 수 있다. 주로 선 굵은 연기를 보여 줬던 배우 장동건은 국정원 직원으로 변신한 영화 「VIP」에서 더하기보다 빼는 연기를 펼쳐 좋은 결과를 가져올 수 있었다고 말한다. 내 마음속의 허기진 곳을 채우려고만 하면 다른 사람의 마음은 더 비워져 간다. 나에게 불필요한 것을 덜어내 남의 필요한 곳을 찾아 채워 주는 마음, 그것이 인생의 정답이라고 여길 때 우리가 모두 행복해질 수 있다.

가수 김연자가 부른 「인생의 답」이라는 노래 가사에는 "더하기 곱하기할 줄 알면서 나누기 빼기는 모르시나요… 세상은 더불어 사는 것이야… 곱하면 나누고 더하면 빼요…"라는 대목이 있다. 나훈아의 「공(空)」이라는 노래에도 "살다 보면 알게 돼 버린다는 의미를, 살다 보면 알게 돼 비운다는 의미를, 내가 가진 것들이 모두 부질없다는 것을…"이라는 가사가 있다.

『어린 왕자』의 작가 생텍쥐페리(Saint Exupery)는 "완벽함이란 더 보탤 것이 남아 있지 않을 때가 아니라 더 뺄 것이 없을 때이다."라고 말했다. 생텍쥐페리의 통찰은 우리에게 행복한 삶이란 모든 것을 다 갖춘 상태가 아닌, 불필요한 것들을 과감히 덜어내 더불어 살아가는 데서 이루어진다는 점을 일깨워 준다.

28
기부와 봉사

남을 행복하게 하는 것은 향수를 뿌리는 것과 같다. 뿌릴 때 자신에게도 몇 방울 정도는 묻기 때문이다.

- 『탈무드』中에서 -

연말이면 큰 도시의 중심가에는 어김없이 '사랑의 온도탑'이 세워진다. 모금액에 따라 온도계처럼 빨간 눈금이 목표액 100% 달성을 향해 위로 올라간다. 사랑의 열매 사회복지공동모금회는 1998년에 출범해 전문적 모금과 배분 시스템으로 우리 사회의 나눔 문화를 선도하고 있다. 연말에 보이는 또 하나의 풍경이 구세군 '자선냄비'다. 땡그랑 하는 종소리를 들으며 1,000원을 들고 뛰어가는 어린아이의 모습을 보면 추위 속에서도 마음이 따뜻해진다.

2008년부터 개인 고액 기부자들의 모임인 '아너 소사이어티(Honor Society)'가 발족했다. 1억 원 이상을 기부하거나 1년에 2,000만 원씩 5년간 기부를 약정하면 가입할 수 있는데 회원이 3,800여 명에 이른다. 장복만 동원개발 회장은 세 아들과 함께 가족 4명이 전국 최초로 '아너 소사이어티'에 가입했는데, 가훈(家訓)이 '나눠 먹어라'이다. 아들들은 어렸을 때 아버지로부터 낭비하고 돈을 아끼지 않으면 혼났지만, 이웃에게 쓰는 돈은 아끼지 않아야 칭찬을 받았다고 한다. BTS 멤버인 지민 삼부자(三父子)도 고액 기부 모임인 초록우산의 '그린노블클럽'에 가입했다. 회원들은 모두 '기부 활동이야말로 세상을 바꾸는 힘'이라는 믿음으로 진정한 '노블레스 오블리주(Noblesse Oblige)' 정신을 실천하는 사람들이다.

언론에 보도되는 대기업의 통 큰 기부와 달리 어렵게 살아온 사람들의 기부는 또 다른 감동을 준다. '김밥 할머니'는 평생 어렵게 모은 돈을 노년에 기부하는 미담의 주인공을 일컫는 대명사가 될 정도로 한둘이 아니다. 설악산 지게꾼 임기종 씨는 장애가 있는 아내와 아들을 돌보는 어려운 상황에서 짐삯을 모아 1억 원을 기부했다. 울산에 거주하고 있는 박순덕 할머니는 평생 폐지와 깡통을 주워 모은 재산 2억 4천만 원을 고향 정읍에 장학금으로 기부했다.

　유명 연예인과 운동선수 중에서 거액을 기부하는 사람도 한둘이 아니다. 가수 션은 결혼 후 매일 1만 원을 모아 결혼기념일마다 365만 원을 기부하고 있으며 각종 기부 런(run) 등 기부 행사를 통한 모금액으로 440억 규모의 어린이 재활 병원과 239억을 들여 루게릭 요양병원을 지었고 독립유공자 후손을 위한 집짓기(100개 목표) 봉사를 이어 가고 있다. 이들이 펼치는 '선한 영향력'은 사회를 밝게 한다. 보통 사람들은 전화 한 통화로 기부에 동참하는가 하면 2023년부터 시행하는 '고향 사랑 기부제'에 참여하는 사람도 있다. 사회를 위해 부자들이 하는 거액의 기부도 좋지만, 헌혈 왕 인종근 씨가 "한 사람이 620번 헌혈하는 것보다 620명이 한 번씩 헌혈하는 나라가 좋은 나라."라고 한 말을 깊이 새길 필요가 있다.

　사람들은 왜 아까운 돈을 남과 나누고 기부할까? '마더 테레사 효과(Mother Teresa Effect)'란 선한 행동을 실천하지 않아도 단지 지켜보는 것만으로도 신체의 면역 기능이 향상되는 현상을 말한다. 사람의 침에는 면역 항체인 '1gA'가 들어 있는데, 근심이나 긴장 상태가 지속하면 침이 말라 이 항체가 줄어든다. 1998년 미국 하버드대학교 의과대학의 연구자들이 실험 전에 학생들의 '1gA' 수치를 조사하여 기록한 뒤, 마더 테레사의 일대기를 그린 영화를 보여 주고 '1gA' 수치가 어떻게 변하였는지를 비교 분석했다. 영화를 본 후 '1gA' 수치가 일제히 높게 나타난 것을 보고 봉사와 사랑을 베풀며 일생을 보낸 테레사 수녀의 이름을 붙였다.

　봉사 활동이나 기부 행위를 하고 나면 심리적 만족감이 오랫동안 지속한다. 혈압과 콜레스테롤 수치가 낮아지고 엔도르핀도 정상치의 3배 이상 분비되어 몸과 마음에 활력이 넘친다. 이러한 현상을 '헬퍼스 하이(Helper's

High)'라고 한다. 봉사나 기부 활동을 억지로 하거나, 학생들이 점수를 받기 위해 마지못해서 하더라도 지속하다 보면 나중에는 마더 테레사 효과와 헬퍼스 하이를 느끼게 된다.

성경에 "주는 것이 받는 것보다 복이 있다(사도행전 20:35)"라는 말처럼 봉사하면 장수(長壽)에도 도움을 준다. 미국 스탠퍼드대 칼 소렌슨 교수팀은 캘리포니아에 거주하는 55세 이상의 남녀 2,025명을 대상으로 사망률과 봉사의 연관성을 조사했다. '열심히 봉사하는 사람'과 '한 가지 봉사만 하는 사람', '전혀 봉사하지 않는 사람'으로 구분하여 5년 동안 관찰했는데, 열심히 봉사하는 사람의 사망률은 봉사하지 않는 사람에 비해 44%나 줄어든 것으로 나타났다. 일주일에 네 번 이상 운동하는 사람의 사망률이 30% 정도 줄어드는 것과 비교하면, 봉사가 사망률에 미치는 영향은 실로 대단한 것이다.

전문가들은 기부하기로 마음먹은 사람의 뇌를 자기공명 영상촬영(MRI) 장치로 살펴보면 도파민을 분비하는 복측피개영역(VTA)이 활성화한다고 강조한다. 복측피개영역은 쇼핑이나 음식을 먹을 때, 섹스나 마약을 복용할 때 활성화되는 쾌락의 중추다. 이런 이유로 남을 돕는 일에서 즐거움을 맛보면 또 하게 된다. 미국 시카고대 심리학자 에드 오브라이언 교수팀이 연구한 결과에서도 다른 사람에게 선물을 준 사람의 행복감이 그 선물을 받은 사람보다 큰 것으로 나타났다. 이를 보면 미국 시인 칼릴 지브란(Kahlil Gibran)이 "나누는 것은 내가 가진 것을 줄이는 게 아니라, 마음을 넓히는 일이다."라고 한 말에 공감이 간다.

부산의 평범한 공무원 출신 박종국 씨는 어린이재단에 40년 넘게 후원해왔는데 지금은 두 자녀와 손주를 포함한 3대(代)가 6개 단체와 국내외 어린이 5명을 정기 후원하고 있다. 박 씨는 후원을 통해 커다란 행복감을 느끼고 스스로 '내가 참 괜찮은 사람이구나' 하는 자부심과 자존감이 커졌다고 한다. 이처럼 기부하는 사람은 아깝다는 생각보다 행복하므로 반복해서 기부한다. 나눔이 곧 행복이다. "남의 손을 씻다 보면 내 손도 따라 깨끗해지고, 남을 위해 불을 밝히다 보면 내 앞이 먼저 밝아진다…" 페루 출신의 신학자이자 도미니칸 수도회의 사제인 구스타보 구티에레즈(Gustavo Gutiérrez)의 말이다.

29

유주상보시(有住相布施)

내 주위에 불행한 사람이 있는 한 우리는 행복해질 수 없다.

— 문형배(전 헌법재판소장 권한대행) —

연말에 거리에서 구세군 자선냄비의 종소리가 들리면 나는 지갑에서 천 원이나 오천 원짜리 지폐가 있는지 살핀다. 만 원짜리는 좀 아깝다는 생각이 들어서다. 소액권이 없을 때는 망설이다 만 원짜리를 한 장 넣고 나면 마치 커다란 자선이라도 베푼 양 어린애처럼 우쭐대기도 한다. 그런 나에게 진정한 기부가 무엇인지를 일깨워 준 사람이 있으니, 바로 진주에서 평생 한약방을 경영했던 김장하 선생이다.

"돈은 똥과 같아서 모아 두면 구린내가 나고 흩어 버리면 거름이 된다."라는 김장하 선생의 말은 "황금 보기를 돌같이 하라"는 말보다 더 무거운 울림을 자아낸다. 1944년 경남 사천에서 태어난 선생은 독학으로 한약업사 자격을 취득하고 사천과 진주에서 한약방을 운영해 모은 돈을 논밭에 뿌리는 거름처럼 사용했다. 선생이 설립한 명신고등학교를 국가에 헌납했고(1991년 당시 110억 원 규모) 그동안 1,000명이 넘는 장학생을 선발해 40억 원에 가까운 장학금을 지급했으며, 34억 원의 재산을 경상국립대에 기부했다. 윤석열 대통령 탄핵 과정에서 주목을 받았던 문형배 헌법재판소장 권한대행도 김장하 선생의 장학금을 받아 고등학교와 대학교에 다녔다. 많은 사람이 선생을 기억하는 것은 기부한 재산의 규모는 물론 기부하고도 자신을 드러내거나 전혀 생색을 내지 않는 올곧은 성품과 검소한 삶의 자세 때문이다. 이러한 선생의 선행은 『줬으면 그만이지』라는 책과 다큐멘터리 영화 「어른 김장하」로 제작돼 세상에 알려졌다.

나는 가끔 '얼굴 없는 기부 천사'라는 말을 들으면 어떤 위인(偉人)보다도 존경스러운 마음이 든다. 보여 주기 위한 일회성이 아니고 작지 않은 재산을 지속해서 기부한다는 것은 결코 쉬운 일이 아니다. 풀빵 노점으로 모은 수백만 원의 돈을 10년 넘게 원주소방서에 매년 기부해 온 사람이 있다. 원주소방서는 자신이 누구인지 밝히지 말아 달라는 요청에 기부자를 '풀빵 천사'로 부르고 있다. 서울 성북구 월곡2동에는 14년째 매년 쌀 300포를 가져오는 기부 천사가 있는데 그동안 기부한 쌀이 총 84톤이 넘어 이를 환산하면 2억 2천만 원에 달한다. 2010년부터 현재까지 매년 기부자로부터 받아 전달한 쌀이 3,500포에 이른다. 전주시 노송동의 얼굴 없는 기부 천사가 20년 넘게 매년 기부한 성금은 10억 원을 넘었다. 이처럼 알게 모르게 아름다운 기부를 하는 사람이 의외로 많다는 것은 반가운 일이다.

보통 사람들은 조그마한 선행을 하고도 이름을 알리는 데 더 많은 신경을 쓴다. 그러나 위에 예를 든 사람들은 '얼굴 없는 기부 천사'라는 말처럼 한사코 이름 알리기를 거부한다. 이름을 내세우지 않고 기부하면 엔도르핀이 더 많이 나오기 때문일까. 한결같이 기부 조건이 익명(匿名)이다. 그들은 모두 무주상보시를 실천하는 사람들이다.

불교 경전 『금강경』에 나오는 '무주상보시(無住相布施)'란 베풀되 베풀었다는 생각도 하지 않고 하는 선행을 말한다. 말 그대로 줬으면 그만이지, 대가를 바라거나 이름을 알리려고 하지 않는 것이다. 성경에 나오는 "오른손이 하는 일을 왼손이 모르게 하라(마태복음 6:3)."라는 말도 마찬가지다. 무주상보시를 권하는 건 기부나 선행을 하고 기대했던 보상이 이루어지지 않으면 서운해하고 원망하는 마음이 들 수 있기 때문이다. 탈무드에서는 소유물의 10%를 보시하도록 권하되, 20%를 넘게 기부하는 것을 금지하고 있다. 작은 기부를 하고서도 대가를 바라는데, 기부가 부담되면 지속성이 떨어지고 후회할 수 있기 때문이다. 그러나 이러한 무주상보시는 이상적인 경지에 오른 사람이라면 모를까 그렇지 않고서는 매우 어려운 일이다.

그러면 어떻게 해야 하나. 유주상보시(有住相普施)를 하면 된다. 유주상보시란 베푸는 일에 생색을 내거나 대가를 바라며 하는 선행이다. 나는 어쩌다 TV에 나오는 성금 모금 전화번호를 보고 전화 한 통화를 해 놓고는 무슨 좋은 일이 있겠거니 하고 기대한다. 연말에 모아 둔 폐지를 고물상에 팔아 기부하고 친구들한테 자랑도 했다. 20년 넘게 소액이지만 성금 모금 단체 네 곳에 자동이체 방식으로 기부해 오고 있는데, 그동안 기부한 돈이 얼마인가 헤아려 보면서 마음속으로 은근히 복이 들어올 것을 기대한다. 이런 게 다 유주상보시다.

이런 나는 무주상보시를 못해 부끄러워하다가도 『당신이 행복입니다』의 저자 월호 스님의 조언을 위안으로 삼는다. 스님은 유주상보시를 행하지 않고 무주상보시에 나서는 것은 축구 선수가 볼을 차는 연습도 하지 않고 슈팅을 해서 골인을 기대하는 것과 같다고 말한다. 유주상보시부터 자주 실천하라는 의미다. 자리이타(自利利他). 내가 먼저 즐거워야 남도 도울 수 있다. 그렇다. 위선(僞善)도 선(善)이라는데 이름을 알리기 위해 기부하거나, 기부하고 생색을 낸다고 해서 속되게만 볼 일도 아니다. 모금 단체에서는 고액 기부자의 이름을 '명예의 전당'에 헌액하고 언론에서도 기부금이 많으면 이름도 크게 보도한다. 교회 헌금 봉투에 이름을 쓰고, 등산길에 사찰에서 기왓장에 가족 이름을 쓰는 것도 이상한 일이 아니다. 기업이든 개인이든 이미지 제고를 위해 기부하는 일도 좋은 일이고, 자기만족을 위해 남을 돕는 행위도 좋은 일이다. 내 작은 선행이 다른 사람의 큰 선행으로 이어질 수 있다. 그래서 앞서 기부하는 '김밥 할머니'를 보고 기부에 따라나선 또다른 '김밥 할머니'가 "재물은 만인이 공유할 때 빛이 난다."고 말하지 않던가. 유주상보시는 무주상보시 못지않게 실천하기가 어려우면서도 가치 있는 일이다.

긍정과 감사

가장 행복한 사람은 가장 많이 소유한 사람이 아니라, 가장 많이 감사하는 사람이다.

- 빌헬름 밀러(독일 시인) -

얼마 전 '원영적 사고(思考)'라는 말이 화제가 된 적이 있었다. 이 말은 걸그룹 아이브(IVE) 멤버인 '장원영'의 이름에서 나온 말로 긍정적인 사고방식을 뜻한다. 장원영이 어느 유명 빵집을 찾아가 줄을 섰는데 마침 바로 앞에서 빵이 다 떨어졌다. 이때 장원영이 한 말은 "제 앞사람이 제가 사려는 빵을 다 사 가서, (좀 기다려야 했지만) 너무 럭키하게 제가 새로 갓 나온 빵을 받게 됐지 뭐예요? 역시 행운의 여신은 나의 편이야!"였다. 이에 장원영의 말투를 따라 한 밈(meme, 인터넷 유행)이 수백만 조회 수를 기록하면서 장원영식 긍정 마인드를 '원영적 사고'라는 말로 부르기 시작했다.

요즘 젊은이들 사이에서 유행하는 '오히려 좋아'라는 신조어도 있다. 일이 생각한 대로 안 됐을 경우 불평하지 않고 '오히려 잘됐네'라고 여긴다. 예를 들어 짜장면을 주문했는데 짬뽕이 배달 왔다면 "오히려 좋아, 이럴 때 짬뽕 한번 먹지!"라고 하거나, 다른 급한 일을 제쳐두고 약속 시간에 맞춰 나가려는데 갑자기 약속이 취소되면 "그러지 않아도 급한 일이 있었는데 오히려 잘됐다."라고 긍정적으로 받아들이는 것이다.

젊은이들과 달리 나이가 들어서인지 신체에 여러 가지 노화 현상이 나타나 낙담할 때가 있다. 다산(茶山) 정약용 선생은 이러한 상황에서도 긍정적인 자세로 받아들이라며 역(逆)으로 해학(諧謔)적인 모습을 보여 준다. 머리카락이 줄어 대머리가 되면 빗이 필요하지 않아서 좋고, 이가 빠져 없으면 먹을 때 불편해도 치통이 사라지고, 눈이 어두워 잘 보이지 않아도 공부를 안 해 편안하며, 귀가 약해져 안 들리면 답답하더라도 세상 시비(是非)에서 멀어지니 오히려 좋지 않으냐는 식이다.

다산 선생의 조언이 아니라도 우리는 얼마든지 불평을 감사로 바꿀 수 있다. 휘발윳값이 올랐다고 불평하는 것은 자동차를 가진 덕분이고, 출근 시간에 지하철이 만원이라 화가 나는 것은 직장에 다니고 있다는 증거가 아니겠는가. 불평이 눌러앉아 있는 자리에 행복을 앉게 할 수 있는 권한은 오직 자신에게 달려 있다. 삶에는 반드시 양면이 있기 마련인데, 해석하는 관점과 어느 쪽을 더 많이 보느냐에 따라 행복의 양도 달라진다. 「사흘만 볼 수 있다면」이라는 글로 감동을 준 헬렌 켈러(Helen Adams Keller)는 시각장애로 앞을 보지 못한 삶을 살았지만 내 생에 행복하지 않은 날이 단 하루도 없었다고 말했는가 하면 나폴레옹은 행복한 날이 단 6일밖에 없었다고 고백했다. 2025년 8월 21일 영국의 에델 케터햄 할머니는 세계 최고령자로 116번째 생일을 맞았는데 장수 비결은 '긍정적인 마음가짐'이었다.

긍정은 감사로 가는 길목의 안내자요, 감사는 행복의 문을 여는 열쇠와도 같다. 미국 텍사스 대학교 암센터 종신교수인 김의신 박사는 우리나라 사람들이 병을 대할 때 긍정적인 면보다는 너무 절망적으로 대해 아쉽다고 말한다. 미국 사람들은 환자에게 "이 약을 쓰면 생존 확률이 30%입니다." 라고 말하면 벌떡 일어날 정도로 좋아하며 30%라는 확률에 자신이 포함될 거라고 믿는다. 그러나 한국 환자들은 생존확률이 50%가 넘는다고 해도 "그럼 죽을 확률도 50%나 되네요."라며 표정이 굳어진다는 것이다.

긍정과 감사의 힘은 암(癌)도 이겨낼 수 있다. 우울증 점수가 34였던 사람이 감사 일기를 쓰고 일주일이 지나서 17점으로 줄었다는 연구 결과도 있다. 일본인 의사 시오야 노부오(鹽谷信男) 박사는 2002년 100세를 맞아 『100세가 되어서 전하고 싶은 말』이라는 저서를 냈는데, 주요 내용은 밝고 긍정적으로 감사하는 마음을 가지고 살면 모든 일이 바라는 대로 실현된다는 것이다. 전문가들도 "감사하는 마음은 병을 고치고 원하는 꿈을 실현하는 데 가장 효과적"이라고 말한다. 감사하는 마음을 가지면 뇌에서 베타 엔도르핀이 분비되어 면역력이 왕성해지기 때문이다.

그런데도 많은 사람은 감사보다 불평을 더 많이 하고 산다. 삶이란 게 모두 만족할 수만은 없어서인지 날마다 일어나는 오만가지 생각 중 부정적인 생각이 85%라고 한다. 우리의 뇌가 부정적인 정보를 더 중요하게 여기는 '부정 편향(Negativity Bias)' 때문이다. 그러나 불평을 많이 하면 행복이 오다가도 망설인다. 행복은 감사하는 사람에게 먼저 가기 때문이다. 모든 것을 당연하다고 여기는 사람은 절대 감사할 수 없다. 그래서 '감사(感謝)'의 반대 말은 '불평(不平)'이 아니라 '당연하지'라고 말하기도 한다. 코로나19가 우리에게 마스크 없이 말하고 자유롭게 돌아다닐 수 있는 일상이 얼마나 감사한 것인가를 일깨워 주었다.

"천국은 오늘 하루 감사하며 사는 자만이 가는 곳이다."라는 말은 감사가 곧 행복이라는 것을 뜻한다. 중환자실에 있는 지인을 문병하거나 장례식장을 다녀오면 건강하게 살아 있다는 것에 저절로 감사함을 느끼게 된다. 감사는 아무나 아무 때나 할 수 있는 게 아니다. 부모의 양육과 뒷바라지가 '당연'이 아닌 '감사와 은혜'로 알아차릴 때는 나이가 들거나 부모가 돌아가신 후이다. 그래서 미국의 작가 데일 카네기(Dale Harbison Carnagey)는 "감사는 교양 있는 사람이나 할 수 있는 자기 수행의 결실"이라고 정의했다.

서양 속담에 "행복은 감사의 문으로 들어왔다가 불평의 문으로 나간다."라는 말처럼 감사는 행복을 비추는 등대와 같다. 감옥과 수도원은 세상과 고립돼 있다는 점에서는 같지만, 감옥은 불평으로 가득 차 있고 수도원은 감사로 가득 차 있다는 점에서 다르다. 아침에 눈을 뜨면 팔을 힘껏 뻗어 보자. 내가 살아 있다는 것을 알아차리면 "오늘도 좋은 날!" 하고 외쳐 보자. 범사에 감사하고 긍정적으로 받아들이면 우리는 언제나 행복할 수 있다. 감사의 분량이 곧 행복의 분량이다.

31

앵매도리(櫻梅桃梨)

우리는 우리보다 많이 뒤처져 있는 사람들을 보고 행복해하기보다는 우리보다 앞서 있는 사람들을 보고 불행해한다.

- 미셸 몽테뉴(프랑스 사상가) -

미국의 비평가 헨리 멘켄(H. L. Mencken)은 "부자란 동서(同壻)보다 돈을 많이 버는 사람을 말한다."라고 했다. 경제학자 찰스 킨들버거(Charles P. Kindleberger)는 "친구가 부자가 되는 모습을 보면 누구나 배가 아파 판단력을 잃게 된다."라고 했다. 독일의 사상가 카를 마르크스(Karl Marx)도 "만약 작은 집 옆에 궁전같이 큰 집이 솟아오르면 사는 데 불편함이 없던 그 작은 집은 곧 오두막으로 전락하고 만다."라고 했다. 이 말은 모두 상대적 박탈감을 들게 하는 심리 작용인 '이웃 효과'를 상징적으로 표현하고 있다.

이웃이 모두 사촌처럼 좋은 점만 있는 것은 아니다. 이웃도 다 같은 이웃이 아니고 상황에 따라 자신을 초라해 보이게 하고 위축시키기도 한다. 이웃집에 좋은 일이 있으면 축하하면 좋으련만, 사람 마음이란 다 그렇지가 않다. 부러움과 시기심이 일어 가랑이가 찢어지더라도 뱁새가 황새를 따라가려고 해 '이웃 효과'라는 말까지 생겨났다.

'이웃 효과(neighborhood effect)'란 내가 가진 것과 남이 가진 것을 비교하고 주변 사람의 재산이나 소비 수준에 비추어 자신을 평가하려는 경향을 말한다. 이웃과의 비교가 삶의 기준이 되는 것이다. 이웃집에 새 차가 번쩍거리면 멀쩡한 내 차가 낡아 보이고 옆집 자식이 과외 학원에 다니고 명문대학교에 합격하거나 대기업에 다니면 부러워하고 질투심이 발동한다. 심하면 명품 가방을 들고 다니는 친구를 보고 무리를 해서라도 명품 가방을 사기도 한다.

인터넷이 발달하기 전 미국에서는 이웃 효과와 같은 의미로 '존스네 따라 하기(Keeping up with the Joneses)'라는 표현이 유행했다. 이웃집 존스네 집에서 뭔가를 사들이면 동네 사람들은 존스네를 따라 하기 위해 과시적으로 소비하는 행태를 풍자한 것이다.

이웃 효과의 또 다른 표현이 '포모(FOMO)'다. FOMO는 'fear of missing out'의 머리글자를 딴 것으로 재미있거나 유익한 일을 다른 사람들은 다 하는데 나만 안 하는 것 같아 소외감이나 불안감을 느끼는 것을 말한다. 그래서 합리적인 판단 없이 주식이나 부동산에 비이성적 투자 행태를 보인다. 이러한 포모 증후군에 빠지면 심리적 압박을 견디지 못하고 자칫 한탕주의 도박에 빠질 수 있다.

포모에 갇혀 다른 사람과 비교하는 마음에서 벗어나는 데 필요한 것이 '조모(JOMO)'다. JOMO는 'Joy of Missing Out'의 약어로 '놓치는 것의 즐거움'이란 뜻이다. 외부 요인에 휘둘리지 않기 위해 포모에 영향을 주는 SNS와 인터넷 등을 끊고 자신에게 유익한 경험 자체를 즐기는 것을 의미한다. 타인과 어울리고 그들에게 더 멋지게 보이기 위한 노력보다 온전히 자신의 삶에 집중해 진정한 즐거움을 추구해 나가는 것이다.

오늘날 현대사회는 과거 신분 사회와는 달리 경제적 성취와 부(富)의 정도에 따라 사회적 위상이 구분된다. 그래서 사람들은 끊임없이 자신의 존재감을 드러내기 위해 돈을 추구해 나간다. 그런데 여기에서 비교의 대상은 재벌이나 최상위층이 아니라 친구나 지인, 자신의 수준과 비슷한 사람들이다. 영국의 철학자 버트런드 러셀(Bertrand Russell)은 "거지는 자신보다 많은 수입을 올린 다른 거지들을 시기할망정 백만장자를 시기하진 않는다."라고 말했다. 러셀의 말처럼 우리도 재벌이나 잘 모르는 거부(巨富)를 부러워하기보다는 이웃이나 가까운 친구의 성공에 더 질투를 느낀다.

자신보다 더 낫다고 생각하는 사람과 비교하면 위축감이 들 때가 있다. 친구의 성공 소식을 들으면 축하한다고 하면서도 왠지 어깨에 힘이 빠지는 것을 느낀다. 이러다 보면 타인의 성취가 나의 결핍으로 이어져 삶의 활력을 잃게 된다. 그래서 비교는 자신보다 어렵고 부족한 사람과 하라는 말이 있지만, 이 또한 잠시 위안은 될지라도 타인을 낮춰 보는 우월감에 빠질 수 있고 지속적인 행복감을 느끼기도 어렵다.

이처럼 비교를 통해 일어나는 부정적인 감정을 방지하려면 어떻게 해야 할까? 전문가들은 '과거의 자신과 비교하기'를 추천한다. 타인이 아닌 지나간 어제나, 작년의 나와 비교하며 내가 이룬 성취를 통해 얼마나 성장했는지, 어떤 보람과 가치를 느꼈는지를 살펴보라는 것이다. TV 시청이나 SNS에 허비하는 시간에서 벗어나 반려 식물 가꾸기나 글쓰기, 악기 연습 등 새로운 취미 활동에 몰입하면 비교의 늪에서 빠져나와 삶의 만족도를 높여 나갈 수 있다.

이웃과의 비교는 행복보다 불행에 더 크게 영향을 미친다. 비교는 행복의 길을 가로막는 가장 큰 장애물이자 독(毒)이다. 첫눈이 오면 공휴일인 나라, 한때 세계에서 가장 행복한 나라로 불리던 부탄이 최근 들어 행복지수가 급락한 이유는 SNS를 사용하는 국민이 늘면서 다른 나라와 비교하기 때문이라는 분석이 있다. 입소스 코리아(코리아 리서치) CEO인 박황례 대표는 세계 행복 보고서에서 한국의 순위가 낮은 이유는 우리 사회 특유의 경쟁과 비교 문화에 따른 것이라고 말한다. 한국인의 명품 사랑도 실용성보다는 다른 사람의 시선을 의식하는 데 따른 것이니 한국인은 세계에서 이웃효과에 가장 민감한 국민이라 할 만하다.

'앵매도리(櫻梅桃梨)'란 앵두와 매화, 복숭아, 배꽃은 각각의 특성대로 꽃피는 시기와 모양이 달라 비교할 수가 없고 우열을 가릴 수도 없다는 뜻이다. 달팽이는 달리는 노루를 부러워하지 않고 거북이는 뛰어가는 토끼를 특별하게 보지 않는다. 우리의 삶도 타인과 비교할 바가 아니다. 비교는 불행의 원료이자 행복을 가로막는 가장 큰 장애물이다.

4장

관용과 히말라야

32

태양신(太陽神)

누구나 자신의 행복을 만드는 대장장이다. 그렇다고 모든 대장장이가 행복한 것은 아니다.

- 에카르트 폰 히르슈하이젠(독일 의사, 작가) -

"누군가 망상에 시달리면 정신이상이라고 한다. 다수가 망상에 시달리면 종교라고 한다." 영국의 진화생물학자인 리처드 도킨스(Clinton Richard Dawkins)는 세계적인 화제작 『만들어진 신』의 첫머리에 미국 작가인 로버트 퍼시그(Robert M. Pirsig)가 한 이 말을 인용했다. 도킨스는 이 책에서 신(神)이 없다는 것을 입증하기 위해 수많은 과학적 논증을 통해 종교로 인해 끊임없이 일어나는 전쟁과 기아, 빈곤 문제 등을 제시한다. 아울러 종교에 대한 환각을 타파하고 무신론이 오히려 바람직한 대안이 될 수 있다는 메시지를 강조하고 있다.

우리는 도킨스의 주장이 아니더라도 종교의 폐해에 관한 말이나 글을 익히 접해 왔다. 종교마다 사랑과 평화를 외치면서도 자기 종교만의 우월성을 내세워 불신과 증오를 초래한다. 멀리 중세 시대 십자군 전쟁으로부터 미국의 9·11 테러와 최근 이스라엘 가자 지구에서 벌어진 전쟁의 배경에 종교가 자리 잡고 있다는 것은 부정할 수 없는 사실이다.

종교에 대한 부정적인 평가는 오래전부터 있었다. 미국의 2대 대통령 존 애덤스(John Adams)는 "가능한 모든 세계 중에서 최상의 것은 종교가 없는 세계일 것이다."라고 했는가 하면, 인도의 간디 총리는 "인도를 비롯한 각지에서 종교라고 불리는 것의 현란한 모습을 보고 나는 공포에 질렸고, 그것을 비난했고, 그것이 없어지기를 바랐다. 내가 볼 때 그것은 거의 언제나 맹목적인 믿음과 반응, 독단과 편협, 미신, 착취, 기득권의 유지를 대변하는 듯하다."라고 말했다. 독일 철학자 니체(Friedrich Wilhelm Nietzsche)가 1882년에 그의 저서 『즐거운 학문』에서 "신은 죽었다"라고 외쳤지만, 지금도 신은 건재하다.

신은 역사적으로 인간이 고통 속에서 허덕일 때 희망과 위안을 주는 존재였고, 억압적 관념에 인간을 묶어 놓고 자유의지와 존엄성을 파괴하는 존재이기도 했다. 영국의 철학자 스펜서가 "인간은 삶이 두려워 사회를 만들었고, 죽음이 두려워 종교를 만들었다."라고 말했듯이 인간은 죽음과 미지의 두려움을 해소하기 위해 종교를 만들었다. 인간은 함께하는 종교를 통해 두려움에서 벗어나 안도감을 느낀다. 그래서 행복을 연구하는 전문가들이 주장하는 행복의 요소에는 빠짐없이 '관계'가 등장한다. 영국의 종교학자 카렌 암스트롱(Karen Armstrong)은 『신의 역사』에서 "인간은 언제나 자기 시대에 유용한 신을 만들고 믿어 왔다."라고 말한다. 신의 존재가 과학적으로 타당하거나 논리적이어서가 아니라 죽음의 문제와 피할 수 없는 삶의 고통과 불행을 해결하는 데 효과적이기에 신을 내세웠다는 것이다.

러시아의 대문호 톨스토이가 죽기 전 15년에 걸쳐 300명에 가까운 성현과 사상가들에게서 모은 지혜의 문장에 자신의 사유를 덧붙여 완성한 책이 『인생독본』이다. 여기에는 "우리의 모든 의무를 신의 법칙으로 인식하는 것이 종교의 본질"이라는 칸트의 말을 옮겨 놓았다. 도덕과 윤리가 바로 신이라는 얘기다. 톨스토이는 우리에게 입으로만 신을 찾을 것이 아니라 신이 나의 모든 행위를 지켜보며 심판하고 있다는 마음가짐으로 살라고 일러주고 있다. 인도의 종교가 라마크리슈나(Ramakrishna)도 종교의 길은 달라도 진리는 하나라며 종교가 본질에서는 같다고 역설했다. 그러나 종교 간의 공존과 화합보다는 갈등과 분쟁이 더 깊어 가고 있다.

시대가 변해서인지 최근 들어 종교에 대한 관념도 바뀌고 성직자 지망생과 종교인이 줄어드는 추세라고 한다. 이참에 나는 새로운 종교를 만들면 어떨까 하는 생각을 해 본다. 비틀스의 멤버였던 존 레논은 '이매진(Imagine)'이라는 노래에서 "국가와 종교가 없다고 상상하면 서로 죽고 죽이는 일도 없을 것이며 평화롭게 살아가는 사람들만 있을 것"이라고 목소리를 높인다. 그러면서 자신은 몽상가(dreamer)가 아니며, 언젠가 우리 모두 같은 희망을 품고 하나가 되어 살아갈 날을 염원하고 있다.

존 레논의 노래를 들으면서 가끔 나는 몽상에 빠지곤 한다. 종교로 인한 갈등과 전쟁이 계속된다면, 세상 사람 모두가 태양신을 섬기는 종교를 가지면 어떨까 하는 몽상이다. 나는 3일만 태양을 보지 못하면 짜증과 우울감을 느끼다가도 밝게 솟아오르는 태양을 보면 "오, 거룩하신 태양이시여!"라는 감탄사가 저절로 나온다. 1억 5천만 km의 거리에서 보내는 빛으로 지구의 생명체가 존재할 수 있게 하는 태양! 고대인들처럼 찬란한 빛과 무한한 에너지로 세상을 비추는 태양을 숭배하는 것이 더 이성적이지 않겠는가. 미국 건국의 아버지로 불리는 벤저민 프랭클린(Benjamin Franklin, 1706~1790)은 "등대가 교회보다 더 유용하다."라고 말했다. 태양신을 섬긴다면 그 많은 교회와 사원도 필요 없고, 종교로 인한 갈등과 전쟁도 사라질 것이다. 나라마다 해가 짧은 동짓날이나 해가 가장 긴 날을 축제일로 선정해 손잡고 노래하며 춤출 것이다.

태양신을 숭배하는 사람들이 모인 곳에는 뭉크(Edvard Munch, 1863~1944)가 그린 「태양(The Sun)」을 하늘 높이 매달자. 우리에게 「절규」를 그린 화가로 잘 알려진 뭉크는 50세가 되던 해 오슬로 대학교의 의뢰를 받아 오슬로대학 100주년 기념관의 대형 벽화로 「태양」을 그렸다. 이 그림은 노르웨이의 1,000크로네 지폐에도 담겨 있는데, 봄날에 떠오르는 태양처럼 희망을 상징하듯 강렬한 빛을 내뿜고 있다. 존 레논의 말처럼 나도 몽상가는 아니다. 그러나 가끔 지구에 사는 사람들이 태양신을 섬기며 평화롭고 행복하게 살아가면 어떨까 하는 상상은 해 본다.

완장(腕章)의 가치

> 남의 불행 위에 자기의 행복을 만들지 마라. 진실은 따스한 체온을 통해 전해지고, 행복은 진실을 요구한다.
>
> — 존 러스킨(영국 사회사상가) —

옛날 앨범을 펼쳐 보다 눈길을 끄는 사진 한 장이 미소를 짓게 했다. 중학교 때 소풍을 가서 찍은 사진인데 옆에 있는 친구가 '대대장'이나 '기율' 같은 글씨가 새겨진 완장을 차고 가뜩이나 무게를 잡은 모습을 보니 순박했던 어린 시절의 추억이 떠올랐다. 중학교 당시 완장을 찼던 친구들은 모두 체격이 좋았는데 그 뒤로 많이 자라지 않았는지 지금은 나보다 키가 작은 친구도 있다. 선생님들은 체격이 좋고 모범적인 학생에게 완장을 채워 주고 동료 학우들을 선도하도록 했을 것이다.

이제 완장은 학교에서는 찾아볼 수 없게 되었지만, 축구 경기장에서 쉽게 볼 수 있다. 각 팀의 주장(主將)이 알아보기 쉽도록 팔에 '주장'이라는 완장을 차고 있기 때문이다. 손흥민 선수가 주장일 때 흘러내리는 완장을 손에 쥐고 뛰는 장면이 가끔 보도되곤 했다. 그런데 지난 2022년 카타르 월드컵에서는 개막을 앞두고 난데없는 완장 논란이 일었었다. 일부 유럽의 대표팀 주장들이 성 소수자들과 연대하는 의미로 무지개색으로 만든 '원 러브(one love)'라는 완장을 차고 뛰기로 했기 때문이다. 결국, 이에 반대하는 개최국 카타르와 국제축구연맹(FIFA)의 방침에 따라 경기장에서 원 러브 완장은 볼 수 없었다.

그런가 하면 2023년 3월 사우디아라비아 축구 경기장에서는 경기를 마친 크리스티아누 호날두 선수가 주장 완장을 바닥에 내던져 'man child(몸은 어른이지만 행동은 철없는 어린애 같다는 뜻)'라는 야유를 받았다. 호날두는 소속팀이 경기에서 패한 데다 팬들이 라이벌인 '메시'를 연호하자 감정을 억제하지 못해 막무가내 행동을 보인 것이다.

완장은 본래 자격이나 지위를 갖추고 특정한 역할을 담당하는 사람에게 눈에 잘 띄도록 팔에 두르는 표식이었다. 그러나 언제부터인지 완장은 권력의 상징이 돼 버렸고 완장은 별다른 능력이 없는 사람이 완장을 채워 준 사람의 힘을 빌려 자신의 권력을 악용하는 도구가 되고 말았다. 주위를 보면 평범한 사람일지라도 완장을 두르면 마치 무슨 벼슬이라도 한 것처럼 고압적인 사람으로 돌변하는 것을 쉽게 볼 수 있다. 그래서 하찮은 지위라도 하나 거머쥔 사람이 으스대는 것을 보고 '완장을 찼다'라거나 '완장질한다'고 말하는 것이다. 완장질이란 완장을 두른 사람이 그 지위를 남용해 횡포를 부리는 것을 보고 이를 비꼬는 표현이다.

2023년 12월에 개봉한 영화 「오징어 게임 2」 촬영 당시 제작진이 시민들한테 불편을 초래했다는 점에 대해 사과한 일이 있었다. 인천공항에서 촬영에 임하던 종사자가 에스컬레이터를 타려던 이용객들에게 고압적인 자세로 다른 데로 돌아가라고 말했는데, 인터넷 누리꾼들이 이를 비난하는 글을 게시했기 때문이다. 해당 글을 작성한 누리꾼은 "인천공항 이용객들한테 피해를 줬으면 촬영 중이라 죄송하다고 양해를 구하면서 돌아가시라며 예의를 차려 말을 했어야지, 그 스태프는 미안하다는 말 한마디 없이 갑자기 길을 막고 짜증스러운 명령조로 말했다."라며 불쾌함을 드러냈다. 이를 본 누리꾼은 '방송 스태프가 뭐라고 완장질'이라는 표현을 써 가며 제작진의 갑질 논란에 가세했다.

윤흥길의 소설 『완장』은 1980년대 신군부의 잘못된 정권을 비판하기 위해 쓰였지만, 완장의 위력과 허상을 가장 여실하게 보여 준다. 여기에 등장하는 임종술은 저수지 감시원을 가리키는 '감독'이라는 글자가 새겨진 완장을 두르자 안하무인으로 돌변해 마을 사람들에게 군림하려고 한다. 이 소설은 권력의 속성과 우리에게 미치는 심리적 반응을 들여다보게 하고, 우리 사회에 깔린 권력의식을 예리하게 파헤쳐 준다.

소설 『완장』이 아니더라도 우리는 역사를 통해 완장의 폐해를 수없이 보아 왔다. 나치 독일의 히틀러 친위대와 중국의 모택동을 등에 업은 홍위병들이 찼던 붉은 완장은 광란과 폭압 그 자체였다. 일제강점기 일본 헌병이나 순사가 찬 완장은 물론 일본 앞잡이꾼들이 찬 완장도 공포의 상징이었다. 한국전쟁 당시 인공기를 든 사람의 완장은 무고한 사람의 목숨까지 좌우할 정도로 위력을 떨쳤다.

시대가 바뀌어 인권이 강조되고 시민의식도 높아졌지만, 보이지 않는 완장은 곳곳에서 위력을 발휘하고 있다. 완장이 잘못 쓰이면 권력이 되고 갑이 된다. 주위를 살펴보면 비록 팔에 완장을 두르지는 않았지만 마치 완장이라도 두른 듯 행세하는 사람이 있다. 본래 완장의 의미와 역할을 망각하고 조직이나 직장에서 우월적인 지위를 이용해 갑질을 해 대는 사람이다. 국민과 주민을 위해 봉사하겠다며 가슴에 배지를 달고 약자에게 호통을 치면서 사익을 추구하는 사람도 마찬가지다. 정치권에서는 걸핏하면 '완장질'한다고 상대방을 비난하고, 정권이 바뀌면 으레 완장을 찬 사람들이 등장해 정치 탄압한다는 소리를 듣곤 한다.

완장 찬 사람을 손가락질하면서도 많은 사람이 완장을 차기 위해 줄을 선다. 너무 큰 완장을 감당하지 못해 구설(口舌)에 오른 사람도 있다. 어쩌면 우리는 이미 보이지 않는 완장을 하나씩 차고 있는지도 모른다. 그러나 완장을 찼다고 해서 우쭐대거나 권력을 탐하는 기회로 여겨서는 안 된다. 이제 완장은 권력이 아니라 봉사의 상징으로 바뀌었다. 완장에 주어진 가치와 역할을 소중히 여길 줄 알아야 한다. 사회와 직장과 가정에서 '완장질'이 아닌 '완장값'을 제대로 해 나갈 때 우리는 모두 행복할 수 있다.

34

간 맞추기와 화이부동(和而不同)

행복의 비결은 남들이 걱정을 더 할 때 좋은 일을 세어 보는 것이다. - 윌리엄 펜(영국 작가) -

공주에서 귀촌 생활을 할 때 아랫집 정 씨는 천상 농군이었다. 소 키우랴, 농사일하랴, 딸기 재배하랴 하루도 쉴 날이 없이 일했다. 내가 살던 낡은 집에 궂은일이 있을 때마다 달려와 도와주곤 했는데, 고집이 센 게 한 가지 흠이었다. 언젠가 동네에 사는 정 씨 연배의 이 씨와 얘기를 나누고 오다가 장작을 패고 있던 정 씨에게 이 씨 얘기를 건넸다. 몇 마디 오간 뒤 정 씨가 대뜸 하는 말이 "그 친구와는 간이 잘 안 맞아요." 하길래 나는 "세상에 간이 제대로 맞는 사람이 몇이나 되나, 내가 간을 맞추고 살아야지."라고 말하곤 웃고 말았다.

'간'이란 어떤 음식물의 짠맛의 정도를 말한다. 음식의 맛을 내는 데 있어서 가장 중요한 것은 간을 맞추는 것이다. 그래서 요리를 하는 사람은 옆에 있는 사람에게 간이 맞는지 보라며 한 입을 넣어 주곤 한다. 나는 음식을 짜게 먹으면 건강에 해롭다는 전문가들의 조언이 머리에 박혀 아내에게 늘 싱겁게 할 것을 주문한다. 그러면 아내는 너무 싱겁게 먹으면 오히려 몸에 좋지 않고 음식이 싱거우면 맛이 없다고 맞선다. 짜고 싱겁고의 차이는 사람마다 기준이 조금씩 다르다. 그래서 옛날 밥상 한가운데에는 간장 종지가 놓여 있었다.

간장은 우리의 고유어인 '간'에 한자 장(醬)이 결합한 말이다. 콩과 소금과 물로만 만드는 전통 간장은 한국인에게 쌀 못지않은 생존의 필수품이자 맛을 내는 주된 양념이었다. 아무리 어려운 집안이라도 장독대에 간장 항아리 하나쯤은 놓여 있었고 맨밥에 간장을 비벼 먹었다는 말은 가난을 상징하는 말이었다. 간장을 담그는 주인댁의 솜씨에 따라 맛이 달라 "누구네 간장 맛이 제일 낫다"느니 "누구네 며느리 간장 담그는 솜씨가 제일"이라는 말이 생겨났다. 이러한 전통 간장은 일제강점기와 한국전쟁을 겪으면서 일본식 양조간장인 장유(醬油) 문화로 바뀌었고, 아파트에 장독대가 사라지면서 간장을 사 먹는 시대가 되었다.

위에서 정 씨가 이 씨와 "간이 맞지 않는다"고 한 말은 성격이나 취향이 맞지 않고 서로 다르다는 표현이다. 정 씨 말에 내가 답했던 "간을 맞추고 산다"라는 말은 내 기준이나 방식에 잘 맞지 않더라도 상대방을 이해하고 배려하며 살자는 의미였다. 그러나 언뜻 생각해 보면 내가 한 말이 그럴듯해 보이지만 실상은 실천하기가 쉽지 않아 정 씨처럼 간이 안 맞으면 안 보고 사는 사람이 많다.

요리할 때는 간장을 조금 더 치고 덜 치면 간이 맞아진다. 그러나 사람과의 관계에서 간을 맞추고 살기란 요리할 때 간을 맞추기보다 훨씬 더 어렵다. 사고방식이나 가치관이 사람 얼굴만큼이나 다르기 때문이다. 부부간이나 부모와 자식 간에도 의견이 맞지 않아 언성을 높이곤 하는데 더 말해 무엇하겠는가. 사람 사이에 간을 맞추는 데는 말과 행동이 필요하다. 둘 중에서도 말이 90이고 행동은 10이다.

공자가 말한 화이부동(和而不同)이란 결국 간을 맞추는 일의 연장이다. 『논어(論語)』의 「자로편(子路篇)」 23장에는 "자왈 군자 화이부동(子曰 君子和而不同)하고 소인 동이불화(小人 同而不和)니라."라는 대목이 있다. 여기에서 화이부동(和而不同)이란 다른 사람과 좋은 관계로 지내면서도 원칙과 소신을 굽히지 않는 것이고 동이불화(同而不和)는 겉으로는 잘 어울리는 것 같아도 속마음은 따로 있고 이기적이라는 의미다.

공자는 군자와 소인이 따로 정해져 있는 것이 아니라 화이부동(和而不同)하는 사람은 군자이고, 동이불화(同而不和)하는 사람을 소인으로 보았다. 여기에서 화(和)는 남이 나와 다름을 인정하는 관용적인 태도이지만 동(同)은

너 나 할 것 없이 똑같아야 한다는 획일성을 추구하는 논리이다. 정치권 인사들이 화이부동을 외치면서 동이불화의 모습을 보일 때면 군자는 드물고 소인배가 많은 것 같아 안타까운 생각이 든다.

누구나 살아가면서 친목회 한두 개는 있다. 몇 명 되지 않는 작은 모임이라 하더라도 구성원 중에는 이해하고 배려하는 마음으로 화합을 이끌어 가기도 하지만 자기주장이 강하고 사소한 문제에도 트집을 걸어 분위기를 흐리는 사람이 있다. 심지어 자기 뜻과 맞지 않는다고 걸핏하면 모임에 나오지 않는 일도 있다. 조직 생활에서도 입바른 소리를 해 불이익을 당하는 사람이 있는가 하면, 윗사람의 비위를 맞추는 일에 공을 들여 이익을 도모하는 사람도 있다. 화이부동이란 다른 사람들이 내 기준에 잘 맞지 않더라도 화합을 위해 내 기준을 내려놓을 줄 아는 군자의 태도이다. 그러면서도 도리에 어긋나거나 사리에 맞지 않을 때는 자리에서 물러날 각오로 과감히 자신의 소신을 밝히는 것이다.

일등 요리사는 음식의 간을 잘 맞추는 사람이다. 일등 요리사가 만들어 낸 음식은 다른 사람들의 입맛에도 잘 맞아떨어져 먹는 사람을 즐겁게 한다. 요리 학원이 있듯이 사람 사이의 간을 잘 맞추는 비법을 가르쳐 주는 곳이 어디 없을까? 50년을 넘게 산 부부도 서로에게 간을 잘 맞추지 못해 황혼이혼이요, 졸혼(卒婚)이라는 말이 나오는 세상이다. 그래도 내 입맛보다는 상대방의 입맛을 파악하고 간을 맞추는 노력을 포기해서는 안 된다. 간을 잘 맞추는 요리사처럼 다른 사람들과 간을 잘 맞추며 살아가는 사람이 진정한 명인(名人)이요, 행복한 사람이다.

35

선생님

> 행복은 축복의 횟수가 아니라 행복을 대하는 우리의 태도일 뿐이다.
>
> – 알렉산더 솔제니친(러시아 작가) –

귀향한 지 얼마 안 돼 초등학교 여학생 동창 둘이서 차 한잔하겠다며 집에 찾아왔다. 고향 오는 길에 순천에 계시는 초등학교 시절 담임선생님을 뵙고 오는 길이란다. 몇 년 전 고향에서 동창회를 할 때 초청해서 식사도 함께했었는데 팔순이 넘은 고령이어선지 청력(聽力)이 약해져 문자로 대화를 나눴다며 안부를 전한다.

6학년 때 담임을 했던 선생님은 체벌 방식이 독특했다. 1960년대 당시 선생님들이 하는 체벌은 주로 회초리로 손바닥과 종아리를 때리거나 양팔을 머리 위로 올리게 하는 벌을 주었는데, 그 선생님은 학생들을 책상 위에 꿇어앉히고 회초리로 발바닥을 때렸다. 신경이 예민한 발바닥인지라 손바닥보다 더 아팠지만, 건강에 도움이 되었을 거라며 추억 얘기를 하다 깔깔대고 웃었다. 요즘 같으면 아마 아동학대로 고발당했을지도 모를 일이다.

선생님이란 '先(먼저 선)'과 '生(날 생)'으로 이뤄진 말로, 논어에서 유래된 '먼저 난 사람'이란 뜻이다. 맹자 시대에 '존경받는 어른'의 뜻이 더해지고 제나라 재상이었던 관중(管仲)의 업적을 기록한 『관자(管子)』에서 스승과 교사의 의미로 사용되었다. "교육은 백년지대계(百年之大計)"라는 말도 『관자(管子)』에 있는 "一年之計 莫如樹穀(일년지계 막여수곡, 일 년 계획은 곡식을 심는 것만 한 것이 없고), 十年之計 莫如樹木(십년지계 막여수목, 십 년 계획은 나무를 심는 것만 한 게 없으며), 終身之計 莫如樹人(종신지계 막여수인, 평생 계획은 사람을 심는 것만 한 것이 없다)."에서 나왔다.

학교에서 교육(教育)이 무너져 군사부일체(君師父一體)는 옛말이 되었고 스승으로 존경받던 선생님은 수난의 시대를 맞고 있다. 하나밖에 없는 자식을 위한 학부모의 과보호와 극성은 이미 교사의 영역을 넘어섰다. 2023년 9월 4일, 서울 서이초등학교에서 숨진 여교사의 49재 추모일을 앞두고 여의도공원에 전국의 교사들이 모여 '공교육 멈춤의 날'이라는 이름 아래 교권 회복과 아동학대 관련 법 개정을 촉구하는 집회가 있었다. 숨진 교사의 일기장에는 "너무 힘들고 괴롭고 지칠 대로 지쳐 있다."라는 내용과 "어떤 학부모가 전화번호를 알아내 너무 많이 전화를 걸어 와 힘들다."는 글이 적혀 있었다.

당시 전국 초등교사 노동조합(초교조)이 실시한 '교권침해 실태 설문' 결과에서는 응답자 99%가 교권 침해와 악성 민원이나 폭언, 폭행을 당했다는 반응을 보였다. 어떤 학부모는 제주도 수학여행지에까지 따라와서 자녀의 먹는 문제와 잠자리까지 간여했다. 심지어 결혼을 앞둔 교사에게 아이들 수업 결손을 우려해 방학 때 하라고 하는가 하면, 아동학대를 이유로 교사의 부모까지 같이 무릎을 꿇도록 했다니 '교권(教權)'이라는 말이 무색할 정도이다. 이러다 보니 교실에서 학생들이 교사를 성희롱하고 교사가 학생으로부터 폭행을 당하는 일도 벌어진다. 오죽하면 '스승의 그림자도 밟지 않는다'는 말 대신 '스승의 그림자 빼고 다 밟힌다'는 말까지 나오게 되었다.

이러다 보니 교사들의 직무 만족도와 사기가 저하되는 것은 당연하다. 최근 교사노동조합연맹이 스승의 날을 맞아 전국 유치원과 초중고 교사 1만여 명을 설문 조사한 결과에서 10명 중 7명은 교직 생활이 불만족스럽고, 4명 중 1명은 최근 5년 내 정신과 치료나 상담을 받은 적이 있다고 답했다. 최근 1년 새 학교를 그만둘까 고민한 응답자도 87%나 됐으며 실제로 중·고교 퇴직 교사의 50~60%는 명예 퇴직자들이다. 교사들에게 "다시 태어나도 교사가 되겠느냐"는 물음에 "그렇다"라고 답한 교사는 20%밖에 되지 않았다. 담임을 회피하려는 교사가 많아진 지는 오래되었고 자녀가 교사가 되겠다는 말에 가슴이 철렁했다는 부모도 있다.

학교는 전인교육(全人敎育)의 장(場)이기보다 교사를 교육 서비스 제공자로, 학생과 학부모를 교육 서비스의 소비자로 변질시키는 현상이 발생했다. 그러다 보니 유치원과 초등학교는 '보육 서비스의 장'이 되고, 중·고등학교는 '대입 준비 서비스의 장'으로 전락했다. 더구나 매년 실시하는 학생과 학부모의 교원 만족도 조사는 취지와 달리 교사의 권위를 추락하고 마치 소비자의 갑질처럼 학부모의 악성 민원을 빈발하게 만드는 요인으로 작용했다.

 "교육의 질은 교사의 질을 넘어설 수 없다."라는 말은 교사의 중요성을 상징한다. 교육부는 서이초 교사 사망 사건 이후에 '교권 회복·보호 강화 종합 방안'을 발표하고 국회에서도 '교권 보호 4법'을 제정했다. 그러나 교원 단체는 인력과 예산 등 실효성 있는 교권 강화를 위해 국회의 추가적인 입법을 촉구하고 있다. 하루속히 무너진 교육 환경을 바로 세워 교실마다 웃음꽃이 피어나게 해야 한다.

 얼마 전 중국에서 스승에게 감사를 표하는 '교사절(敎師節, 9.10)'을 맞아 7세의 초등학생이 담임교사에게 선물할 커다란 돼지고기 두 덩이를 어깨에 메고 등교하는 사진이 보도되었다. 돼지고기는 중국에서 가장 선호되는 식자재다. 이 어린 학생은 "선생님이 평소 큰 노력을 기울인 것이 감사해서 직접 돼지고기를 준비했다."라고 말했는데 이를 본 중국 누리꾼들은 "귀여운 초등학생의 행동이 중국 교육계에 경종을 울렸다."며 입을 모아 찬사를 보냈다.

 우리가 초등학교에 다닐 때는 지푸라기로 싼 달걀 꾸러미나 소풍날이면 반찬 한 가지를 준비하는 게 선생님께 드리는 최고의 선물이었다. 하루빨리 예전처럼 교실에 온기가 감돌고 「스승의 은혜」를 노래 부르며 선생님 가슴에 카네이션을 달아 드리는 날이 왔으면 좋겠다.

36

편견에 대하여

모든 사람의 행복은 다른 사람의 불행 위에 세워진다.　　– 이반 투르게네프(러시아 작가) –

"오만(傲慢)은 타인이 나를 사랑할 수 없게 만들고, 편견은 내가 타인을 사랑할 수 없게 만든다." 드라마와 영화로도 잘 알려진 소설 『오만과 편견』에 나오는 명구(名句)다. 평생을 독신으로 짧은 생을 살다간 영국의 소설가 제인 오스틴(Jane Austen, 1775~1817)은 당시 영국의 여성들이 남성 중심 사회에서 어떻게 성장하고 결혼에 이르게 되는가를 보여 주면서 잘못된 오만과 편견을 세심하게 묘사했다. 소설의 제목이 상징하듯 주인공 '다아시'가 '오만'한 성격일 것이라는 '엘리자베스'의 '편견'을 해소해 나가는 이야기가 로맨스적 요소와 함께 펼쳐진다.

태도나 행동이 거만하다는 의미의 '오만'에 비해 '편견'은 다수의 타인에게 차별로 이어져 사회에 커다란 해악을 끼칠 수 있다. '편견'이란 한쪽으로 치우친 공정하지 못한 생각을 뜻하는데, 여기에는 선입견이나 고정관념, 편향된 신념이 작용한다. 200년 전 오스틴이 30대의 나이에 소설을 통해 편견의 문제점을 일깨워 주었지만, 아직도 우리 사회의 곳곳에는 독버섯 같은 편견이 도사리고 있다.

편견을 가진 사람은 부정적인 생각을 바탕으로 흑인은 게으르고 폭력적이라거나 동성애자는 사회질서를 해치는 사람들이라고 판단한다. 편견이 적대감이나 혐오와 같은 감정을 불러일으켜 행동으로 나타나면 차별이 된다. 사소한 '다름'도 가난과 함께 있으면 어느새 무시와 차별로 돌변한다. 편견과 차별은 개인과 사회 전반에 영향을 미쳐 다양한 공동체 사회를 만들어 나가는 걸림돌이다. 편견은 정치적 신념은 물론 인종과 종교, 성별, 세대, 성적 취향 등 많은 분야에서 세계적으로 나타나는 현상이다.

2023년 미국의 시사주간지 US 뉴스 앤 월드 리포트(U.S. News & World Report)가 발표한 '인종차별적 국가 순위'에서 우리나라가 세계 79개의 국가 중 9위를 차지했다. 조사에서는 '당신 동네에 외국인 이웃이 사는 것을 원하십니까?'라는 질문에 한국인 응답자 29.6%가 '원치 않는다'라고 대답했다.

손인서 작가는 저서 『다민족 사회 대한민국』에서 은연중 우리 사회에 잠재된 차별의식을 꼬집고 있다. 대중매체는 베트남이나 캄보디아와 같은 동남아 출신 배우자를 둔 가족을 '다문화 가족'이라고 부르고 미국이나 유럽 등 서구 출신 배우자를 둔 가정을 '글로벌 가정'이라고 지칭한다는 것이다. 얼마 전 국가인권위원회가 '한국사회의 인종차별 실태'를 발표했는데 설문에 참여한 이주민 전체 응답자 중 68.4%가 '한국 사회 내 교육, 일터, 일상생활 등 여러 분야에서 인종, 민족, 피부색, 출신 국가, 언어 등으로 인한 차별이 존재한다'라고 답했다. 편견은 선글라스보다 우리의 눈을 더 많이 다른 색깔로 보게 한다. 편견의 위험성은 시력이나 시야(視野)와 상관없이 한쪽만 본다는 데 있다.

자폐 스펙트럼 장애인을 소재로 한 TV 드라마 「이상한 변호사 우영우」가 방영되고 '전국장애인차별철폐연대'의 버스와 지하철 탑승 시위가 이어지면서 장애인에 관한 관심이 높아졌다. 2023년 6월 국가인권위원회는 '장애 극복'이라는 표현을 개선해 달라는 의견을 표명했다. 장애는 극복하고 벗어나야 할 대상이 아니고 장애를 질병이나 일시적 시련처럼 헤쳐 나갈 수 있는 대상으로 오인하게 해 장애인에 대한 편견을 불러일으킬 수 있다는 이유에서다. 그런데도 화합을 목표로 한 고려대와 연세대의 가을 축제장에서는 '원세대·조려대'라는 제목의 게시물이 올라온 적이 있다. 이 표현은 원주시에 있는 '연세대 미래캠퍼스'와 세종시 조치원읍에 있는 '고려대 세종캠퍼스'를 깎아내리는 '멸칭(蔑稱)'이다.

『논어』의 「위령공편(衛靈公篇)」에는 "중오지 필찰언 중호지 필찰언(衆惡之必察焉 衆好之 必察焉)"이라는 대목이 나온다. "여러 사람이 그를 미워하더라도 반드시 살펴보아야 하며, 여러 사람이 그를 좋아하더라도 반드시 살펴보아야 한다."는 뜻이다. 이 문장에서 핵심은 '찰(察)'로서 세심하게 살펴야 한다는 데 있다. 사람 중에는 아첨과 편 가르기를 좋아하는 소인배도 있고 바른 일이 아니면 손해를 감수하더라도 굽히지 않고 군자를 자처하는 사람도 있다. 그러나 이들 중에도 직접 대하고 보면 정반대의 성향이 있는 것을 알 수 있다. 그러므로 사람을 대할 때는 편견을 갖지 말고 진상(眞相)을 바로 보는 일이 중요하다. 특히 리더는 인재를 고를 때 주위의 권고나 과거의 인연에만 의존하지 말고 숙고(熟考)를 거듭해야 편견과 착시현상에서 벗어날 수 있다.

60여 년 전, 록 밴드 비틀스는 미국 남부 지역 순회공연 무대에 올라 흑백으로 나누어진 객석을 보고 차별에 분개해 공연을 거부한 적이 있다. 우리는 지금 날마다 TV에서 보는 정치인을 진영 논리에서 벗어나 편견 없이 바라보는가? 가까이에 있는 외국인 근로자와 탈북인, 장애인, 사회적 약자에게 편견으로 대하지는 않는가? 안희경 작가가 쓴 『인간 차별』의 부제(副題)는 '그러나 고유한 삶들의 행성'이다. 우리가 서로의 다름을 차별로 여기지 않고 한 사람을 고유한 행성으로 생각한다면 우리가 사는 세상은 우주처럼 넓어질 것이다. 소설 『오만과 편견』은 우리에게 진정한 행복이란 자기 성찰과 서로를 향한 존중에서 온다고 말하고 있다.

37
혐오와 증오의 벽

행복과 불행은 얼마나 높은 곳에 있느냐, 낮은 곳에 있느냐가 아니라 지금 어디로 향하고 있는
가에 따라 결정된다.
- 사무엘 버틀러(영국 작가) -

1991년 내가 서부전선 부대에 근무할 무렵 관광버스를 탄 시민들이 연일 휴전선 철책선을 방문했다. 한국전쟁 당시 북한은 소련제 탱크를 앞세워 남침을 감행해 국군은 막대한 피해를 보았다. 이러한 경험을 교훈 삼아 육군은 북한의 전차가 접근할 만한 요충지에 콘크리트 방벽을 구축했는데, 북한은 이 콘크리트 방벽이 민족의 남북 왕래를 가로막는다고 선전을 해 댔다. 하다못해 정부가 나서 북한의 선전이 거짓이라는 것을 확인시켜 주기 위해 전방 견학 신청자를 받아 현장 안내를 한 것이다.

30년도 더 지난 휴전선의 콘크리트 방벽을 소환한 것은 페루의 콘크리트 장벽 때문이다. 남미 페루의 수도 리마 외곽에는 부유층이 사는 '라 몰리나(La Molina)' 지역과 빈곤층이 사는 지역을 가로막고 있는 콘크리트 장벽이 있다. 높이 3m, 길이 10km에 달하는 이 콘크리트 벽 위에는 철조망까지 걸려 있다. 부유층 지역 주민들은 2020년부터 안전을 확보한다는 명분으로 빈곤층 지역의 주민들이 부유층 지역으로 접근하지 못하도록 이 벽을 쌓았다. 이로 인해 부유층 지역에 나가 허드렛일을 하며 생계를 이어 오던 빈곤층 지역의 주민들은 버스를 3번 이상 갈아타고 다녀야 하는 불편을 감수할 수밖에 없다. 빈곤층 지역의 주민들은 경제생활을 위한 이동권이나 가난보다도 장벽으로 인한 수치심 때문에 이 장벽을 '수치의 벽(Muro de la verguenza, 무로 데 라 베르겐사)'이라고 부른다. 2023년 1월 페루 헌법재판소는 부촌과 빈민촌을 나누는 이 수치의 벽을 180일 이내로 허물 것을 명했으나 예산 부족과 장벽이 아니라 돌담이라는 이유로 아직껏 지켜지지 않고 있다.

불신과 혐오의 상징인 장벽은 페루뿐만 아니라 다른 곳에서도 위압적인 형체로 사람들의 왕래를 가로막고 있다. 미국 트럼프 대통령은 1기 재임 당시 멕시코와 인접한 국경에 높이가 9m에 달하는 장벽을 724㎞나 설치했다. 트럼프는 2015년에 발간한 저서 『불구가 된 미국』에서 3,000㎞에 달하는 장벽을 설치해 중남미 국가의 불법 이민자를 차단하겠다고 공언하며 선거용으로 활용했다. 트럼프는 "중국인들은 수천 년 전에 만리장성을 만들었는데 우리가 못 할 게 뭔가?"라고 호언(豪言)하며 장벽을 설치했다. 장벽은 바이든 정부도 불법 이민자의 유입을 차단하기 위해 32km를 설치했다. 재집권에 성공한 트럼프는 취임식에서 추가적인 장벽 설치를 공언하기도 했다.

중국 정부도 2020년부터 미얀마와 베트남 국경 지역에 장벽과 철조망을 세웠다. 600km에 걸쳐 높이가 4m에 달하는 이 철조망에는 고압선과 조명등이 설치됐고 AI 감지기가 가동해 24시간 불법 월경자를 감시하고 있다. 이에 대해 중국 내 일부 네티즌은 '신시대 방역 만리장성'이라거나 '철조망 강철 장성'이라며 극찬하기도 했다. 중국의 관영 매체들은 이 장벽을 '면역 만리장성'이라고 하지만, 일반 중국인들은 사회 관계망 서비스 등에서 '남방 만리장성'이라고 부른다. 중국은 코로나19 확산을 방지하고 다른 국가를 통한 마약 밀매나 밀수 등을 억제한다는 명분을 내세우고 있다. 그러나 국제사회에서는 중국 정부가 반체제 인사들이 탈출하는 것을 막기 위해 장벽을 세우고 있다고 평가하기도 한다. 중국 정부는 미얀마와 베트남 국경 지역 외에도 중앙아시아 국가들과 국경을 맞대고 있는 신장 위구르 자치구 외곽에 해외 무장 세력의 침투를 막는다며 추가적인 장벽 설치를 추진하고 있다.

사람들의 왕래를 가로막는 장벽은 이스라엘에도 있다. 오랜 세월 핍박을 받아 오던 유대인들이 이스라엘을 건국한 후 줄곧 팔레스타인과 반목해 온 분쟁의 산물이다. 이스라엘의 장벽은 2002년부터 이스라엘 정부가 선언한 '테러 대책 작전'의 하나로 시작됐다. 1949년 유엔이 이스라엘과 아랍 국가 사이에 설정한 임시 국경선을 기준으로 설치된 콘크리트 장벽은 높이 8m에 길이가 700km가 넘는다. 이 장벽을 이스라엘 측에서는 보안 장벽, 팔레스타인 측에서는 분리 장벽이라고 부르는데, 장벽으로 인해 팔레스타인 사람들이 주로 거주하는 서안 지구(West Bank)와 전쟁이 치열했던 가자 지구(Gaza Strip)는 고립될 수밖에 없다. 유대계 이스라엘 사람은 이 지역을 방문할 수 있어도, 팔레스타인 사람은 이스라엘 지역을 자유롭게 다닐 수 없다. 이 장벽에 대해 이스라엘 정부는 안보를 강화하고 테러 발생을 줄이는 데 크게 도움을 준다고 말하지만, 팔레스타인인들과 인권 단체들은 경제활동을 제한하고 인권을 침해한다는 주장을 계속하고 있다.

편견과 차별이 지나치면 증오와 혐오가 되고 이는 화합의 독소로 작용해 사회적 질병이 된다. 옛날에야 이민족의 침입을 막기 위해 성(城)을 쌓고 방벽을 쌓았지만, 21세기 지구촌 시대에도 벽을 쌓는다는 건 안타까운 일이다. 베를린의 장벽이 무너진 지 오래되었지만, 남북을 가로막고 있는 휴전선 장벽은 아직도 견고하다. 폭정과 가난에 짓눌려 생존을 위해 몸부림치는 난민들이 머물 곳이 없어 헤매고 있다. 그런데도 많은 사람이 마음속에 보이지 않는 이념의 장벽을 쌓아 올리고 있다. 우리의 정치 현실도 협치보다는 상대편에 대한 적대감과 증오에 따라 움직인다. 거리에 오가는 승용차의 검은 창은 안에 있는 사람이 보이지 않도록 다른 사람의 시선을 차단하는 벽이다. 이웃 간에도, 형제간에도, 부부 사이에도 벽을 쌓고 지내는 사람이 있다. 곳곳에 쌓인 마음속의 벽을 허물고 서로가 손을 잡을 때 행복의 싹이 튼다.

38

갈등을 넘어 통합으로

자기 자신이 행복하다고 느끼지 않는다면, 외부 환경이 아무리 좋다 하더라도 행복을 성취하기 어렵다.

- 버트런드 러셀(영국 사상가) -

젊은 시절 소개팅에 나온 여성은 신앙이 독실했던 것 같다. 종교가 다르면 결혼하기가 곤란하다는 얘기를 했기 때문이다. 종교가 없었던 나는 그때 신앙이란 게 그렇게 중요한가 보다 하고 넘기고 말았다. 50년이 다 된 지금 그 장면이 떠오른 것은 우리나라 국민 10명 중 6명이 정치 성향이 다른 사람과 연애와 결혼을 하지 않겠다는 설문 조사 기사를 보았기 때문이다.

오늘날 한국인들에게 정치와 이념은 종교적 신앙보다 더 강하다. 친구들과 함께하는 술자리에서 정치 얘기가 나오면 다툼이 일어날 정도다. 2024년 8월 한국보건사회연구원이 사회 갈등의 심각성을 묻는 설문 조사를 했는데, 가장 심각한 사회 갈등 유형은 '진보와 보수(92.3%)'로 나타났다. 여기에서 응답자 10명 중 6명에게서는 정치 성향이 다른 사람과 연애와 결혼을 할 의향이 없다는 설문 조사 결과가 나왔다. 그뿐만 아니라 10명 중 3명은 정치 성향이 다른 친구나 지인과는 술자리도 같이할 생각이 없다고 답했다. 이 조사에서 두드러진 또 다른 갈등으로는 '정규직과 비정규직(82.2%)'에 이어 '노사 갈등(79.1%)'과 '빈부 갈등(78.0%)', '젠더 갈등(46.6%)'이 뒤를 이었다.

대한민국이 '갈등 공화국'이란 오명을 들은 지는 오래되었다. OECD에서 2024년 공공기관 신뢰도를 조사한 바에 따르면 한국의 국회 신뢰도는 20.56%로 조사 대상 전체 30개국 가운데 28위를 기록했다. 조사 대상 집단인 OECD 국가들 평균치는 36.52%였다. 대통령 국정 수행 지지율이 10%대에 머물고 정치 혐오가 극에 달했을 때 이석연 전 법제처장은 '정신적 내전 상태'라고 말할 정도다. 한강 작가가 노벨문학상을 받자 이를 폄훼하는 극언을 쏟아내는가 하면, 윤석열 전 대통령의 탄핵을 두고 찬성파와 반대파가 극한 대립으로 치달았다. 판사의 판결이 마음에 들지 않는다고 살해 협박까지 하는 사람도 있다.

이처럼 갈등 상황이 날로 증폭되고 있는 현상은 사회 지도층과 후진적인 정치 상황에서 기인한 것이지만, 최근 들어 무선 인터넷의 발달과 보급에서도 원인을 찾아볼 수 있다. 우리는 날마다 SNS와 OTT 서비스, 인터넷 뉴스, 맞춤 광고와 마주한다. 보통 사람들은 이들이 제공하는 서비스가 자신의 기호나 성향에 맞으면 다른 사람의 생각을 배격하고 자신의 논리에 갇히게 돼 '필터 버블 효과(Filter Bubble Effect)'가 일어날 수 있다. 필터 버블 효과란 인터넷 사용자가 다양한 관점을 접하지 못하고 자신이 좋아하는 정보나 견해만 접하게 되어 편향된 시각을 갖게 되는 것을 말한다. 이러다 보면 자신의 견해가 정의롭고 더 옳다고 믿게 되는 '확증 편향(Confirmation bias)'에 빠져 진영 논리(陣營論理)에 갇히게 되는 것이다.

갈등이 더 나은 삶을 위한 몸부림이며 사회발전에 기여한다는 견해도 있다. 그러나 다른 식물의 몸통을 옥죄며 뻗어 올라가는 칡넝쿨(葛)과 등(藤)나무처럼 너나없이 뒤엉키다 보면 공멸의 길로 치달을 수밖에 없다. 너는 틀리고 나만 옳다는 생각으로는 건전한 공동체를 만들어 가지 못한다. 갈등을 해소하기 위해서는 상대방의 발목을 잡아당기며 앞으로 나가려고만 할 것이 아니라 한 발짝 물러서 양보와 타협하는 정신이 필요하다. 동물들의 생존 전략인 '공생'의 지혜를 발휘해야 한다.

녹명(鹿鳴)은 먹이를 발견한 사슴이 다른 배고픈 동료 사슴들을 부르기 위해 내는 울음소리이다. 우리는 이기심에 목이 쉬어 약자를 부르기보다는 상대방이 가지고 있는 것을 차지하기 위해 목청을 높인다. 약육강식의 세계에서는 이긴 자만이 살아남는 것이 아니라 상부상조하는 종(種)이 우수한 형태의 유전자로 살아남는다. 『이기적 유전자』의 저자인 영국 작가 리처드 도킨스(Richard Dawkins)는 "서로를 지켜 주고 함께 협력하는 것은 내 몸속의 유전자를 지키는 가장 좋은 방법이다."라며 이타심을 강조하고 있다. 미국 듀크대학교(Duke University) 교수인 브라이언 헤어(Brian Hare)도 『다정한 것이 살아남는다』에서 진화의 최후 승자는 '적자생존(適者生存)'이 아니라 친화력이 좋은 '다정한 자'였다고 말한다.

2016년부터 우리 사회를 새롭게 하는 교회의 역할을 모색하기 위해 '갈등에서 통합으로' 등의 주제로 포럼을 열어 온 '나부터 캠페인'이 2024년 12월 총회를 열고 '나부터 포럼'으로 명칭을 바꾸기로 했다. 이 자리에 참석한 심리학자이자 전 서울 장신대 총장을 지낸 황해국 교수는 우리 사회의 갈등이 생기는 주요 원인은 '서로 다른 것을 인정하지 않기 때문'이라며, 갈등 해결을 위해 경청의 자세와 사랑, 용서를 꼽았다.

선진 사회는 사회의 구성원인 시민의 성숙한 역할에 기반을 둔다. 자신이 옳다고 여기는 신념을 비판적으로 되돌아보고 타인의 관점을 이해하려는 태도가 중요하다. 대화와 타협의 정치가 실종하고 사법의 정치화 현상은 민주주의 발전을 가로막고 있다. 다른 사람의 의견을 존중하고 경청하는 소통의 자세가 되어 있는가. 다른 진영에 속한 구성원을 포용할 관용의 정신이 남아 있는가. 우리가 모두 갈등 없는 행복한 사회를 이루어 나가려면 어떻게 해야 할까. 프랑스 철학자 볼테르(Voltaire)는 "나는 당신의 의견에 반대하지만, 당신의 말할 권리를 위해 싸우겠다."라고 말했다. 오직 내 생각이 절대 선이라는 사고의 틀에서 벗어나, 한 번쯤 따뜻한 시선으로 반대편에 서 있는 사람들을 바라보면 어떨까.

위대한 선택, 용서

행복한 사람은 있는 것을 사랑하고, 불행한 사람은 없는 것을 사랑한다.

- 하워드 가드너 박사(하버드대 심리학 교수) -

선택 중에서 가장 쉽고도 어려운 선택은 용서다. 용서하겠다고 마음만 먹으면 바로 용서할 수 있는데도 그런 마음을 먹는다는 게 마음대로 되지 않기 때문이다. 용서란 나에게 상처와 고통을 준 가해자에게 미움과 원한이 남아 있다는 것을 전제로 한다. 용서를 미루는 것은 금연(禁煙)을 미루는 것보다 더 몸에 해롭다. 전문가들은 가해자가 반성하고 뉘우치게 하기보다 용서를 통해 나 자신을 바꾸는 것이 훨씬 더 현실성이 있다고 조언한다. 그러나 대부분 사람은 잘못한 사람이 죄를 뉘우치고 사죄를 해도 용서하기를 망설인다. 하물며 사죄하지도 않는 사람에게 용서란 가당치 않은 일이다. 더구나 자식을 죽인 살인범이라면 어떨까? 용서라는 말을 꺼내기도 어려울 것이다.

이청준 선생이 1985년에 발표한 단편소설 『벌레 이야기』는 용서란 진정 무엇인가를 생각하게 해 준다. 이창동 감독에 의해 '밀양'이라는 영화로 만들어진 이 소설에는 자식을 죽인 살인범에 대한 원한을 접고 신앙의 힘을 빌려 용서하기로 마음먹는 어머니가 등장한다. 그러나 살인범을 대면하고 난 어머니는 용서할 생각을 거둬들이고 더 큰 고통에 빠져든다. 죽은 아이의 엄마인 내가 용서를 하지 않았는데도 살인범은 이미 주님의 용서와 구원의 은혜를 받았다며 희생자와 그 가족의 평화를 기도하고 있었기 때문이다. 소설은 범인을 용서할 권리마저 절대자에게 박탈당하고 배신감에 치를 떠는 어머니를 통해 우리에게 '당신이라면 어떻게 했을 것 같은가?'라는 질문을 던지고 있다.

소설과는 달리 진정한 용서가 무엇인지를 보여 주는 실제 사례가 있다. 손양원 목사 얘기다. 손양원 목사는 내가 아는 한 용서의 최고봉에 오른 성인(聖人)이다. 나는 오래전 우연히 여수에 있는 손양원 목사의 기념관과 묘소를 둘러보고 깜짝 놀랐다. 1948년 10월 여순 사건 당시 두 아들을 살해한 범인이 체포되어 처형당하려는 순간 구명운동을 하여 원수와도 같은 그를 양아들로 삼았기 때문이다. 죽여도 시원치 않다고 여겼을 두 아들의 살해범을 용서했을 뿐만 아니라 가족으로 품어 안는다는 것을 보통 사람이라면 상상이나 할 수 있겠는가. 신앙의 위대함을 떠나 작은 일도 용서하지 못하고 사는 같은 인간으로서 부끄러움과 존경심이 밀려드는 순간이었다.

신약성경의 '간음한 여인' 이야기(요한복음 8장 6~11절)는 용서를 앞둔 우리에게 지나온 삶을 돌아보게 한다. "너희 가운데 죄 없는 자가 먼저 저 여자에게 돌을 던져라."라는 구절이다. 성경에는 율법학자들이 "이 여인을 돌로 쳐 죽여야 합니까?"라는 물음에 예수는 즉답을 못 하고 몸을 굽혀 바닥에 무엇인가를 쓴 다음, "여러분 가운데 죄 없는 자가 먼저 돌을 던지시오."라는 답을 했다고 나온다. 그리고 "예수의 말을 듣고 노인들이 먼저 떠났다."라는 장면이 이어진다. 이 부분에 대한 해석은 학자에 따라 여러 가지 견해가 있으나 신복룡 전 건국대 석좌교수는 예수가 엎드려 쓴 글씨가 "나는 혹시 잘못한 것이 없는지⋯."일 것으로 짐작한다. 예수에게도 죄가 있었다면 우리 같은 보통 사람이야 오죽하겠는가를 자문해 보자는 것이다. 노인들이 먼저 자리를 뜬 이유도 죄책감 때문에 먼저 떠났다고 생각한다. 막스 베버의 저서 『직업으로서의 정치』 끝부분에 나오는 "악마는 노인이다."라는 말을 인용하면서 인생의 연륜과 지은 죄는 정비례하기 때문에 나이가 많을수록 자기 성찰에 힘써야 함을 강조하기 위해서였다.

이스라엘 예루살렘에는 600만 유대인이 나치에게 학살당한 홀로코스트 기념관이 있다. 명칭이 '야드바셈(Yad Vashem)'인데, 히브리어로 '기억하라'라는 뜻이다. 우리도 일본과의 과거사를 말할 때 용서하더라도 잊어서는 안 된다는 말을 한다. 잊지 않는다는 것은 원망하는 마음을 간직한다는 말이 아니라 되풀이하지 않도록 교훈으로 삼겠다는 의미이다. 용서는 국가나 민족 간의 앙금을 치유하고 개인의 행복을 증진하는 필수 조건이다.

미국의 심리학자 딕 티비츠(Dick Tibbits)는 『용서의 기술』에서 용서는 행복의 전제조건이며 행복감의 크기와 용서의 빈도는 정비례한다고 주장한다. 그러므로 행복하기 위해 배워야 할 과목은 재테크가 아니라 자신과 타인에 대해 용서하는 방법과 기술이라고 강조한다. 티베트 불교의 영적 지도자인 달라이 라마도 "우리 안에 있는 미움이나 원한과 같은 부정적인 감정은 행복에 이르는 길을 가로막는 가장 큰 장애물이며, 그 장애물을 뛰어넘는 유일한 길은 용서"라고 말한다.

그래도 용서는 여전히 어려운 문제다. 죽고 사는 일이 아니면 다 용서하고 살아야 한다고 말하지만, 말처럼 쉽지가 않다. 손톱만큼 작은 용서에도 마음을 내지 못하는가 하면 죽어도 용서하지 않겠다고 철옹성을 쌓는 사람도 있다. 언젠가 거액을 지인에게 사기당하고 어렵게 사는 친구에게서 "내 앞에 무릎 꿇고 빌어도 절대로 용서할 수 없다."라는 말을 들은 적이 있다. 이처럼 미움과 원망하는 마음으로 고통 속에 갇혀 사는 삶은 행복을 갉아 먹는 암 덩어리를 스스로 키우는 것과 같다.

용서는 가해자뿐만 아니라 나 자신을 용서하는 일이기도 하다. 내가 그때 좀 더 현명하게 대처하지 못했던 것에 대한 반성을 통해 더 단단해지고 더 성장하는 계기로 삼을 수 있다. 용서는 이기적인 행동이다. 용서가 주는 혜택은 가해자가 아닌 용서를 베푼 자신이 받기 때문이다. 그러므로 용서란 가슴속에 쌓인 증오와 복수심을 내려놓고 자유로운 내 삶을 위해 내딛는 위대한 선택이다. 용서는 아무리 많이 하고 잘못해도 후회할 일이 없다. 용서할 사람이 없는 사람이야말로 진정 행복한 사람이다.

40

관용과 히말라야

가장 행복한 사람은 남의 장점을 존중하고 남의 기쁨을 자기 것인 듯이 기뻐하는 사람이다.

- 괴테(독일 작가) -

인간의 마음속에는 왜 편견과 증오가 자리 잡게 되었을까? 인간이 수백만 년 동안 진화해 오면서 쌓인 정보에 기초한 에고(ego)가 내면에 자리 잡고 있기 때문이다. 정신분석학의 창시자인 프로이트(S. Freud, 1856~1939)는 인간의 심리에 내재된 에고가 현실을 인식하고 판단하며 욕망을 억제하거나 조절한다고 보았다.

에고는 대상에 대한 인식과 행위의 주체로서 바로 '나'이자 '내'가 어떤 사람이 되고 싶다는 이상적인 모습이기도 하다. 에고는 '나' 자신을 특정한 틀 안에 가두어 버림으로써 우리가 가지고 있는 무한한 가능성을 제한하고 다양한 경험과 사고의 폭을 줄이는 문제를 드러낸다. 이러한 에고의 문제점이 타인들과의 관계에서 통제력을 행사하려고 하면서 집착과 욕심으로 변질된다. 결국, 갈등이란 서로 다른 에고의 충돌이며 갈등을 해소하지 않고 내버려두면 편견과 증오를 유발할 수 있다. 이러한 갈등은 나의 에고를 내려놓음으로써 해소할 수 있다.

고대 인도의 수행자들은 내면에 쌓인 에고를 정화하기 위해 모든 노력을 기울인다. 이러한 행위는 목숨을 걸고 히말라야 정상을 향해 올라가는 것과 같다. 인간은 무엇 때문에 에고를 정화하기 위해 평생을 바치고 무엇을 위해 목숨을 걸고 히말라야에 오르는가.

세상에는 두 개의 히말라야가 있는데 8,000m급 고봉(高峰)의 히말라야와 인간 내면에 있는 또 하나의 히말라야가 그것이다. 히말라야(Himalayas)는 고대 인도의 언어인 산스크리트어로 눈(雪)을 뜻하는 히마(Hima)와 집(거처)을 뜻하는 알라야(Alaya)의 합성어로 '눈이 사는 곳(집)'이라는 뜻이다.

불교의 유식(唯識) 철학에서는 인간의 마음이 여덟 가지(8識)로 구성돼 있다고 보는데 여기에서 말라식(識)이라고 하는 제7식(識)이 바로 자아의식, 즉 에고이다. 그런데 이 '말라식(識)'에서 '말라(mala)'의 뜻이 히말라야의 '말라'와 같다. 갈등이 지나쳐 굳어진 혐오와 증오는 수백만 년 동안 인간의 마음속에 히말라야의 빙하처럼 겹겹이 쌓인 에고 때문이다. 많은 수도승이 에고를 녹여내기 위해 히말라야를 오르는 것보다 더 힘든 고행과 절제된 생활을 한다.

프랑스어인 톨레랑스(tolérance)는 나와 다른 사람을 인정하는 관용(寬容)의 정신을 일컫는 말이다. 정치와 종교, 이념 등의 영역에서 의견이 충돌할 때, 논쟁은 하되 물리적 폭력에 호소하지는 말아야 한다는 뜻이다. 1562년 프랑스 바시(Vassy) 학살을 시발로 36년 동안이나 계속된 위그노 전쟁(Huguenot War)의 결과물로 탄생했다. 신·구 기독교 간의 갈등이 극에 달해 수많은 사상자를 빚어낸 종교전쟁에서 승리한 위그노의 수장 앙리 4세(Henry IV, 1553~1610)가 개신교에서 가톨릭으로 개종하고 종교적 자유를 인정하는 '낭트 칙령(Edict of Nantes)'을 선포하면서 등장한 것이다. 프랑스 종교전쟁 이후 타 종교에 대한 관용 정신으로 생겨난 톨레랑스는 이후에 일어난 시민혁명을 겪으면서 인종과 언어 종교 등의 차이를 인정하는 민주주의의 기본 정신으로 자리 잡게 되었다.

사람들은 모두 자기만의 에고를 기반으로 자기 생각 안에 갇혀 산다. 냉철한 이성(理性)으로 현실을 판단하고 행동하는 것 같지만 조금만 들여다보면 자기 안에 내재된 가치 기준에 의존하는 경우가 대부분이다. 이처럼 자기 생각에 매몰하다 보면 타인과의 관계에서 편견과 차별이 발생하고 혐오와 증오가 나오게 되는 것이다. 미국의 미디어 전략가이자 작가인 라이언 홀리데이(Ryan Holiday)는 『에고라는 적』이라는 책에서 에고란 심리학적 의

미보다 자신이 가장 중요하고 대단한 존재라는 잘못된 믿음이며, '나'에 매몰된 지나친 자의식에 가깝다고 말한다. 이러한 에고는 우리의 객관적인 판단을 흐리게 하고 현실과 분리해 자기만의 환상에 빠져들게 함으로써 수많은 문제를 일으키게 한다는 것이다.

관용(寬容)이란 인(仁)이자 자비(慈悲)이며 공존이고 사랑이다. 남과 다름을 인정하고 이해와 배려하는 마음으로 설사 잘못이 있더라도 이를 너그럽게 받아들이고 용서하는 것이다. 관용의 정신이 실종하면 투쟁과 폭력이 등장하게 된다. 우리 사회는 지금 갈수록 이념 논쟁과 치열한 진영 논리(陣營論理)가 팽배해 분노와 갈등의 골이 점점 깊어지면서 화합과 사회 발전의 장애 요소로 작용하고 있다. 1995년 유엔은 11월 16일을 '세계 관용의 날(International Day for Tolerance)'로 지정했다. 미국 LA에 있는 '톨레랑스 박물관'은 히틀러와 나치의 유대인 학살(Holocaust)을 비롯하여 현대 사회에 남아 있는 모든 형태의 차별과 편견에 대항하고 혐오와 증오가 없는 사회를 만들 수 있다는 신념을 강조하고 있다.

『에고라는 적』이라는 책의 부제(副題)는 '인생의 전환점에서 버려야 할 한 가지'이다. 에고를 버리고 배려와 이해를 실천하는 일은 고통을 수반하는 일이다. 히말라야 정상에 오르는 것과 같은 고통을 감내하면서 관용을 베풀 때 평화롭고 행복한 세상이 가능하다. 그래서 우리는 미국의 인권 운동가 마틴 루터 킹(Martin Luther King Jr. 1929~1968) 목사가 60년 전에 외친 연설의 의미를 되새겨야 한다.

"증오로 증오를 몰아낼 수는 없습니다. 오직 사랑만이 그것을 할 수 있습니다(Hate cannot drive out hate; only love can do that)."

41

평화를 위한 노력

모두가 행복할 때까지는 아무도 완전히 행복할 수 없다.

- 허버트 스펜서(영국 철학자) -

2025년 1월 28일 미국의 핵과학자회(BSA)는 '지구 종말 시계(Doomsday Clock)'의 초침을 자정 89초 전으로 조정했다고 발표했다. 이는 1947년 아인슈타인 등이 주축이 돼 지구 종말 시계를 도입한 이래 가장 짧은 시간이다. 지구 종말 시계는 핵전쟁의 위기로 인류 문명의 종말까지 남은 시간을 상징적으로 보여 주는 시계로, '운명의 날 시계(The Doomsday Clock)'라고도 한다. 1947년 당시에는 자정 7분 전이었으나 1949년에는 자정 3분 전으로 재설정되었다. 이유는 1949년 8월 소련이 최초의 원자폭탄 실험을 했기 때문이다. 1953년 미국과 소련이 최초의 수소폭탄 실험을 한 후, 종말 시계는 자정 2분 전으로 앞당겨졌다가 2023년 1월 러시아의 우크라이나 침공으로 자정 90초 전으로 재설정됐었다.

BSA가 지구 종말 시계를 89초로 앞당긴 이유는 핵전쟁의 위험이 계속 커지고 있기 때문이다. 러시아는 미국과 체결한 '신전략무기 감축협정(New START)' 이행을 중단했고 중국의 핵무기 확장 가속화와 미국의 핵전력 증강 기조 등이 핵 위기를 심화시키고 있다. BSA는 각국이 핵무기 감축 및 통제에 대한 주의와 환기 역할을 점점 포기하고 있다고 지적했다. 러시아 대통령 푸틴은 우크라이나를 침공한 후에 핵무기 사용을 암시하면서 "허풍을 떠는 게 아니다."라고 말했다. 미국의 트럼프 대통령은 재집권에 성공한 후 중국, 러시아와 핵무기 감축 협상을 시사하고 북한의 비핵화 의지를 밝히기도 했으나 아직 이렇다 할 진전은 보이지 않고 있다.

과학기술의 발달은 인류의 수명과 생활 수준의 향상에 기여했지만, 대량

살상 무기의 발달로 인해 전쟁 사상자의 수를 획기적으로 늘리는 결과를 초래했다. 1차 세계대전에서 3,000만 명이던 인명 피해가 2차 세계대전에서는 5,000만 명에 달했다. 3차 세계대전이 발발한다면 인명 피해는 예측하기 어려울 정도로 증가할 것이다. 핵전쟁의 발발은 히로시마와 나가사키에서 발생했던 피해보다 수천 배나 더 커 재앙에 그치는 것이 아니라 인류 종말로 치달을 수 있다. 전 세계적으로 비축된 핵탄두는 대략 13,000여 개에 이르고 있으며 이 중 4,000여 개는 즉각 발사할 준비가 되어 있다.

핵전쟁은 인류가 1만 2,000년에 걸쳐 이룩한 문명을 겨우 몇 분, 몇 시간 만에 폐허로 만들 수 있다. 미국과 러시아의 핵전쟁만으로도 전 세계 인구 중 50억 명 이상이 죽을 수 있다. 물리학자 아인슈타인의 어록 중에 "4차 대전은 돌멩이와 막대기로 싸우게 될 것이다."라는 말이 있다. 핵전쟁 이후에는 다시 원시 시대로 돌아갈 수밖에 없다는 것을 암시한 경고였다. 탐사 보도 전문 기자로 활약한 미국 작가 애니 제이콥슨(Annie Jacobsen)은 최근에 발표한 저서 『24분』에서 소행성 충돌을 제외하고 세상을 단 한 시간 만에 종식할 재앙이 있다면 바로 핵전쟁이라고 단언한다. 책 제목인 '24분'은 북한이 핵탄두를 탑재한 대륙 간 탄도 미사일(ICBM)을 미국을 향해 쏘아 올렸을 때 미국이 핵 반격에 나서기까지 걸리는 시간이다.

지구 종말 시계의 경고는 비단 핵무기 때문만은 아니다. AI(인공지능)는 인류의 미래를 위협하는 새로운 요인으로 등장했다. AI(인공지능)를 무기에 접목하면 그동안 한계로 여겨져 왔던 지리적인 문제와 타격의 정확성 등의 문제를 빠르게 해소할 수 있어 적군에 대한 궤멸이 가능해진다. 최근 AI 정책 조언을 제공하는 미국의 민간 업체인 '글래드스톤 AI'는 홈페이지에 '첨단 AI의 안전성과 보안성을 높이기 위한 방안'이라는 보고서를 발표한 바 있다. 이 보고서는 미 국무부의 의뢰로 작성됐는데 최첨단 AI와 인간을 능가하는 지능을 갖춘 일반 인공지능(AGI)을 핵무기에 비교하며, 통제하지 않으면 인간을 멸종시킬 수도 있다고 경고하고 있다. 고도로 발전한 AI는 '무기화'할 수 있고 '통제력 상실'이라는 위험 요소가 커 생화학·사이버 전쟁 등에 활용될 수 있다는 것이다. 이밖에도 드론과 레이저 무기가 새로운 살상 무기로 등장하면서 전장 환경의 변화는 물론 더 많은 인명 피해를 예고하고 있다.

인류 역사에 전쟁을 빼놓을 수 없다. 3,500년에 걸친 인류 문명의 역사에서 전쟁이 없었던 기간은 불과 268년이었다는 통계도 있다. 평화란 다음 전쟁을 기다리는 동안 잠깐의 휴식일뿐이다. 우리도 북한과 70년이 넘도록 휴전 상태를 유지하고 있다. 더구나 북한은 핵 보유국임을 공언하면서 걸핏하면 장거리 미사일을 발사해 한반도는 물론 세계를 긴장시키고 있다. 세계 평화 지수(Global Peace Index)도 최근 5년 연속 내림세를 보인다. 주요 원인은 러시아와 우크라이나 전쟁, 이스라엘과 가자 지구 전쟁이지만 다양한 글로벌 문제도 복잡하게 얽혀 있다.

전쟁은 인간이 지닌 욕망의 산물이다. 인간이 욕망의 노예가 되는 어리석음에서 벗어나 스스로 욕망을 다스려 평화에 다가서는 노력을 기울여야 한다. 2025년 9월 3일, 베이징 천안문 광장에서 열린 중국 전승절 80주년 기념식에서 시진핑 중국 국가주석은 연설을 통해 "세계는 평화와 전쟁, 대화와 대결 중 하나를 선택해야 하는 역사적 기로에 서 있다."라고 강조하면서도 신형 살상 무기를 대거 공개했다. 노벨평화상을 수상한 옛 소련 대통령 미하일 고르바초프는 생전에 한 인터뷰에서 묘비명으로 "We Tried(우리는 노력했다)!"를 써 줄 것을 유언했다. 자신과 당(黨)이 평생 끝까지 해 왔던 냉전 종식과 평화의 시대에 대한 노력을 상징하는 말이다. 우리는 지금 평화를 위해 어떠한 노력을 기울이고 있는지 자문(自問)해 볼 일이다.

5장

왕의 소통과 공부

42

가면과 인정욕구

우리는 행복해지기 위해서가 아니라 남들에게 행복한 것처럼 보이기 위해 더욱 애를 쓴다.

- 프랑수아 데라 로슈푸크(프랑스 작가) -

2025년 추석을 앞두고 안동에서 개최된 국제탈춤페스티벌에서는 27개 국 60여 해외 공연단과 국내외 200여 팀이 참가해 각국의 민속춤과 가면 문화를 선보였다. 이번 행사는 유네스코 세계문화유산이자 전통이 살아 숨 쉬는 하회마을에서 열려, 탈춤이 단순한 공연을 넘어 사람과 사람을 이어 주는 매개가 되었다는 평가를 받았다. 오래전부터 인간의 역사와 함께해 온 가면은 지금도 여러 나라에서 공연과 축제에 주요한 수단으로 활용되고 있다. 특히 중국의 전통극인 변검(變臉)은 손을 대지도 않고 얼굴의 가면이 순식간에 바뀌어, 볼 때마다 마치 마술을 보는 듯한 느낌을 받곤 한다.

가면(假面)은 연극이나 놀이할 때 변장(變裝) 등을 위해 얼굴에 쓰는 도구 로 사용됐다. 그러나 보이지 않는 가면은 남을 속이거나 속마음을 숨기는 의미로 쓰인다. '철면피 정치인'이나 '미소 띤 사기꾼', '이중인격자', '사람 의 탈을 쓴 짐승 같은 사람' 등은 가면의 부정적인 측면을 상징한다. 그렇 다고 가면을 한 번도 쓰지 않고 사는 사람은 없다. 분위기를 맞추고 잘 보 이기 위해 억지웃음을 지을 때가 한두 번 만 있겠는가. 가정과 직장, 사회 에서 주어진 환경과 직분에 따라 저마다 그에 알맞은 보이지 않는 가면을 쓰고 사는 게 우리의 삶이다.

어떤 설문 조사에서는 직장인 10명 중 9명이 직장생활을 잘하기 위해 처 세의 가면이 필요하다고 답했다. "직장생활을 잘하기 위해서 속마음을 숨 길 수 있는 가면을 쓸 필요가 있겠는가?"라는 질문에 응답자 중 50.4%는 '다양한 사람들과 원만하게 지내는 데 도움이 되기 때문'이라는 이유로, 34.4%는 '부하직원과 상사에게 화가 나도 욱하지 않고 좋게 말하기 위해서'라는 이유로, 32.8%는 '싫어하는 동료와도 무난하게 지낼 수 있다'라는 이유로 가면의 필요성을 인정한 것이다.

이렇게 각기 다른 상황에 맞게 써야 하는 가면을 심리학에서는 '페르소나(persona)'라고 한다. 중국의 인사 관리 전문가인 무거(木格)는 『왜 가면을 쓴 사람이 인정받을까』에서 페르소나 이론을 주창한 칼 융(Carl Gustav Jung)의 말을 빌려 "사람이 가면을 쓰는 이유는 남에게 좋은 인상을 남기고 사회적으로 인정을 받으며 심지어 싫어하는 사람과도 화목하게 지내 개인의 목적을 실현하려는 데 있다."라고 말한다. 그러면서 직장인의 성공을 위해 '침묵과 칭찬, 약세, 거절, 용인, 능동, 후퇴, 유머, 추종, 과시' 등 10가지 종류의 가면이 필요하다고 강조한다. '가면은 속임수가 아니라 다투지 않고 이기는 전략'이므로 가면을 써서 직장생활의 난관을 극복해 나가야 한다는 것이다.

우리가 내키지 않은 상황에서도 속마음을 숨기고 어쩔 수 없이 가면을 쓰는 것은 인정을 받고자 하는 욕구와 관련이 있다. 인정욕구는 미국의 심리학자 매슬로우(Abraham Harold Maslow, 1908~1970)의 '욕구 5단계'에서 잘 알려져 있듯이 모든 인간의 본능적인 욕구 중에서도 상위에 있는 욕구이다. 타인으로부터 '좋아요', '멋져요', '부럽다'라는 말을 듣고 싶은 마음이다. 그런데 중요한 것은 이 인정욕구가 자율적으로 선택한 것이 아니라 현대사회가 규정하는 가치에서 비롯된다는 점이다.

프랑스의 정신분석학자 자크 라캉(Jacques Lacan, 1901~1981)이 "개인은 타자의 욕망을 욕망한다."라고 말한 것처럼 우리가 지닌 욕망은 내가 아닌 다른 누군가의 욕망에서 비롯된다. 일류 대학에 가야 하고, 고가의 명품을 선호하고, 성형수술에 집착하고, 불나비처럼 돈과 명예를 좇는 것은 모두 타자의 욕망이다. 이러한 욕망은 충족이 된다 하더라도 나 자신의 욕망이 아니므로 근본적인 결핍은 채워질 수가 없다. 인정은 애초에 타인의 의지에 달린 일이다. 타인의 욕망에서 벗어나기 위해서는 내가 아닌 남의 기준에 맞추지 말고 주체적으로 정립된 삶의 기준이 필요하다. 예술 활동이나 글쓰기는 물론 요리나 원예 작물 키우기와 같은 활동은 몰입 상태에 빠져들 수 있고 성취감도 안겨 준다.

대부분 사람은 이처럼 주체적인 삶을 추구하는 데 관심을 두기보다는 다른 사람들에게 내가 어떻게 보이는가에 더 신경을 쓴다. 자신의 존재감과 가치를 다른 사람들의 평가에서 찾는 것이다. 그래서인지 유럽의 지성이라는 찬사를 받았던 지그문트 바우만(Zygmunt Bauman, 1925~2017)은 현대를 "나는 생각한다. 고로 존재한다."가 아니라 "나는 보여진다. 고로 존재한다."라고 정의한 바 있다. 내면의 충만함을 추구하기보다 타인의 시선을 우선하는 삶은 남들보다 뭔가 더 특별하고 우월해야 한다는 강박으로 인해 불안감에 빠져들 수 있고 자존감이 낮아질 수밖에 없다.

디지털 시대를 맞아 SNS와 온라인, 모바일 등 타자와의 관계는 한층 더 확장되고 시간과 장소의 제약도 없다. 현대인은 타인의 눈에 비치는 자신의 모습을 돋보이게 하려고 가면 속에서 늘 허덕인다. 일본의 메이지대(明治大学) 모로토미 요시히코(諸富 祥彦) 교수는 『인정욕구 버리기』에서 현대인의 80%는 과도한 인정욕구에 휘둘리면서 살아간다고 말할 정도다.

인정받고 싶은 마음은 삶의 목표나 원동력이 되기도 하지만 과해지면 스트레스가 되고 연예인 병에 걸리게 돼 주체적으로 살아갈 힘을 상실한다. 모두에게 인정을 받고 모두에게 좋은 사람으로 평가를 받기란 어려운 일이다. 사람들은 아무도 나에게 관심을 두지 않는다. 남들의 평가에 예민하게 반응해 삶의 주도권을 빼앗기는 일은 행복을 멀리하는 일이다. 가면과 인정욕구를 벗어 버리면 행복이라는 옷을 입고 있는 나로 거듭날 수 있다.

43
세 개의 거울

행복한 삶이란 살아가는 과정에서 만나는 예상하거나 예상하지 못한 고통에 개인들이 어떤
태도를 보이느냐에 달려 있다.

― 조지 베일런트(미국 정신과 의사) ―

당(唐)태종 이세민은 형과 아우를 살해하고 권좌에 올랐지만, 정치를 잘
해 중국 역사에 명군(明君)으로 남았다. 태종 23년의 치세는 연호를 따라
'정관(貞觀)의 치세'라고 일컬어지고 있으며 그 기록이 『정관정요(貞觀政要)』
로 남아 성치(聖治)를 구현하는 정치 지침서이자 제왕학의 바이블로 여겨지
기도 한다. 당태종의 시대를 태평성대라고 부를 정도가 된 데는 위징이라
는 충신을 두고 그의 직언을 잘 수용한 덕분이었다.

위징(魏徵, 580~643)은 본래 태자인 형 이건성의 휘하에 있던 사람이었다.
626년 차남인 이세민은 형 이건성과 동생 이원길을 죽인 '현무문의 변(玄武
門之變)'을 통해 양위를 받은 후, 위징에게 형제들을 이간시킨 죄를 따져 물
었다. 이때 위징은 "만일 태자(이건성)께서 나의 말을 들었더라면 오늘과 같
은 화(禍)는 없었을 것입니다. 신은 태자의 신하였으니 그에게 충성을 다한
것이 무엇이 잘못입니까?"라며 맞설 정도로 곧은 사람이었다.

태종은 위징의 당당함을 높이 사 그를 죽이지 않고 간의대부(諫議大夫)로
발탁했다. 태종은 성격이 급해 쉽게 사람을 죽이기도 했지만, 위징의 직언
(直言)에 분노하면서도 그 뜻을 헤아려 반성하는 보기 드문 군신 관계(君臣關
係)를 유지했다. 그런 위징이 죽자 태종이 빈소를 찾아가 비문을 짓고 통곡
하며 한 말이 '세 개의 거울'이다.

이동위감 가정의관(以銅爲鑑 可正衣冠)
이고위감 가지흥체(以古爲鑑 可知興替)

이인위감 가명득실(以人爲鑑 可明得失)

짐상보차삼감 내방기과(朕嘗保此三鑑 內防己過)

금위징서 일감망의(今魏徵逝 一鑑亡矣)

구리로 거울을 만들면 의관을 단정히 할 수 있고(銅鏡, 동경)

옛날을 거울로 삼으면 흥망성쇠를 알 수 있으며(史鏡, 사경)

사람을 거울로 삼으면 득실을 밝힐 수 있는데(人鏡, 인경)

내가 허물을 막을 수 있었던 것은 이 세 개의 거울 덕분이거늘

이제 위징이 세상을 떠났으니 거울 하나를 잃어버렸구나.

거울의 용도는 다양하다. 얼굴이나 옷 치장을 할 때는 기본이고 음식점이나 과일가게에서는 넓고 많게 보이도록 확대용으로도 사용한다. 귀감(龜鑑)이란 거울삼아 본받을 만한 것을 말한다. 역사는 '미래를 비추는 거울'이라 하여 자치통감이나 동국통감처럼 역사서에 '거울 감(鑑)'을 쓴다. 부모는 '자식의 거울'이라는 말도 있다. 그 거울은 항상 깨끗이 닦여 온전한 모습을 오롯이 보여 줄 수 있어야 한다.

당태종 당시에는 구리거울이었으나 프랑스 루이 14세 시대의 거울은 오늘날의 거울과 같았다. 1677년 루이 14세는 베르사유 궁전을 거처로 삼기 위한 공사에 들어갔는데 가장 관심을 쏟은 공간이 바로 '거울의 방(Hall of Mirrors)'이었다. 유난히도 거울에 집착했던 루이 14세는 길이 73m, 너비 10.5m, 높이 13m인 회랑의 사방 벽면을 자국에서 생산한 578개의 거울로 화려하게 장식했다. 루이 14세는 '거울의 방'을 자신의 허물을 비춰 보기 위해서가 아니라 자신의 권위와 프랑스의 위용을 과시하기 위해 장식했다.

거울은 형상(외면)을 비춘다. 인간은 거울을 발명하기 전 잔잔한 물 위에 형상을 비추어 보았다. 중국 전국시대 사상가 묵자(墨子)는 "물을 거울로 삼

지 말고 사람을 거울로 삼으라(不鏡於水 而鏡於人, 불경어수 이경어인)"고 했다. 거울에 비춰 보면 얼굴과 외양만 잘 보이지만 사람을 거울로 삼아 비춰 볼 때 자신을 제대로 볼 수 있기 때문이다. 명경지수(明鏡止水)는 고요하고 티 없이 깨끗한 마음을 상징한다. 물이 고요하면 결코 비치는 형상이 구부러지지 않는다. 우리는 거울을 통해 얼굴의 티끌뿐만 아니라 내면의 허물까지 비추어 볼 때 더 크게 성장할 수 있다.

2023년 3월 손흥민 선수가 소속된 잉글랜드 토트넘팀이 영국 런던에 있는 크레이븐 코티지에서 열린 2023~24 시즌 프리미어리그(PL) 29라운드 경기에서 0-3으로 패했다. 손흥민은 이날 무득점으로 경기에서 패배한 후 "모든 선수가 거울을 들여다봐야 한다. 나도 잘못했다."라고 말했다. 손흥민 선수가 "거울을 들여다봐야 한다."라고 한 말은 경기의 패인을 다른 데서 찾지 않고 자신에게 있다는 것을 강조하는 의미였다. 그동안에 기울인 노력의 결과가 아쉽지만, 경기에 임하는 자세를 각성하자며 자성의 목소리를 높인 것이다.

최근 여러 지방 자치 단체가 직원들에게 거울에 비친 자신의 모습을 보며 청렴한 공직 생활을 하라는 의미로 신임공무원들에게 '청렴 거울'을 나눠준다고 한다. 탁상 거울 형태로 제작한 받침대에는 '청렴한 당신 멋진 공직 생활을 응원합니다'라는 문구를 새겨 반부패 청렴 시책의 하나로 활용하기 위한 것이다.

영화 「신과 함께」에는 염라대왕 법정에 생전의 선덕(善德)과 죄업이 비치는 업경대(業鏡臺)가 나온다. 우리는 사후의 업경대가 아니더라도 마음이 명경지수가 되면 곧장 내면의 모습까지 볼 수 있다. 지도자에게는 민심의 지표인 여론과 언론이 거울 역할을 한다. 오늘도 나는 거울 앞에서 주름진 얼굴을 보다가 지나간 삶 속에 얼룩진 허물을 들여다본다.

44

부신독서도(負薪讀書圖)

행복은 운명이나 행운이 아니라 멋진 풍광을 보기 위해 산에 오르는 것처럼 스스로 쟁취하는 것이다.

- 버트런드 러셀(영국 사상가) -

2022년 세모(歲暮)에 서울대학교 박물관이 『근역화휘(槿域畫彙)』에 수록된 그림을 공개하는 특별전을 열었다. 『근역화휘』는 독립운동가 오세창 선생이 조선 화가 67명의 그림 67점을 묶은 화첩이다. 이 화첩에 담겨 있는 「부신독서도(負薪讀書圖)」를 보니 아련한 어린 시절이 떠올랐다. 이 그림은 한 젊은이가 지게에 땔나무를 짊어지고 걸으면서 책을 읽고 있는 장면인데, 조선 후기 화가인 유운홍(劉運弘, 1797~1859)의 작품이다. 중국 한나라 때 주매신(朱買臣, ?~B.C.115)이란 사람이 생계를 위해 산에서 나무를 하면서도 책을 놓지 않아 50세에 이르러 벼슬에 올랐다는 고사에서 유래한 내용이다.

독서에 대한 예찬은 동서양이 다르지 않다. 책은 내면의 힘을 길러 세상을 바라보고 인격을 도야(陶冶)하는 데 가장 좋은 도구이기 때문이다. 『명심보감』 「훈자(訓子)」 편에는 "최고의 즐거움은 독서(至樂 莫如讀書, 지락 막여독서)"라고 나와 있으며, 조선 중기 학자였던 허균은 『한정록((閑情錄)』에서 세상에서 가장 듣기 좋은 소리는 독서성(讀書聲)이 으뜸이라고 했다. 황광우 작가는 『철학 콘서트』에서 "만남의 백미는 독서"이며 "백견이 불여일독(百見不如一讀)"이라고까지 말한다.

그런가 하면 공자는 독서의 즐거움에 빠지면 밥 먹는 것도 잊고(發憤忘食, 발분망식), 근심도 잊게 되며(樂以忘憂, 낙이망우), 심지어 늙어 가는 것도 모른다(不知老之將至, 부지노지장지)라고 말했다. 프랑스 계몽주의 사상가 몽테스키외도 생애 중 가장 행복했던 순간은 독서를 통하여 얻었으며 "독서처럼 값싸고 영속적인 쾌락은 없다."라고 말할 정도였다.

책은 그동안 인류가 쌓아 온 경험과 지식을 모두 담고 있다. 책 읽기의 즐거움은 앉아서 우주로까지 상상의 여행을 떠날 수 있다는 데 있다. 철학자 데카르트는 "좋은 책을 읽는 것은 과거의 가장 뛰어난 사람들과 대화를 나누는 것이다."라고 했는데 바로 '독서상우(讀書尙友)'를 일컫는 말이다. 『맹자』의 「만장(萬章)」 편에 나오는 '독서상우'는 책을 통해 과거의 현자를 만나 친구가 되고 배움을 얻을 수 있다는 뜻이다. 그래서 조선의 실학자였던 최한기(崔漢綺, 1803~1875)는 독서를 통해 공자와 맹자, 서양의 학자들을 만나기 위해 가산을 탕진해 가면서까지 책을 샀다고 한다.

고대의 도서관에는 '영혼을 치유하는 곳'이라는 현판이 있었는가 하면, 책을 '영혼을 치유하는 약'으로 불렀다고 한다. 오늘날 독서는 책의 내용에 공감하고 마음속에 응어리진 상처나 해결하지 못한 고민을 위로받을 수 있는 치유의 힘을 발휘해 '독서 치료'가 된다. 책을 읽는 동안 책과 밀접한 상호작용을 통해 새로운 관점과 통찰력을 키우고 문제를 해결해 건강한 삶을 영위할 수 있게 하는 것이다. 전문가들은 독서가 운동으로 몸의 근육을 단련하는 것처럼 생각의 근육을 단련하고 기억력을 증진해 뇌의 노화를 방지하는 효과도 있다고 말한다.

책 읽기의 달인은 아마도 세종대왕일 것이다. 세종대왕은 눈병이 날 정도로 책을 가까이했으며 독서 장려를 위해 '사가독서(賜暇讀書)'라는 독서 휴가 제도를 시행하기도 했다. 미국의 링컨 대통령은 정규교육을 제대로 받지 못했으나 독서를 통해 변호사와 대통령의 자리에 올랐다. 독서광이었던 빌 게이츠도 "우리 동네와 학교에 도서관이 없었고 독서가 없었다면 오늘날의 빌 게이츠는 없었을 것이다."라고 말한 바 있다.

올바른 책 읽기는 다독(多讀)이나 속독(速讀)보다 정독(精讀)과 숙독(熟讀)하는 자세이다. 당(唐)나라 시성(詩聖)으로 불리는 두보(杜甫)가 "남아수독오거서(男兒須讀五車書)"를 말하고 송(宋)나라 태종은 "책은 펼치기만 해도 이롭다(開卷有益, 개권유익)."라고 했으나 글의 뜻을 잘 모르고 오직 읽기만 잘하는 '도능독(徒能讀)'은 바람직하지 않다.

중국 남송(南宋) 때의 철학자 주희(朱熹)가 쓴 『주자어류(朱子語類)』에 수록된 「독서법」에는 독서를 도둑을 잡듯이, 잠재된 본뜻을 파악하기 위해 앞뒤의 맥락을 세밀하게 살피고 반복해서 읽어야 한다고 강조한다. 무엇보다 독서는 단순히 지식과 정보의 습득뿐만 아니라 내 마음속에 내재된 삶의 도리(道理)와 천지자연의 궁극적인 이치(理致)를 깨달아 실행해 나가는 수양(修養)이 목적이라는 것이다. 그러므로 책은 눈으로 읽는 것이 아니라 머리와 가슴으로 읽는다고 해야 할 것이다.

옛날 선비들은 등잔불에 쓸 기름조차 구하지 못할 정도로 가난해 반딧불이(螢, 형)와 하얀 눈(雪, 설)에 비추어 책을 읽었다. 인쇄술이 발달하지 못해 필사본도 손에 넣기가 어려웠다. 요즘은 도서관이 가까이에 있고 전등불이 휜해도 책을 읽지 않아 성인 중 1년에 책을 한 권도 읽지 않은 사람이 절반을 넘는다.

"사람은 책을 만들고 책은 사람을 만든다." 교보문고의 창립자 신용호 회장이 했던 이 말은 지금도 돌에 새겨져 광화문 교보문고 입구에서 지나가는 사람들에게 독서의 중요성을 웅변하고 있다. 안중근 의사가 옥중에서 남긴 유묵 '一日不讀書 口中生荊棘(일일부독서 구중생형극)'은 책이 곧 생명과 같음을 상징하는 말이다. 밥은 육신의 양식이지만 책은 마음의 양식이다. 마음의 양식이 바닥나고 입안에 가시가 돋치면 밥을 먹지 못해 죽음에는 이르지 않을지라도 가시 돋친 입에서 나온 말에는 가시가 돋쳐 남을 해칠 수도 있다. 그리고 보니 어린 시절에 나도 '부신독서도'에 나오는 수인공처럼 지게를 지고 나무하러 다닐 때, 양서(良書)보다는 만화와 무협지 삼매(三昧)에 빠졌던 것 같다. 이제라도 마음에 양식을 쌓아 입에 가시가 돋지 않도록 책을 가까이해야겠다.

45

학생부군(學生府君)

행복은 우리가 만들어 나가는 마음의 습관에 달려 있다.   - 노먼 빈센트 필(미국 목사) -

2024년 80대, 90대의 만학도 어르신이 TV에 나와 화제가 됐다. 최고령으로 수능시험에 응시한 임태수 할머니는 2025년 84세에 새내기 대학생이 되어 MT에도 참가하겠다는 포부와 죽을 때까지 배우겠다는 각오를 밝혀 박수를 받았다. 1935년에 태어난 유기성 할아버지는 90세의 나이에 늦깎이 대학생이 됐다. 85세에 초등학교 과정부터 검정고시로 출발한 할아버지는 대학원까지 배움을 이어 가겠다는 바람을 가지고 있다. 늙어서 어디에 써먹으려고 배우냐는 사람도 있지만, 나이가 많은 사람들이 한글을 깨치고 그림 공부를 한다. 배우는 그 자체가 즐거움이고 행복이다.

사람으로 태어났다고 다 사람이 아니라 배워야 비로소 사람이 된다는 얘기를 할 때 감나무를 예로 든다. 감나무 씨앗을 심으면 감나무가 아닌 고욤나무가 나오는데, 3년이 지난 고욤나무에 감나무를 잘라 접을 붙여야 감이 열린다. 사람이 인격체로 성장하기 위해 배우기 위해서는 감나무 생가지를 칼로 베어 접붙일 때처럼 고통이 따른다는 얘기다. 배움의 고통을 감수하는 것은 반드시 그에 따른 보상과 과실이 있다는 것을 알기 때문이다.

세계 인구의 0.2%인 유대인이 노벨상 수상자의 22%를 차지하는 배경에는 교육을 중시하는 풍토가 있다. 오랜 세월 영토 없이 유랑하던 유대인들은 생존을 위해 돈을 모으기 시작했고 돈이 없으면 지식과 기술을 습득해 살아남는 방법을 체득해 나갔다. 유대인 어머니들은 후손들의 생존을 위해 지식과 기술을 익히도록 교육에 모든 열정을 다했다. 『탈무드』는 이처럼 온갖 박해와 고난을 극복하고 불굴의 역사를 이루어 낸 유대인의 정신적 지침서다.

배움에 있어서는 공자가 단연 으뜸이다. 『논어』 1장에 나오는 공자의 인생삼락(人生三樂) 첫 번째는 "배워 때에 맞추어 익히니 또한 기쁘지 아니한 가(學而時習之 不亦說乎, 학이시습지 불역열호)"이다. 공자는 배움에서 행복을 찾는 사람이었다. 공자 스스로가 다른 것은 몰라도 배움에 대한 정열만은 최고라는 자부심이 엿보이는 구절이 있다. 『논어』 「공야장편」 제28장에 나오는 "열 집이 사는 작은 마을에도 나처럼 마음을 다하고 거짓이 없는 사람은 있겠지만, 나처럼 배우기를 좋아하는 사람은 없을 것이다(子曰 十室之邑 必有忠信如丘者焉 不如丘之好學也, 자왈 십실지읍 필유충신여구자언 불여구지호학야)."이다. 이를 보면 도올 김용옥 선생이 공자 사상의 핵심은 '인(仁)'이 아니라 '호학(好學)'이라고 하는 표현에 수긍이 간다. '위편삼절(韋編三絶)'이라는 사자성어도 공자가 만년에 『주역』을 숙독하기 위해 책을 맨 가죽끈이 세 번이나 끊어질 정도로 읽었다는 고사에서 나왔다.

공자 이후 학문과 인품에서 제일인자로 평가받는 주자(朱子)의 권학시(勸學詩) 「우성(偶成)」의 첫 구절은 "소년이로학난성(少年易老學難成)"이다. 젊은이는 금방 늙는데 학문은 이루기 어려우니 때를 놓치지 말고 열심히 공부해야 한다는 뜻이다. 주자의 또 다른 권학문에는 더 직설적인 내용도 있다. "오늘 배우지 않고 내일이 있다고 이르지 말며, 금년에 배우지 않고 내년이 있다고 말하지 말라(勿謂今日不學而有來日 勿謂今年不學而有來年, 물위금일불학이유내일 물위금년불학이유내년)."

통치학의 교과서라고 하는 『정관정요』의 고사에도 배움에 관한 내용이 나온다. 당태종이 중서령(中書令, 재상)인 잠문본(岑文本)에게 "아무리 좋은 품성을 타고났더라도 학문을 통해 뒷받침해야 한다."며 공부의 필요성을 강조하자, 잠문본은 『예기(禮記)』에 실려 있는 구절 "옥은 다듬지 않으면 그릇이 될 수 없고, 사람이 학문을 닦지 않으면 인간의 도리를 알지 못한다(玉不琢 不成器 人不學 知不道, 옥불탁 불성기 인불학 부지도)."를 인용하여 대답하고 있다.

나이 들면서 가장 경계해야 할 것은 배움을 멈추는 것이다. 영국의 문명역사가 아놀드 토인비도 나이 들어 과거에 얽매여 있으면 불행하니 용기를 내어 끊임없이 배워야 건강하게 살 수 있다고 했다. 배움을 소홀히 하면 기존의 지식이나 감각이 급격히 퇴화해 고지식한 늙은이가 되어 간다. 2009년 UN은 '세계인구고령화(World Population Aging) 보고서'에서 신인류 100세 세상, 이른바 '호모 헌드레드 시대(Homo-Hundred Era)'를 선언했다. 미국 하버드대 성인발달연구소에서 생애 발달 단계를 연구한 홀리 네임스 대학(Holy Names College)의 사회학 교수인 윌리엄 새들러(William Sadler)는 50세 전후부터 30년간을 '서드 에이지(Third Age)'로 명명했다. 새들러 교수는 나이 들어도 활력이 넘치는 새로운 삶을 위해 '배움'에 도전해야 한다고 말한다.

배움을 게을리하는 것은 자신의 능력을 무시하는 행위이며 무식보다 더 부끄러운 것은 배울 마음이 없다는 것이다. 유대인 랍비 마빈 토케이어(Marvin Tokayer)는 『영원히 살 것처럼 배우고 내일 죽을 것처럼 살아라』에서 "나이가 많아 이제 더는 배울 필요가 없다고 하는 것은, 삶에 아무런 목표나 이상이 없는 상태로 이미 정신적인 죽음"이라고 했다. 취미 생활로 소일하는 여유로운 삶도 좋지만 성숙하고 품위 있는 어른이 되기 위해 배움을 지속하면 더 큰 만족을 느낄 수 있다. 배움에 대한 열의만 있으면 학습 공간은 얼마든지 열려 있다. 대학교마다 평생교육원이 있고 읍·면·동 단위에서도 문화 강좌를 진행한다. 지방 전문대에서는 입학 정원 외에도 제한 없이 만학도(성인 학습자)를 선발해 국가장학금까지 지원하고 있다.

과거에는 부모나 어른에게서 배웠지만, 디지털 시대를 맞아 자식이나 젊은이들에게 배우는 게 더 많다. 하나를 알면 또 다른 세상이 보인다. 옛날에는 아무런 관직이 없는 남자가 죽으면 산소의 비석이나 제사 지낼 때 쓰는 지방(紙榜)에 '학생부군(學生府君)'이라고 적었다. 인생을 배우는 학생으로 살았다는 뜻이다. 살아 있는 우리는 모두 평생 뭔가를 배우는 학생이다.

46
왕의 소통과 공부

진정 행복한 사람은 자신에게 닥친 행운은 물론 불행까지 감당할 수 있는 사람이다.

- 세네카(로마 철학자) -

해 뜨면 일하고(日出而作, 일출이작) 해 지면 쉬고(日入而息, 일입이식) / 우물 파물 마시고(鑿井而飲, 착정이음) 밭 갈아 먹고사니(耕田而食, 경전이식) / 임금의 권력이 나와 무슨 상관있나(帝力于我何有哉, 재력우아하유재)

위의 글은 중국 후한(後漢)의 철학자 왕충(王充)이 쓴 『논형(論衡)』과 원(元)나라의 증선지(曾先之)가 쓴 『십팔사략(十八史略)』에 나오는 「격양가(擊壤歌)」이다. 중국의 태평성대라고 하는 요순 시대(堯舜時代) 당시 백성들은 임금의 이름조차도 모르고 자신의 생업에만 종사했다. 격양가는 그때 백성들이 부르던 민중가요라 할 수 있는데 그 시절이 얼마나 태평성대였는지 잘 보여 주고 있다.

요(堯) 임금이 태평성대를 이룬 비결은 무엇이었을까. 해답은 명(明)나라 제13대 황제인 만력제(萬曆帝)의 스승이자 재상이었던 장거정(張居正, 1525~1582)이 지은 『제감도설(帝鑑圖說)』에 나와 있다. 『제감도설』은 황제가 거울로 삼아야 할 내용을 모아 그림과 설명을 곁들인 책이다. 역대 중국 황제들의 언행을 간추려 어린 황태자를 가르치기 위한 교재로 쓰였는데 상편과 하편으로 구성되어 있다.

상편은 '성철방관[聖哲芳觀, 성주(聖主)와 철왕(哲王)들의 꽃다운 모습을 살핌]'으로 본받을 만한 역대 황제들의 선례(先例) 81가지가 들어 있다. 하편은 '광우복철(狂愚覆轍, 미치광이처럼 어리석은 짓을 하며 앞에 넘어진 수레를 그대로 따라한 임금들 이야기)'로 악행을 저질러 경계로 삼아야 할 임금들의 36가지 사례가 들어 있다. 한마디로 성군(聖君)과 폭군(暴君)의 교훈적인 얘기인데, 요(堯) 임금에 관한 선례는 상편에 '임현도치(任賢圖治)'와 '간고방목(諫鼓謗木)'이라는 말로 요약돼 있다. '임현도치'는 '어진 이를 임용하여 다스림을 도모하였다.'라는 뜻이고 '간고방목'은 '간언하는 북과 비방하는 나무를 설치하였다.'라는 뜻이다. 결국, 요임금의 성공 비결은 훌륭한 신하를 발탁하고 충신들의 직언과 민심에 귀를 기울이는 데 있었다.

조선왕조가 500년이 넘도록 사직(社稷)을 이어 올 수 있었던 것은 목숨을 내놓고 왕에게 직언하는 상소(上疏) 문화와 왕들의 공부하는 자세에서 찾을 수 있다. 이상호 작가의 『영남 선비들, 정조를 울리다』를 보면 조선은 절대 왕권이 지배한 나라가 아니라 개방적인 상소 문화를 바탕으로 공론 정치를 지향했음을 알 수 있다.

1565년(명종 20년) 100명 이상의 지식인들이 22차례에 걸쳐 연명 상소를 올린 '백인소(百人疏)'의 전통은 1650년부터 1679년 시기에는 1천 명 가까운 지식인들이 연명한 '천인소(千人疏)'로 이어졌다. 100여 년 단위로 100명에서 1천 명으로 상소 연명자가 늘어났고, 천인소 이후 약 100여 년 정도 지난 1792년(정조 16년)에는 연명한 인원이 최초로 1만여 명이 넘는 만인소(萬人疏)가 일어났다. 정조 임금을 능멸한 노론 세력의 처벌 등이 담긴 상소문의 길이가 100여 미터에 달했을 것으로 추정될 만큼 대규모 상소 운동이었다. '상소'는 관직이 없는 선비와 유생(儒生), 백성들까지 참여해 조정의 정책에 반하는 여론을 제시하는 조선의 범국민적인 서명 운동이었다.

상소가 민심(民心)에 귀를 기울이는 소통의 장치였다면 경연(經筵)은 왕의 자질을 높이기 위한 공부이자 수행(修行)의 시간이었다. 경연은 왕이 혼자서 하는 공부가 아니라 신하들과 함께하고 검증까지 받아야 했으니 공부를 싫어하는 왕에게는 고역스러운 일이기도 했다. 김태완 작가의 『경연, 왕의 공부』에는 '성군(聖君)'이 되기 위한 조선의 왕들이 공부하는 장면이 상세하게 나와 있다. 왕은 이미 세자로 책봉되면서부터 시강원(侍講院)이라는 전담 기구를 통해 교육을 받았고 왕의 자리에 오르면 하루에 세 번은 기본이고 많으면 다섯 번까지 경연에 참석했다. 정기적인 조강(朝講)과 주강(晝講), 석강(夕講) 외에도 주간에 수시로 하는 소대(召對)와 야간에 하는 야대(夜對)까지 참석해 자신의 통치 행위를 반성하고 성찰해 나갔다.

왕은 경연을 통하여 신하들의 전문지식과 비전 등을 받아들여 국정에 반영해 나갔는데, 대체로 경연에 많이 참여한 왕의 시대에는 백성들의 삶이 안정적이었다. 경연에 적극적으로 임했던 왕은 세종과 성종, 중종, 영조 등이었는데 성종은 재위 25년 동안 9,229회나 참가했다. 경연을 외면한 대표적인 왕은 폭군 연산군과 광해군이었다.

예나 지금이나 소통이 원활하고 국정 철학이 잘 준비된 지도자를 만난 백성은 태평성대를 구가했고 반대의 경우에는 도탄에 빠져 고통을 받을 수밖에 없었다. 오늘날 백성들이 대통령이 누구인지 모르기는커녕 대통령을 탄핵하고 만세를 부르는 현실을 보면서 왕의 공부가 얼마나 중요한지를 절감한다. 노자(老子)의 『도덕경(道德經)』17장에 나오는 지도자의 등급은 한국 정치의 현실을 내다본 것 같아 씁쓸하기만 하다.

가장 훌륭한 지도자는 백성들이 그가 있는지만 알고

(太上 下知有之, 태상 하지유지)

그다음은 백성들이 가깝게 여기고 그를 칭송하며

(其次 親而譽之, 기차 친이예지)

그다음은 백성들이 그를 두려워하며

(其次 畏之, 기차 외지)

그다음은 백성들이 그를 욕하고 깔보느니라

(其次 侮之, 기차 모지)

47

운을 불러오는 힘

오늘의 불행은 언젠가 내가 잘못 보낸 시간의 보복이다.   - 나폴레옹 -

이탈리아 로마에는 후기 바로크 양식의 걸작으로 알려진 '트레비 분수 (Fontana di Trevi)'가 있다. 1762년에 완성된 이 분수는 배우 오드리 헵번이 1953년 영화 「로마의 휴일」에서 이 트레비 분수에 동전을 던지는 장면이 나온 후 유명 관광 코스가 되었다. 연간 수백만에 달하는 관광객들은 "분수를 등지고 서서 오른손으로 동전을 왼쪽 어깨너머로 던지면 로마에 다시 올 수 있다."라는 속설을 믿고 동전을 던지는데 이 돈이 한 해에 20억 원을 넘는다.

24년 8월 경기도 경찰청의 한 지구대에서는 '동전 던지기'로 승진자를 결정한 것으로 알려져 화제가 된 적이 있다. '팀 특진 선발대회'에서 입상한 이 지구대의 특진 대상자가 외근과 내근 업무에서 거둔 성과를 두고 누가 더 높은 성과를 냈는지 판단하기 어려워 이같이 결정했다는 것이다. 동전이 운을 결정하는 도구가 된 사례다.

이 세상 모든 사람은 누구나 성공과 행복을 기원하며 살아간다. 그러나 모두가 성공과 행복을 누리며 살 수는 없다. 많은 사람이 성공을 위해서는 실력과 노력, 행운이 필요하다고 말한다. 그중에서도 실력이나 노력보다 운이 더 중요하다고 말하는 사람도 있다. 제아무리 실력이 뛰어나고 온갖 노력을 기울여도 성공하기가 힘들기 때문이다. 그래서 운칠기삼(運七技三)이라는 말도 나왔을 것이다. 이와 달리 어떤 사람들은 의외로 운에 대해 인정하지 않는 경향을 보이기도 한다. 자신이 기대하는 성공에 도달하지 못하고 실패할 때는 운이 나빴다고 말하면서도, 성공했을 때는 운이 좋았다기보다 은근히 자신의 실력과 노력의 결과를 내세운다.

우리의 삶에 언제나 함께해 온 운에 대해 지금까지 대부분 사람은 통제 불가능한 영역으로 여겨 왔다. 운은 우리의 삶에서 결코 뗄 수 없지만, 우리의 의지와는 상관없는 운명적인 것으로 간주한다. 자신의 의지로 행복의 여신과도 같은 운을 통제하고 좀 더 가까이 다가오게 할 수는 없을까? 일본에서 50여 년 변호사 생활을 하면서 1만 명이 넘는 의뢰인들의 삶을 지켜봐 온 니시나카 쓰토무(西中 務) 씨는 저서『운을 읽는 변호사』에서 다툼을 피하고 선행을 베푸는 일이 '운'을 불러온다고 말한다. 인간은 살아 있는 한 수많은 잘못과 다른 사람의 도움을 받을 수밖에 없는데, 이에 대한 감사하는 마음으로 겸손과 선행을 쌓아 가면 운이 다가온다는 것이다. 반면 자신의 성공에 대해 행운의 요소를 과소평가하고 법만 잘 지키면 된다는 생각으로 오만한 자세를 가지면 운은 달아날 수밖에 없다는 것이다.

2024년 9월 20일 세계 최고의 야구 무대인 미국 MLB(메이저리그 베이스볼)에서 야구 역사상 최초로 50(홈런)-50(도루)에 성공한 일본 출신 오타니 선수는 야구팬들 사이에서 '쓰레기를 줍는 야구 선수'로 알려져 있다. 오타니 선수가 고등학교 1학년 때 작성했다는 만다라트에는 최종 목표를 달성하기 위한 8가지 서브 목표가 그 주위를 둘러싸고 있다. 만다라트(Mandarat)는 본질을 뜻하는 '만달(Mandal)'과 소유를 뜻하는 '라(Ra)', 기술을 뜻하는 '아트(Art)'의 합성어로 '목적을 달성하는 기술을 담은 계획표'를 말한다.

특이한 것은 이 만다라트에는 최고의 선수가 되기 위한 훈련 목표나 기술 연마 외에도 '운'이라는 목표를 이루기 위해 인사하기와 청소하기 등을 포함해 '쓰레기 줍기'가 들어 있다는 것이다. 오타니 선수는 쓰레기를 줍는 이유에 대해 "다른 사람이 무심코 버린 운을 줍는 겁니다."라고 말한다. 성공하기 위해서는 실력뿐만 아니라 운이 더해져야 하고, 운은 그저 우연히 찾아오는 것이 아니라 운을 위해서도 노력이 필요하다는 생각을 하고 실천해 온 것이다.

일찍이 로마의 철학자 세네카는 "행운은 기회와 준비가 만나는 지점에 존재한다."라고 했다. 미국 작가 제니스 캐플런과 바나비 마쉬는 『나는 오늘도 행운을 준비한다』라는 저서를 통해 행운이란 우연과 재능, 노력의 결합이라고 말한다. 나아가 통제 불가능한 우연보다 통제가 가능한 재능과 노력에 초점을 맞추는 것이 현명하다고 강조한다. 미국의 심리학자이자 작가인 피터 홀린스(Peter Hollins)도 행운이란 운이 찾아올 만한 상황을 만들어 내 성취하는 것이라고 말한다. 미국 펜실베이니아 블룸스버그 대학교의 스티븐 헤일스(Steven D. Hales) 교수는 『운이란 무엇인가』에서 운이란 인지적 착각에 불과하며 우리 스스로가 만들어 가는 것이라고 역설한다.

운의 한자인 '運(운)'은 움직인다는 뜻이다. 결국, 전문가들이 말하는 것처럼 운이란 결코 타고난 신비의 영역이 아니라 자신의 의지와 행동에 따라 멀어지기도, 가까워지기도 하는 것이다. 아무리 노력해도 어쩔 수 없는 일은 받아들일 수밖에 없다. 그러니 금수저라고 자만하지 말고 흙수저라고 한숨 쉬며 얼굴이나 이름을 고치는 일은 삼가야 할 일이다. 복권을 사거나 네 잎 클로버를 찾는 일보다 남을 배려하고 봉사하는 일이 운을 불러오는 힘이 된다. '오늘의 운세'를 들여다보는 시간에 야구 선수 오타니처럼 내 주위에 쓰레기 하나라도 주우면 동전 던지기보다 더 확실한 행운을 불러올 것이다. 『명심보감』의 「계선편(繼善篇)」에 나오는 공자님 말씀을 새기면서…"子曰, 爲善者는 天報之以福하고 爲不善者는 天報之以禍니라(자왈, 위선자는 천보지이복하고 위불선자는 천보지이화니라)." 공자님께서 말씀하시기를 "착한 일을 하는 사람에게는 하늘이 복으로써 이에 보답하고, 착하지 않은 일을 하는 사람에게는 하늘이 재앙으로써 이에 보답하니라!"

48
운(運)도 노력이다

수확의 기쁨은 흘린 땀과 비례한다. 행복한 사람은 게으름뱅이가 아니라 노력하는 사람이다.

– 윌리엄 블레이크(영국 시인, 화가) –

현대 축구의 아버지라 불리는 네덜란드의 리누스 미헬스(Rinus Michels, 1928~2005) 감독은 "우승은 어제 내린 눈일 뿐"이라는 명언을 남겼다. 승리에 도취하지 말고 더욱 정진할 것을 강조한 말이다. 2024년 파리올림픽에서 양궁 3관왕을 차지했던 김우진 선수도 같은 맥락의 말을 해 '김우진 어록'이라는 평가를 받았다. 김우진 선수는 언론 매체와 인터뷰에서 "메달을 딴 승리의 기쁨에 젖어 있지 말고 해 뜨면 다시 마른다는 사실을 잊어서는 안 된다."며 끊임없는 노력의 중요성을 말했다. 특히 4.9㎜의 차이로 올림픽 3관왕을 차지한 것을 두고 "금메달을 하늘이 내려줬는가?"라는 질문에 "운으로 금메달을 땄다고 하면 기분 좋아할 선수가 몇이나 있을까요?"라며 금메달은 운이 아니라 최선의 노력을 기울인 결과임을 강조했다.

성공과 승리에는 운이 따라야 하는가, 피나는 노력의 산물인가. 축구에서 승부차기를 '11m 러시안룰렛'이라고 하는데 행운이 따라야 이길 수 있다는 뜻이다. 그러나 모든 승리에는 그만한 이유가 있고, 행운의 여신도 운보다는 노력하는 자의 손을 들어 준다. 2006년 독일 월드컵 8강전 경기에서 독일은 아르헨티나와 승부차기에서 4-2로 이겼다. 비결은 운이 아니라 독일축구협회의 치밀한 준비에 있었다. 독일축구협회는 평소 아르헨티나 선수들을 포함한 1만 3,000개 이상의 페널티킥 자료를 확보하고 있었고 아르헨티나와 경기를 하기 전에는 최근 2년 동안 아르헨티나 선수들의 페널티킥을 비디오로 분석했다. 그 자료를 바탕으로 골키퍼에게 아르헨티나 선수의 킥 방향을 알려 줬는데 그 예측이 맞아 승리한 것이다.

한글 '운(運)'을 거꾸로 하면 '공(功)'이 된다. 운도 그냥 기다리면 오는 것이 아니라 공을 들여야 한다는 뜻일까. 세상에 공들이지 않고 거저 되는 일이란 없다. 힘들이지 않고 굴러들어 오는 돈은 행운이 아니라 불행이다. 쉽게 번 돈은 절대 오래가지 않는다. 로또에 당첨된 사람을 성공한 사람이라고 할 수 없다. 요행을 바라며 사는 것은 어리석은 일이다.

운이란 이웃에 공헌한 사람들을 기억하는 신의 호의(favor)다. 성공을 위해서는 운이 아니라 노력과 의지가 중요하다. "하늘은 스스로 돕는 자를 돕는다(Heaven helps those who help themselves)."라는 격언에서 '스스로 돕는 자'란 '스스로 노력한다(help oneself)'라는 뜻이다. 하늘도 운을 기다리는 사람보다는 스스로 노력하는 사람을 성공에 이르도록 돕는 것이다.

영국 하트포드셔 대학교(University of Hertfordshire)의 심리학 교수인 리처드 와이즈먼(Richard Wiseman)은 운이란 타고나는 게 아니라 훈련이나 학습을 통해 생각과 행동을 바꾸면 얻을 수 있다고 주장한다. 자신의 노력 여하에 따라 행운을 가져올 수도, 불행에 빠질 수도 있다는 것이다.

그렇다면 막연하게 운에 기대거나 일이 뜻대로 되지 않았을 때 운을 탓하기보다 노력하는 자세가 필요하다. 과골삼천(踝骨三穿, 복사뼈가 세 번 구멍이 나다)과 적수천석(滴水穿石, 낙숫물이 돌을 뚫는다)은 끊임없이 노력하는 삶의 자세를 상징하는 말이다. 다산 정약용(丁若鏞) 선생은 강진에서 18년간이나 유배 생활을 하면서도 복사뼈(踝骨)에 세 번(三)이나 구멍(穿)이 날 정도로 앉아서 공부해 『목민심서』 등 500여 권의 저술을 남겼다. 다산이 아들이나 제자에게 늘 강조한 것은 부지런함(勤)이었다.

중국 남송대(南宋代) 유학자인 주희(朱熹)가 부지런할 것을 강조하며 남긴 말이 "일근천하무난사(一勤天下無難事)"이다. 한결같이 부지런하면 세상에 어려운 일이 하나도 없다는 뜻으로, 정주영 회장이 평생 간직했던 좌우명이었다. 부모가 아무리 많은 재산을 물려주더라도 게으르면 한순간에 잃고 만다. 그래서 옛 어른들은 자식에게 재산보다 부지런함을 물려주라고 했다. 결국, 사람의 복과 운은 끊임없는 노력의 산물인 것이다.

미국의 빌 게이츠는 자신의 삶에서 실력보다 많은 '행운'이 있었다고 말한다. 그러나 그의 성공은 행운에 안주하며 살아온 결과물이 아니었다. 하루에 잠을 2시간만 자며 컴퓨터 프로그래밍에 집중하기도 했고 다니던 하버드대학교를 중퇴하고 과감한 도전 정신으로 창업에 나서 치열한 연구를 거듭한 산물이었다. 에디슨은 "천재란 1%의 영감과 99%의 땀과 노력으로 이룩된다."라고 말했다. 『명리(命理)』의 저자인 강헌 작가도 삶의 방향을 결정하는 중요도를 따지면 의지와 판단이 70%이고 '태어날 때부터 주어진 명(命)'은 30% 정도라고 말한다.

"관상불여심상(觀相不如心相, 관상은 마음 상만 같지 못하다)"은 중국 관상학을 집대성한 당나라의 '마의선인(麻衣仙人)'이 지은 『마의상서(麻衣相書)』에 나오는 말이다. 타고난 관상보다는 마음속에 어떤 생각과 가치관이 있느냐, 그리고 이를 위해 얼마나 노력하느냐가 더 중요하다는 의미다. 감나무 밑에 누워 있는 사람의 입에 떨어진 감은 결코 맛있는 감이 아니다. '운'은 겸손한 마음을 표현할 때 하는 말이자, 성공하지 못한 사람들을 대할 때 더 관대해지는 데 필요한 말이다. 독일의 극작가 베르톨트 브레히트(Bertolt Brecht, 1898~1956)는 "당신 스스로 하지 않으면, 누구도 당신의 운명을 바꿔주지 않는다."라고 말했다. 운도 노력의 산물이다.

49
꺾이지 않는 마음

행복을 밖에서 구하는 것은 지혜를 남의 머릿속에서 구하는 것보다 더 헛된 일이다.

- 모리스 마테를링크(벨기에 극작가, 『파랑새』 저자) -

옛날 어떤 장수(將帥)가 패전만을 거듭하다 후퇴를 고민하고 있는데 눈앞에 꾸물거리는 개미 한 마리가 보였다. 자세히 보니 먹이 한입을 물고 담벼락을 올라가다 수십 번을 떨어지고도 마침내 성공하는 것이었다. 이를 보고 그 장수는 다시 용기를 내 전장에 나가 승리했다.

우리는 가끔 도전할 때 용기를 내라는 의미로 "포기(抛棄)란 배추를 셀 때나 하는 말이다!"라는 말을 한다. 세상일이란 마음먹은 대로, 계획하는 대로 이루어지는 것보다 잘되지 않은 일이 더 많다. 2002년 한일 월드컵 당시 "꿈은 이루어진다"라는 구호가 많은 사람에게 희망의 상징으로 자리 잡은 적이 있었는데, 2022 카타르 월드컵에서는 "중요한 건 꺾이지 않는 마음(중꺾마)"이라는 말이 유행했다.

'중꺾마'는 온라인 게임 프로게이머인 데프트(김혁규)가 2022년 국제게임대회에 참가해 우승하면서 처음 언급했다고 알려졌는데, 아무리 강한 상대를 만나더라도 끝까지 포기하지 않겠다는 의지를 다지는 의미로 쓰여 왔다. '꺾이지 않는 마음'이라는 말에는 단순히 '포기하지 말'거나 '불가능은 없다'라는 의미 외에도 '1%의 가능성'만 있어도 도전하는 용기와 끝까지 최선을 다해 얻어낸 값진 승리를 축하하는 뜻이 담겨 있다.

중국 고전 『예기(禮記)』의 「단궁편(檀弓篇)」에 나오는 "마부작침(磨斧作鍼, 도끼를 갈아 바늘을 만든다)"의 전제는 '그만두지만 않는다면'이다. 『열자(列子)』의 「탕문편(湯問篇)」에 나오는 "우공이산(愚公移山, 어리석은 노인이 산을 옮기다)"도 마찬가지다. 송(宋)나라 때 나대경(羅大經)이 지은 『학림옥로(鶴林玉露)』에 "승

거목단 수적석천(繩鋸木斷 水滴石穿)"이라는 말이 있다. "노끈으로 톱질을 해도 나무를 자를 수 있고, 물방울이 떨어져 돌에 구멍을 낸다."는 뜻으로, 꾸준히 노력하면 아무리 어려운 일이라도 성공할 수 있다는 말이다.

보통 사람들은 상상하기도 어려운 이러한 일은 어떻게 가능할까? 미국의 퓰리처상 수상 작가 프랭크 매코트(Francis McCourt, 1930~2009)는 "계속 끄적거리세요! 뭔가가 일어날 겁니다(Keep scribbling! Something will happen)."라는 명언을 남겼다. 이 문장에서는 느낌표가 '뭔가 일어날 거다'에 있는 것이 아니라 '계속 끄적거려라!'에 있다. 작심삼일 하듯 당장에 성과가 없다고 해서 중도에 포기하지 말고 진득한 자세로 꾸준히 노력하다 보면 결실이 이루어진다는 의미다.

끄적거린다는 것은 무언가를 만들기 위해 손만 움직인다는 것이 아니다. 이루고자 하는 목표 달성을 위해 온 신경을 집중한다는 뜻이다. 작은 거인으로 불리는 가수 김수철은 영화 「서편제」 제작 당시 임권택 감독으로부터 배경음악을 만들어 달라는 의뢰를 받았다. 5개월 동안 잠을 설치며 아무리 머리를 짜내도 악상이 떠오르지 않았다. 마감 이틀 전까지도 진전이 없는 상태였는데, 마지막 날 녹음실에서 25분 만에 작곡한 작품이 「천년학」이다. 가요 순위 1위에도 올라 100만 장의 판매량을 달성했다. 김수철은 5개월 동안 한 음절의 악보도 그려내지 못했지만, 머릿속으로는 계속 끄적거리고 있었던 것이다.

2025년 베니스 영화제에서 호평을 받았던 영화 「어쩔 수가 없다」는 박찬욱 감독이 원작 소설을 읽고 영화로 만들어야겠다는 생각을 한 지 20년 만에 완성한 결과물이었다.

미국인 조종사 딕 루탄(Dick Rutan)은 1986년 세계 최초로 9일 동안 무급유와 무착륙으로 4만 km가 넘는 지구 횡단 비행에 성공했다. 그의 좌우명은 '꿈을 꾼다면 이룰 것이며 실패의 유일한 길은 포기다'였다. 오래전 TV

에서 '발로 시계를 수리하는 남자'를 소개한 적이 있었다. 중국 이창에 사는 저우카이웬 씨는 손을 전혀 쓸 수 없는 기형아로 태어났다. 시계의 작은 부품을 다루기 위해 발가락으로 쌀을 집는 연습부터 시작해 핀셋으로 깨알과 살아 있는 개미를 집어 올렸다. 그가 인정받는 시계 수리공으로 거듭날 수 있었던 것은 이처럼 꺾이지 않는 마음으로 피나는 노력을 기울인 덕분이었다. 이집트의 탁구선수 '이브라힘 하마토'는 양팔이 없는 장애인이지만 입으로 라켓을 물고 오른발로 공을 들어 올려 서브를 한다. 2013년 아프리카 장애인탁구선수권대회에서 은메달을 수상했고 2021년 도쿄 패럴림픽에도 참가했다. "포기와 불가능은 없다!"가 그의 삶의 목표다.

문경대학교 이범식 겸임교수는 두 팔과 오른쪽 다리를 잃었지만 50대에 만학도의 길에 들어서 왼쪽 발로 연필을 쥐고 공부해 박사학위까지 받았다. 전주의 중앙시장에서 야채상을 하던 차사순 할머니는 자동차 운전면허시험에 5년 동안 960번을 도전해 성공했다. 주위에서 보내는 '미쳤다'라는 시선에도 아랑곳하지 않고 평생소원을 이루기 위해 도전한 결실이었다.

나이가 들면서 로또 복권이나 부동산 투기로 한탕을 노리는 것보다는 '고생 끝에 오는 낙(樂)'이 더 값지다는 것을 알게 됐다. 이제야 철이 들어서일 것이다. 중요한 것은 어떠한 고난이 닥치더라도 언제나 꺾이지 않는 마음으로 정진(精進)하는 것이다.

청소와 정리

행복은 목적지가 아니다. 행복은 잘살고 있는 삶의 부산물이다.

- 엘리너 루스벨트(미국 루스벨트 대통령 부인) -

청소는 학교 다닐 때 숙제를 안 하거나 지각하면 받는 벌(罰)이었다. 군대 생활에서는 단잠에서 깨어나 일과를 시작하기 전에 청소한다. 이런 청소가 삶에 활력을 주고 기업 경영에까지 영향을 준다는 사실은 전혀 생각해 보지 않은 일이었다. 일본인 사업가 고야마 노보루(小山 昇)는 '아침 청소'를 통해 매출이 급상승한 30개 기업의 성공사례를 담아 『매출이 200% 오르는 아침 청소의 힘』이라는 책을 펴냈다. 처음에는 직원들의 반응이 냉소적이었으나 출근 시간을 15분 단축해 침체한 회사의 매출을 끌어올렸다. '아침 청소'를 회사원의 가치관 공유와 일체감을 형성하는 데 적합한 경영술로 활용한 결과였다. 청소가 '매출의 신(神)'이 되고, '일본 최고의 경영 컨설턴트'가 될 수 있었던 비결이 된 셈이다.

일본과 해외에서 30권에 달하는 '청소력 시리즈'를 저술한 마스다 미츠히로(舛田 光洋)는 『청소력(淸掃力)』에서 청소는 행복한 자장(磁場)을 만드는 힘이며, 사업의 번영과 행복한 가정을 실현하는 힘이 있어 청소하면 인생자체가 바뀐다고 조언한다. 청소는 저녁에 한다 하더라도 마무리가 아니라 '새로운 시작'이다. 청소는 힘들고 귀찮은 일이지만 '마음의 쓰레기'까지 제거해 주는 신성한 활동이다.

청소하는 방법을 몰라서 청소를 못 하는 사람은 없다. 일본의 대표 실용전문 출판사인 '주부의 벗사(主婦の友社)'에서 펴낸 『미니멀라이프 청소와 정리법』에는 '물건을 줄이고 바닥에 아무것도 놓지 않기'와 '오염을 내버려두지 않고 그때그때 청소하기' 등 청소 고수들의 노하우가 담겨 있다. 언제

라도 맘이 내킬 때 바로 청소하기 쉬운 시스템을 만들기 위해서는 집 안 바닥에 놓는 물건을 최소화해야 한다. 청소기와 걸레 등 청소 도구는 바로 쓸 수 있도록 눈에 보이는 장소에 놔두기 등은 우리가 실생활에서도 손쉽게 할 수 있는 일들이다.

청소 못지않게 중요한 것이 정리다. 정리 전문가들은 "당신이 소중하게 생각하는 것들의 대부분은 쓰레기"라며 "행복은 정리에서 시작된다."라고 말한다. 정리하러 남의 집에 가 보면 그 가족의 행복도가 보이는데, 마음이 힘든 사람일수록 집 안이 어지럽더라는 것이다. 정리를 통해 얻는 효과는 실용적인 면보다 심리적인 면이 더 크다. 정리는 주변 공간만을 치우는 게 아니라 영혼을 정화하는 기능도 하기 때문이다. 정리정돈을 하지 않는 사람들은 삶의 만족도가 낮고, 생산성도 떨어진다는 연구 결과도 있다. 정리는 물리적인 정리뿐만 아니라 디지털 공간까지 해당한다. 같은 크기의 공간이라도 어떻게 정리하느냐에 따라 넓게 느껴지기도 하고 좁게 느껴지기도 한다.

청소와는 달리 정리하는 방법을 몰라 정리를 못 하는 사람은 있다. 세계가 인정한 최고의 정리 컨설턴트인 곤도 마리에(近藤 麻理惠)는 『정리의 힘』에서 정리는 장소가 아니라 '물건별'로 하라고 강조한다. 오늘은 이 방을 정리하겠다가 아니라 '오늘은 옷, 내일은 책' 하는 식이다. 정리할 때에도 '버리기'와 '자리 정하기' 중에서 반드시 버리기를 먼저 하고, 버리는 순서도 의류, 책, 서류, 소품, 추억의 물건 순으로 물건을 줄여 나가면 쉽게 정리할 수 있다. 물건을 남길지 버릴지 판단하기가 쉽고, 유형이 확실한 물건부터 정리할 수 있도록 돕기 때문에 정리에 가장 효율적이라는 것이다.

일본에서 열풍을 일으켰던 '단사리(斷捨離)'는 요가의 행법(行法)인 단행(斷行)과 사행(捨行), 이행(離行)에서 따 온 말로, '끊고 버리고 떠난다'라는 뜻이다. 단사리의 '단'은 불필요한 물건을 사지 않는 것, '사'는 집에 있으면서 사용하지 않는 물건을 버리는 것, '리'는 물건에 대한 집착에서 떠나는 것이다. 버리지 못하는 이유는 물건과 연관된 추억을 간직하고 싶고 언젠가 다시 쓸 것이라는 기대감 때문이다. 그러나 일 년 후에도 다시 쓸 기회는 없고 버리고 나면 기억도 없어진다. 버린다고 결심하는 게 어렵고 시간이 오래 걸리지, 물건을 버리는 데 드는 시간은 오래 걸리지 않는다.

청소와 정리는 바늘과 실처럼 함께 있을 때 빛이 난다. 청소는 공간을 깨끗하고 위생적으로 만들고, 정리는 물건이나 공간을 사용하기 편리하게 만든다. 청소는 먼지나 때를 제거함으로써 쾌적한 환경을 만들어 건강을 유지하는 데 도움을 주고, 정리는 물건을 분류하고 정돈하는 과정이므로 시각적인 면을 중시하면서 필요한 물건을 찾기 쉽게 만들어 준다. 청소와 정리를 하고 나면 불안감이 줄고 집중력이 향상된다. 미국 인디애나 대학교의 신체 활동 전문가인 니콜 키스(NiCole Keith) 박사는 연구를 통해 청소로 집이 깨끗한 사람은 지저분하거나 어수선한 사람보다 더 건강하다고 발표한 바 있다. 설거지하고 나면 긴장감이 감소하고 정신적인 영감이 향상한다는 보고도 있다.

우리는 때로 필요 없는 물건을 사서 정리하고 버리느라 에너지를 낭비한다. 그러면서 살아가는 데 필수품도 아닌 물건을 사기 위해 힘들게 일하고 있다.

현명한 사람은 자신에게 진짜 필요한 것이 무엇인지, 소중한 것을 위해 어떻게 물건을 줄여 나가야 할지를 아는 사람이다. 여기에서 물건이란 가구나 옷처럼 물리적인 것에 한정하지 않고 필요 이상의 물건을 탐내는 욕심, 무의미한 일에 쏟는 에너지 등 눈에 보이지 않는 것들까지도 포함한다. 모처럼 화장실을 청소하고 컴퓨터 바탕화면과 책상 서랍을 정리했다. 속이 후련하고 홀가분하다. 간단한 청소와 정리가 이렇게 하루를 행복하게 할 줄이야.

51

내로남불

불행의 근원은 자신을 특별하게 느끼는 환상에서 시작된다.　　　- 마크 맨슨(미국 작가) -

10월 하순에는 24절기 중 열여덟 번째 절기인 상강(霜降)이 들어 있다. 기온이 0도 안팎으로 떨어져 첫서리(霜)가 내리는(降) 시기이다. 서리가 내리면 수풀이 시들고 겨울잠을 자는 벌레는 땅속으로 숨어들며 농작물을 거둬들여야 하는 농민들의 일손도 바빠진다. 서리가 위에서 내릴 때 서릿발은 땅에서 위로 솟아오른다. 둘 다 농민들에게는 위협적이다. 농작물이 서리를 맞으면 피해가 커 '된서리'라는 말은 '타격을 크게 받는다'라는 뜻으로 쓰인다. 땅속의 수분이 얼면서 흙을 밀어 올리면 식물의 뿌리가 상하게 돼 서릿발의 피해도 크다. 60년대에는 농촌의 학생들이 서릿발로 인해 들뜬 보리 싹을 줄지어 밟아 주는 대민 지원에 나서기도 했다.

백성들의 삶을 고통스럽게 만들었던 가을 서리는 권세의 상징으로 이어졌다. 서슬 퍼런 추궁이나 임금의 엄한 명령을 '추상(秋霜, 가을 서리) 같다'라고 표현한 것이다. 중국 명나라 말기에 쓰인 『채근담(菜根譚)』에는 공직자들의 올바른 몸가짐을 강조하기 위한 경구(警句)로 "대인춘풍 지기추상(待人春風 持己秋霜)"이 있다. 남을 대하기는 봄바람(春風)처럼 관대하고 자기를 지키기는 가을 서리(秋霜)같이 엄격해야 한다는 뜻이다. 줄임말이 된 '춘풍추상(春風秋霜)'은 성공회대 교수였던 신영복 선생의 『담론』에 등장한 이후 한때 청와대에 액자로 걸리기로 했다. "자인타관(自吝他寬, 자신에게는 인색하고 남에게는 관대하라)"이나 퇴계 이황이 강조했던 "박기후인(薄己厚人, 자신에게는 박하게 하고 남에게는 후하게 하라)"도 같은 뜻이다. 비슷한 말이 『명심보감(明心寶鑑)』 「존심(存心)」 편에도 나온다. "이책인지심 책기, 이서기지심 서인(以責人之心 責己, 以恕己之心 恕人)"인데 남을 책망하는 마음으로 자신을 책망하고, 자신을 용서하는 마음으로 남을 용서하라는 뜻이다.

다산 정약용 선생의 당호(堂號)는 '여유당'(與猶堂)이다. 노자의 『도덕경』 15장에 나오는 "여혜약동섭천 유혜약외사린(與兮若冬涉川 猶兮若畏四鄰)"에서 따왔다. 조심하기를 의심 많은 코끼리가 겨울에 얼어붙은 내(川)를 건너듯 하고, 신중히 하기를 겁 많은 원숭이가 사방 이웃을 두려워하는 것처럼 하라는 의미다. 노자는 당시 위정자나 선비들이 코끼리와 원숭이의 신중한 특성을 본받도록 도덕경에 포함했을 것이다.

정약용 선생의 큰형님인 정약현이 사는 집의 이름은 '수오재(守吾齋)'인데, '나를 지키는 집'이라는 뜻이다. 정약용 선생은 『여유당전서』에서 '수오재(守吾齋)'라는 이름을 보고 이상하게 생각했는데 "곰곰이 생각해 보니 밭이나 과일나무, 집 등 천하에 지킬 만한 것은 없고, 오직 마음을 지키는 것이 무엇보다 중요하다는 것을 알게 됐다."라고 밝히고 있다. 세상을 살면서 온갖 유혹에 흔들리지 않고 내 마음을 지켜내기란 결코 쉬운 일이 아니다.

언제부터인가 우리 사회에서 '내로남불'이라는 말이 널리 쓰이고 있다. '내로남불'은 '내가 하면 로맨스요 남이 하면 불륜'이라는 뜻으로, 남이 할 때는 비난하던 행위를 자신이 할 때는 합리화하는 태도를 이르는 말이다. 내가 하는 것은 괜찮고, 남이 하는 것은 틀렸다는 말이다. '그때는 맞고 지금은 틀리다'라는 말도 마찬가지이다. 내로남불은 정치권 인사들을 비판할 때나 인사청문회에서도 많이 쓰인다. 자신에게는 추상같이 하고 남에게는 관대하게 하라고 했는데, 반대로 자신에게는 한없이 관대하고 남에게는 오히려 가혹한 도덕적 잣대를 들이대고 있는 것은 모순이며 부끄러운 일이다. '내로남불'을 영어로 표현하면 'Double Standards(이중잣대)'나 'Hypocrisy(위선)'이다. 결국, 같은 상황에 대해 다른 기준을 적용하는 것이며 자신의 말과 행동이 일치하지 않는 모습이다.

몇 해 전 교수신문이 올해의 사자성어를 '아시타비(我是他非)'로 선정한 적이 있다. '나는 맞고 너는 틀리다'는 뜻으로 이중 잣대가 심해지고 있는 사회 현상을 반영한 것이다. 이는 우리 사회가 도덕적으로 상당한 위기에 처해 있다는 것을 말해 주고 있다. 그러나 『나는 맞고 너는 틀리다』의 저자인 철학자 허경은 이러한 현상이 단순히 우리의 부도덕성 때문이라기보다는 일종의 인식론적 오류나 무지에서 기인한다고 말한다. 그렇다면 우리는 너나 할 것 없이 이러한 내로남불적 행위를 하고 있다는 사실을 인식하고 서로를 인정하는 자세를 가져 나가야 한다. 그렇게 할 때만이 너와 내가 다를 바 없는 인간이라는 것을 깨닫고 함께 살아갈 수 있는 사회를 만들어 갈 수가 있다.

로마 신화에 나오는 정의의 여신 '디케(Dike)'는 오른손에 칼을 왼손엔 저울을 들고 눈은 안대로 가리고 있다. 안대를 두른 것은 주관성을 배제하고 법을 만인에게 평등하고 공평하게 적용한다는 것을 상징한다(우리나라 대법원에 있는 정의의 여신상은 한 손에는 저울을, 한 손에는 칼이 아닌 법전을 들고 있다). 여기에서 핵심은 정의보다 저울이다.

조선의 태종 치세에 최고의 권력을 누렸던 권근(權近, 1352∼1409)은 수필 '주옹설(舟翁說)'에서 손님과 배 주인의 대화를 통해 위태로운 배 위에서 생활하는 노인의 삶과 철학을 보여 준다. 배가 풍랑을 만나서 균형을 잃으면 위험하듯이 우리도 삼가고 조심하지 않으면 언제든지 낭패를 겪게 될지 모른다는 교훈을 주기 위해서다. 저울이 기울면 그것은 이미 저울이 아니고 무게를 달 수가 없다. 우리는 저마다 나 자신에게만 유리한 저울로 세상을 바라보고 있다. 내 마음속의 저울이 균형을 이루고 있는지 들여다보는 일을 게을리하지 말아야겠다.

6장

형님 먼저 아우 먼저

52

반려 식물

우리가 매일 행복하진 않지만, 행복한 일은 매일 있다.

- 『곰돌이 푸, 행복한 일은 매일 있어』 中에서 -

식물도 사람이나 동물처럼 감정을 느낄 수 있을까? 20세기에 접어들어 많은 생물학자와 과학자들이 이에 대한 해답을 얻고자 연구한 결론은 식물에도 감정이 있다는 것이다. 식물에도 영혼이 있다고 주장하는 19세기 독일의 철학자이며 심리학자인 구스타프 페히너(Gustave Fechner)는 사람들이 어둠 속에서 목소리로 서로를 분간하듯이 꽃들은 향기로써 서로를 분간하며 대화한다고 말한다. 20세기 최고의 식물 재배가로 알려진 루터 버뱅크(Luther Burbank, 1849~1926)도 식물에는 스무 가지도 넘는 지각 능력이 있는데 단지 그 형태가 우리 인간과는 달라서 그들에게 그런 능력이 있는지 알지 못할 뿐이라고 강조한다. 이러한 주장은 그동안 많은 사람이 식물은 감정이 없을 것이라는 상식과는 거리가 있어 놀라움을 안겨 줬다. 지금까지 우리는 '이동성'을 기준으로 식물과 동물을 구분하고 '생각과 감정'을 기준으로 동물과 사람을 구분해 왔기 때문이다.

그러나 많은 과학자와 식물학자의 연구 결과를 보면 식물도 동물처럼 움직이고, 사람처럼 생각하고 감정을 느낀다는 것을 알 수 있다. 미국 하버드대학에서 생물학과 인류학을 전공한 피터 톰킨스와 크리스토퍼 버드는 『식물의 정신세계』라는 책에서 식물은 단순히 살아 숨 쉴 뿐 아니라 영혼과 개성을 지닌 생명이라고 말한다. 우리가 숲이나 정원에서 많은 나무와 꽃들을 대할 때 기분이 상쾌해지고 마음의 평온을 느끼는 것은 영적인 충만감에 젖어 있는 식물의 심미적 진동을 인간이 본능적으로 느끼기 때문이라는 것이다. '나무통역사'로 알려진 미국의 식물 심리학자 레슬리 카바가는 『세상에서 가장 향기로운 목(木)소리』라는 책을 통해 정원과 숲에서 식물과 나누었던 다양한 대화 내용을 들려주고 있다.

'식물맹'은 온갖 식물에 둘러싸여 살아가지만 이를 인지하지 못하는 현상을 의미하는 학술 용어다. 스페인 무르시아대학교 과학철학 교수인 파코 칼보(Paco Calvo)는 세계 최초의 식물 신호 전달 및 행동철학연구소 '민트(MINT, Minimal Intelligence Laboratory)' 연구소장이다. 그는 최근에 펴낸 저서 『뇌 없이도 생각할 수 있는가』에서 "모든 유기체는 고유한 지능을 가지고 있다."라고 말하며 뇌가 없는 다른 생물체들도 생각할 수 있다는 것을 받아들여야 할 때라고 강조한다.

이러한 연구에 힘입어서인지 반려동물보다 반려식물에 관심을 기울이는 사람들이 늘고 있다. 반려식물은 반려동물처럼 눈빛을 마주치거나 소리와 몸짓으로 교감을 나눌 수는 없지만 서로 간의 감정은 충분히 나눌 수 있다. 법정 스님의 저서 『새들이 떠나간 숲은 적막하다』에는 어느 도반(道伴) 스님이 산에서 홀로 지낼 것을 생각해 말벗이라도 하라며 난(蘭) 하나를 안겨 줘 받았다는 내용이 나온다. 반려견이라면 모를까 난이라는 식물이 말벗이 될 수 있겠느냐고 의아해할 수도 있겠다. 그러나 화분 하나라도 정성 들여 키워 본 사람은 식물도 훌륭한 말벗이 될 수 있다는 것을 잘 알 것이다.

전문가들은 반려식물이 노인들의 외로움을 해소하고 은둔 청소년들의 우울감을 줄여 준다고 말한다. 실제로 거실에 다육식물 한 포기만 심어 놓아도 분위기가 달라지고 얼굴까지 밝아지는 것을 알 수 있다. 최근 서울시가 노인 1,400명에게 '산호수' 등 반려식물 4종을 보급한 후 만족도 조사를 했는데, 94.1%가 '반려식물이 생활에 활력을 줬다'라는 반응을 보였다. 농촌진흥청이 발표한 반려식물 소비자 인식 조사에서도 반려식물을 기르는 이유로 '정서적 교감 및 안정'이 가장 높은 비율(55%)을 차지했으며, '반려식물을 통해 어떤 심리적 효과를 느끼느냐'는 물음엔 '안정감을 느낀다'

라는 대답이 대다수였다. 이에 서울 시는 2023년부터 '고립·은둔 청년 반려식물 보급사업'을 추진하고 있다. 고립·은둔 청년들의 우울감이나 외로움을 줄이고 정서 치료에 도움을 주려는 것이다.

반려식물 가꾸기에 좋은 환경을 조성하기 위해 '반려식물 병원'을 운영하는 지자체도 있다. 이곳에서는 반려식물의 생육 상태를 진단하고 처방은 물론 최대 3개월간 입원 치료도 가능하다. 나아가 아파트와 빌라 등 공동주택 단지에 '찾아가는 반려식물병원'을 운영하는가 하면 거동이 불편한 노인이나 장애인의 집에 찾아가 반려식물을 치료하는 왕진 서비스도 제공한다. 식물 키우기에 경험이 없다고 걱정할 필요도 없다. 플랜 톡(Plant Talk)이라는 기기를 화분에 꽂아만 두면 햇빛 양과 온도, 습도는 물론 흙의 수분량과 산성도(pH)를 알 수 있게 해 준다.

노후를 앞두고 내가 아파트를 벗어나 주택을 선택한 것은 마당이 있는 집에서 텃밭과 화단을 가꾸기 위해서였다. 텃밭에서 채소를 재배하고 작은 화단에 나무와 화초를 심고 돌보는 재미는 가히 손주를 돌보는 즐거움에 못지않다. 내 손으로 이랑을 만들고 심어서 캔 고구마는 맛도 맛이려니와 왠지 영양분도 더 좋을 것만 같다. 애타게 기다리던 장미와 자귀나무가 꽃망울을 터트리는 것을 보았을 땐 그야말로 어린애처럼 신이 난다.

반려식물은 반려동물보다 비용도 적게 들고 돌보기도 쉽다. 반려견에게 보양식을 만들어 먹이다가 죽으면 봉안당에 보내는 사람도 있다. 반려견에 부모 모시는 일보다 더 정성을 들이지만 반려식물은 그 반의 정성으로 두 배의 효과를 볼 수도 있다. 정영선 조경가는 "조경(造景)은 땅에 쓰는 한 편의 시"라고 했는데 나는 "조경은 육아(育兒)와 동의어"라고 말하고 싶다. 40년 넘게 살아온 아내에게 사랑한다는 말 한마디 제대로 못해 본 나지만 화단을 가꾸면서 꽃을 보고 "사랑해"라는 말을 자주 하게 되었다. 봄이면 움트는 새싹과 철마다 피어나는 꽃을 보면 내 눈은 나도 모르게 사랑으로 가득 찬다. 정성 들여 키우는 식물은 삭막해지기 쉬운 노후의 반려자요, 작은 행복을 안겨 주는 선물이다.

53

꿀벌이 사라진다면

성공은 누가 1등으로 들어오느냐를 따지는 경기가 아니라 얼마나 의미 있고 행복한 시간을 보냈는가에 달려 있다.

— 마틴 루터 킹(미국 목사, 민권운동가) —

해마다 말벌에 쏘여 목숨까지 잃는 사고 소식을 접하면 어렸을 적 벌에 쏘여 얼굴이 퉁퉁 부어올라 고생했던 추억이 떠오른다. 가을이면 논두렁 밑에 구멍을 파고 사는 땅벌을 건들다 벌이 달려들면 혼비백산해 줄행랑을 놨다. 맨 꼴찌로 뛰는 친구에게 땅벌이 달려들기 마련이다. 다급하면 웃옷을 벗어 던지고 달아나면 벌이 땅에 떨어진 옷에 덤벼들어 위기를 모면하기도 했다. 그때는 벌에 쏘이면 오줌이나 간장을 발랐던 시절이다.

그 시절 달음박질을 못 해 유독 땅벌에 많이 쏘였던 남철이라는 친구는 젊어서부터 양봉업을 해 왔다. 봄이면 벌통을 차에 싣고 강진에서부터 양평을 거쳐 강원도 인제까지 올라간다. 평생을 벌과 함께해 온 그 친구에게 최근 들어 한숨이 늘어났다. 몇 해 전부터 꿀벌이 죽어 나가 작년에는 200여 통에 이르던 벌통이 100여 통밖에 남지 않았다는 것이다. 키우던 벌이 죽은 건 친구만이 아니다. 최근 한국양봉협회에 따르면 전국 1만 9천여 곳의 농가, 122만 4천여 개 벌통에서 200억 마리의 꿀벌이 사라졌다고 한다.

꿀벌의 개체 수가 줄고 있는 현상은 우리나라뿐만 아니라 유럽과 아시아를 비롯해 세계적으로 발생하는 상황이다. 꿀벌의 떼죽음은 2006년 미국에서 처음 보고됐다. 벌은 한두 마리씩 감소하는 게 아니라 벌통 단위로 통째 몰살하는 군집 붕괴 현상(Colony Collapse Disorder)을 보이는데, 2010년 이후 최근까지 50% 가까이 감소했다.

벌이 왜 이렇게 대량으로 사라지고 있을까? 원인은 다양하지만, 기후변화로 인한 갑작스러운 추위나 더위, 밀원식물의 부족, 농약과 살충제 사용

등이 손에 꼽힌다. 어떤 경우이든 환경오염과 이상기후가 원인일 가능성이 크다. 전문가들은 무선장비에서 발생하는 전자파나 특정 농약이 벌의 귀소 (歸巢)를 방해한 것으로 보기도 한다. '네오니코티노이드'라는 살충제나 독성이 강한 농약에 오염된 꽃가루를 먹은 꿀벌은 길 찾기 능력을 잃는다는 연구 보고도 있다.

꿀벌이 사라진다면 인류에게는 재앙이다. 우리에게 소설 『개미(Les Fourmis)』로 잘 알려진 프랑스 작가 베르나르 베르베르(Bernard Werber)는 『꿀벌의 예언』에서 꿀벌이 모두 사라지고 나면 식량난으로 인해 제3차 세계대전이 발발하는 끔찍한 미래를 보여 준다. 꿀벌의 멸종이 인류의 멸종으로 치달을 수 있다는 것을 암시하고 있다. 꿀벌 실종이 인간의 종말로까지 이어진다는 소설의 설정이 다소 과장되게 느껴지기도 한다. 그러나 우리가 먹고 있는 과일과 식량이 꿀벌과 얼마나 많이 연관되어 있는지를 생각해 보면 소설 속의 이야기로만 치부하기에는 현실이 너무나 심각하다.

꿀벌은 인간에게 영양이 풍부한 꿀을 제공할 뿐만 아니라 경제적으로도 크게 이바지하는 이로운 곤충이다. 꿀벌은 약 1억 3천만 년 전부터 꽃과 함께 진화의 길을 걸으며 식물의 번식을 도왔고, 햇빛의 에너지를 농축한 꿀을 만들어 냈다. 꿀은 모든 음식 가운데 유일무이하게 바로 먹어도 될 정도로 완벽하게 준비된 음식이자 치료제로도 쓰였다. 인간은 5,000여 년 전부터 꿀벌을 사육해 밀랍과 꿀을 얻어 삶을 이어 왔다.

꿀은 작은 곤충 꿀벌이 무수한 시간 동안 날갯짓을 하며 공들여 만든 것이다. 꽃이 피면 꿀벌은 작은 날개를 펄럭이며 최대 4㎞까지 날아가 꿀을 따 나른다. 꿀벌 한 마리가 벌꿀 1kg을 생산하기 위해서는 570만 송이의 꽃을 찾아다녀야 한다. 지구 2바퀴에 달하는 8만 km를 날아다니는 수고를 하는 것이다. 전문가들은 이러한 꿀벌이 인간에게 제공하는 경제 가치가 50조 원이 넘을 것으로 추산한다. 유엔 식량농업기구(FAO)는 꿀벌이 사라진다면 전 세계 식량의 90%를 차지하는 100대 주요 작물 중 70%에 달하는 작물이 화분 매개를 못 해 열매를 맺기 어려워질 것이라고 발표한 바 있다. 양파와 사과, 당근과 같은 채소와 과일을 재배할 때 꿀벌의 기여도가 90%에 육박한다는 연구 결과도 있다.

　꿀벌이 사라지는 것을 막기 위해 우리는 어떻게 해야 할까? 노르웨이 작가 마야 룬데(Maja Lunde)는 『벌들의 역사』 서문에서 "벌과 곤충은 우리 삶의 터전인 지구의 건강을 측정할 수 있는 온도계와도 같다."라며 "인간이 자연 속에서 자연과 함께 살아가기 위해서는 자연을 건드리지 말아야 한다."고 강조하고 있다.

　꿀벌은 밀원식물(蜜源植物)의 화분에서 섭취하는 단백질과 탄수화물이 부족하면 면역력이 떨어져 살충제와 전염병에 더욱 취약해진다. 밀원식물이란 꿀벌의 먹이가 되는 꽃과 나무인데, 아카시아와 밤나무, 유채꽃, 메밀꽃, 잡화류 등이다. 그린피스(Greenpeace)에 따르면 우리나라 밀원식물의 면적은 70~80년대에 비해 70%가량 줄었는데 이는 곧 꽃과 나무의 다양성 감소를 의미한다. 다양한 화분을 섭취하지 못한 꿀벌은 수명이 2배 더 짧아질 수 있다. 산과 들에 보이는 꽃나무를 예사로 볼 일이 아니다.

　유엔은 2017년부터 5월 20일을 '세계 꿀벌의 날'로 지정하고 꿀벌의 생태계를 보호하기 위한 캠페인을 벌여 왔다. "꿀벌이 사라지면 4년 안에 인류도 멸종한다."라는 말은 꿀벌이 살 수 있는 환경을 조성하고 공존할 수 있는 일에 나서는 일이 얼마나 시급한 일인가를 일깨워 준다. 우리는 꿀을 먹을 때마다 꿀벌에게 미안함과 감사한 마음을 가져야 한다. 주변의 공원과 자기 집 뜰에 꿀벌이 좋아하는 화초 한 포기 가꾸는 일은 꿀벌뿐만 아니라 환경을 가꾸어 우리가 모두 행복해지는 일이기도 하다.

54
아내란

양처(良妻)를 만나면 행복한 사람이 되고, 악처(惡妻)를 만나면 철학자가 된다.

- 소크라테스 (그리스 아테네 철학자) -

지난 21대 대통령 선거에서 김문수 국민의 힘 대선 후보가 '제 아내가 자랑스럽습니다'라는 문구가 적힌 흰색 티셔츠를 입고 유세에 나서 눈길을 끌었다. 유시민 전 노무현재단 이사장이 자신의 아내에 대해 비판한 것을 두고 이를 선거에 활용하기 위한 전략이었다. 김문수 후보는 비록 낙선했지만 이로 인해 득표에 도움이 되었을 것이란 후문(後聞)이 있었다. 대통령 선거에서 '아내'는 2002년 16대 대통령 선거에서도 등장했다. 당시 민주당 경선 때 노무현 후보는 부인 권양숙 여사 부친의 좌익활동 문제가 불거졌을 때, "그럼 내가 사랑하는 아내를 버리란 말입니까?"라고 말해 논란을 잠재우기도 했다.

"아내란 바가지를 긁으면서도 그 바가지로 가족을 위해 밥을 해 주는 사람이다. 아내란 가족이 먹다 남은 밥을 먹으면서도 행복해하는 사람이다. 아내란 남편이 저세상 가는 길에도 끝까지 홀로 남아 못다 한 정 아파하며 울어 주는 사람이다…" 이 같은 아내 예찬은 끝이 없다. 누군가는 요즘 그런 아내가 어디 있냐고 반문하는 사람도 있겠다. 그렇다고 아내가 행복해야 인생이 행복하다는 말을 부정하지는 못할 것이다.

영국의 철학자 베이컨(Francis Bacon, 1561~1626)은 "아내는 젊은이에겐 연인이고 중년 남자에겐 반려자이며 늙은이에겐 간호사다."라고 말했다. 고대 그리스의 작가 에우리피데스(Euripides)는 "남자에 있어 최고의 재산은 마음씨 고운 아내이다."라고 말했는데 재벌이 아니더라도 충분히 공감이 가는 말이다.

아내는 집 안에 있는 해(태양)라는 뜻으로 '안해'라는 말에서 나왔다는 설이 있다. 천 년 전 영국에서는 아내를 '피스 위버(peace weaver)'라고 불렀다. 한 올 한 올 천을 짜듯 평화를 짜 나가는 사람이란 뜻이다. 남편이 지치고 힘들어할 때 아내는 모성애를 내보이는 지혜를 발휘해 평화를 짜 나가야 한다는 의미였을 것이다.

『명심보감(明心寶鑑)』「부행편(婦行篇)」에는 "현부 영부귀(賢婦 令夫貴)요, 악부 영부천(惡婦 令夫賤)"이라는 대목이 있다. 현명한 아내는 남편을 귀하게 하고, 악한 아내는 남편을 천하게 한다는 의미다. "가유현처(家有賢妻)면 부부조횡화(夫不遭橫禍)"라는 말도 나온다. 아내가 어질면 남편이 뜻밖의 화를 만나지 않는다는 뜻이다. 양처(良妻)의 내조(內助)는 가정의 평화를 도모하고 세상을 변화시킬 수 있다.

그러나 세상에는 양처만 있는 것이 아니라 악처(惡妻, Bad Wife)도 있다. 소크라테스의 아내는 이름이 '크산티페'인데 영어로 악처를 뜻하는 잰티피(Xanthippe)의 유래가 될 정도였다. 소크라테스는 악처 때문에 철학자가 되었다고 하지만 러시아의 대문호 톨스토이는 악처인 소피아와의 갈등을 견디지 못해 82세에 가출했다. 폐렴으로 객사하면서 "내 장례식에 저 여자만은 제발 데리고 오지 말아 달라"고 말할 정도였다.

아내가 악처는 아니더라도 남자는 가끔 혼자 있을 때가 편하다고 말하는 사람이 있다. TV에서 방영되는 '자연인'과 같은 프로그램을 즐겨 보는 남자다. 그러나 이런 사람도 아내가 며칠만 집안을 비우면 왠지 허전해한다. 나이 들수록 남자에게 가장 소중한 사람은 아내이다. 그래서 80 넘은 나이에 아내가 해 주는 밥을 먹을 수 있다면 최고의 행복이라는 우스갯소리도 있다.

이헌원 작가의 『여보, 어디 가?』에는 세상을 떠난 아내의 유품을 정리하다가 오래된 추억을 발견한 작가의 아내를 향한 그리움이 절절히 배어 있다. 아내가 살아 있을 때는 관심조차 없었던 상자에는 작가 자신이 결혼 초부터 보냈던 편지와 월급봉투들이 고이 보관되어 있었다. 편지와 월급봉투를 꺼내 보던 작가는 한 푼 두 푼 아껴 가며 억척스럽게 살아온 아내와 평생을 함께해 왔던 추억들이 떠올라 눈물을 흘리고 만다.

옛 속담에 "열 효자보다 악처가 낫다."라는 말이 있다. 아내의 잔소리에 스트레스가 쌓인다고 하소연하는 남자들이라면 아래의 연구 결과를 살펴볼 필요가 있다. 최근 영국 리즈대학(University of Leeds)의 연구팀이 배우자가 있는 성인 3천6백여 명의 생활 패턴을 조사했다. 그 결과 아내의 말을 비교적 잘 듣는 남자의 수명은 평균 9.5년이 길었고 아내의 말을 아주 잘 듣는 남자의 수명은 12.3년이나 길었다. 반면 배우자의 말을 잘 안 듣는 사람은 수명이 2.1년 짧은 것으로 조사되었다. 그러고 보면 "아내 말을 잘 들으면 자다가도 떡이 생긴다."라는 말이 과학적으로 입증된 셈이다.

오늘날 여성 상위 시대라고 하지만 아직도 집안 살림은 대개 여자들 몫이다. 아내와 엄마, 며느리로서 1인 3역은 기본이고 맞벌이 부부라면 1인 4역을 담당하기도 한다. 한국 남성의 가사노동 시간은 OECD 회원국 중에 가장 짧다. 최근 통계를 보면 대부분 전업주부는 하루 평균 4시간 11분 동안 가사노동에 시달리는데, 남편은 겨우 19분 정도만 거든다. 맞벌이 집에서도 아내가 2시간 38분 집안일을 하는 데 비해 남편은 24분에 그친다. 이는 남자들이 연애할 때 결혼하면 아내의 손에 물 한 방울 안 묻히게 하겠다는 말이 거짓말이었다는 증거가 된다. 그래서 1976년 당시 총각이던 가수 하수영이 28세에 발표한 「아내에게 바치는 노래」는 모든 남편이 애창곡으로 삼을 만하다.

"… 젖은 손이 애처로워 살며시 잡아 본 순간 거칠어진 손마디가 너무나도 안타까웠소… 가는 세월에 고운 얼굴은 잔주름이 하나둘 늘어도 내가 아니면 누가 살피랴 나 하나만 믿어 온 당신을 나는 다시 태어나도 당신만을 사랑하리라…"

가수 노사연이 부른 노래 「바램」의 가사는 좀 더 구체적이다. 굳이 다시 태어나지 않고도 남편이 아내에게 손쉽게 해 줄 방법이 있다.

"… 내가 힘들고 외로워질 때 내 얘길 조금만 들어준다면… 큰 것도 아니고 아주 작은 한 마디 지친 나를 안아 주면서 사랑한다, 정말 사랑한다는 그 말을 해 준다면 나는 사막을 걷는다 해도 꽃길이라 생각할 겁니다…"

남자들은 평균수명이 여자들보다 짧다고 해서 슬퍼할 일만은 아니다. 여자의 평균수명이 남자보다 더 긴 것은 아내가 하루라도 더 남편을 보살피라는 신(神)의 뜻인지도 모른다. 세상의 모든 남편은 아내에게 깊이 감사해야 할 일이다.

55

부부싸움

행복한 결혼생활은 서로 얼마나 잘 맞는가보다 다른 점을 어떻게 극복해 나가는가에 있다.

- 톨스토이(러시아 작가) -

살면서 부부싸움 한 번 하지 않고 사는 사람이 있을까? 있다. 2024년 11월 13일 KBS 1TV 「아침마당」에 출연한 김삼영 씨는 결혼 후 40여 년 동안 단 한 번도 부부싸움을 하지 않았는데 그 이유는 아내를 너무나 사랑하기 때문이라고 말해 방청객들을 놀라게 했다.

최근 통계청 발표에 의하면 한 해 결혼하는 부부가 20만여 명에 달하는데, 이혼하는 부부는 절반인 10만여 명에 이른다고 한다. 소아청소년클리닉 원장인 오은영 박사가 "부부가 안 싸울 가능성은 0.00001%"라고 할 정도이니 이혼하지 않고 부부생활을 이어 가고 있는 사람 중에서 위에서 예를 든 김삼영 씨를 제외하고는 누구나 부부싸움을 한다고 볼 수 있다.

부부싸움은 사소한 일에서도 일어난다. 가수 노사연은 지인과 식사 자리에서 벌어진 사소한 일 때문에 부부싸움을 벌였다. 앞에 앉은 지인 여성이 깻잎을 젓가락으로 들어 올리는 것을 보고 남편 이무송이 잘 떨어지도록 자신의 젓가락으로 눌러 주는 친절을 베푼 것이 발단이었다. 이무송은 지인에게 좋은 매너를 가졌다는 것을 보여 주기 위해서라고 했지만, 노사연은 이무송이 다른 여자에게 신경 쓰는 것이 거슬려 화가 났고 부부싸움으로까지 번진 것이다.

"부부싸움은 칼로 물 베기"라는 말은 옛말이 된 지 오래되었다. 부부싸움이 잦다 보면 칼부림으로까지 번지고 결국 이혼으로 치닫게 된다. 2025년 1월 경기도 화성에서는 금전 문제로 부부싸움을 하던 50대 아내가 남편을 살해하는 일까지 벌어졌다. 검은 머리가 파뿌리가 될 때까지 사랑하기로

맹세했던 부부가 살아가면서 왜 싸움을 하게 되고 이혼하게 되는가.

　미국의 심리학자 존 가트맨 워싱턴주립대 교수는 이 질문의 답을 찾기 위해 36년 간 부부 3,000쌍을 분석해 『부부 감정 치유』라는 책에 담았다. 사이가 나쁜 부부의 결정적 공통점은 싸우는 방식에 있었다. 이들은 싸울 때 서로 비난과 경멸 등 방어적인 태도를 보이고 반격하며 부정적인 감정을 쌓아 나갔다. 이와 반대로 행복한 부부는 서로 대꾸를 잘해 주고 고개를 끄덕이는 행동을 자주 보였다. 긍정적 감정을 많이 쌓아 두지 않고 부정적 감정이 많이 쌓이면 부부싸움이 잦게 된다는 설명이다.

　부부싸움에는 서로 자기주장을 내세우며 상대방이 변화되기를 기대하는 심리가 깔려 있다. 가트맨 교수의 연구에 의하면 69%의 부부싸움은 늘 같은 문제로 반복해서 다툰다. 많은 부부는 배우자가 언젠가는 바뀔 거라는 기대를 포기하지 않고 서로 바뀔 수 없는 똑같은 문제로 평생을 다투는 것이다. 그런 기대가 없다면 무엇 때문에 피곤한 부부싸움을 계속하겠는가. 그러나 현실은 그대로이고 기대는 허무하게 끝나기 일쑤다. "사람은 고쳐 쓰는 게 아니다."라거나 "사람이 갑자기 바뀌면 곧 죽는다."라는 말이 있을 정도이니 타고난 사람의 본성이 바뀌는 것은 지극히 어려운 일이다.

　많은 심리학자의 연구에 의하면 부부싸움의 근본 원인은 서로 '다름'에 있다. 대부분의 부부싸움이 잘잘못을 따지고, 옳고 그른 것에 대한 양보 없는 다툼인 것 같지만 실상은 '다름'인 것이다. 수 없는 부부싸움을 하면서 상대방의 거친 요구가 반복됨에도 생각과 행동을 바꾸지 않는다. 정확하게 말하면 '바꾸지 않는 것'이 아니라 '바꿀 수 없는 것', '바꾸지 못하는 것'이다. 결혼해서 가정이라는 보금자리를 꾸린 남녀는 서로 다른 유전자를 가지고 태어나 30여 년을 다른 환경에서 생활해 온 남남이었다. 뇌 구조가 전혀 다른 화성에서 온 남자와 금성에서 온 여자인 것이다. 그러니 '틀림'이 아닌 '다름'에 대해 서로에게 바뀌기를 기대한다는 것이 얼마나 부질없는 일인가.

 부부싸움을 하지 않고 해로(偕老)할 방법은 없을까. 있다. 서두에서 예를 들었던 김삼영 씨처럼 서로 사랑하면 된다. 클린턴 미국 전 대통령의 부인 힐러리 여사는 한때 남편의 배신으로 인해 죽을 만큼 깊은 상처를 받았지만, "사랑하고 사랑받는 일 이외의 모든 것은 인생의 배경음악에 지나지 않는다."라고 했다.

 행복한 결혼생활은 부부가 얼마나 잘 맞는가보다 다른 점을 어떻게 잘 이해하고 서로 조화를 이루느냐에 있다. 사랑을 오래도록 이어 가려면 배우자가 나와 다르다는 점을 인정해야 한다. 미국의 최장수 부부였던 존 베타(104세)와 앤 베타(100세) 부부가 84년째 결혼생활을 이어 온 비결은 우리도 너무나 잘 알고 있는 말이다. "상대방을 변화시킬 수 있다는 생각은 미친 것이나 다름없으니 서로를 존중하며 있는 그대로 받아들이라"는 것이다.

 배우자가 바뀌기를 바란다면 나부터 먼저 바꿔 보자. 우스갯소리로 말투를 긍정적으로 바꾸어 소 세 마리(맞소, 옳소, 좋소)를 키우라는 말도 있지 않은가? 결혼 후 초기에는 이성애(異性愛), 10년 넘어가면 전우애, 30년이 넘으면 인류애로 산다는 말도 있다. 살아온 날보다 살아갈 날이 짧은데도 같은 문제로 내 말이 맞다, 네 말이 틀렸다 다투며 하루를 보낼 것인가? 젊은 세대라 할지라도 남아 있는 시간은 사랑만 하기에도 너무나 짧은 시간이다.

형님 먼저 아우 먼저

행복한 가정은 모두 비슷한 이유로 행복하지만, 불행한 가정은 저마다의 이유로 불행하다.

- 톨스토이(러시아 작가) -

2004년에 상영했던 영화 「태극기 휘날리며」에는 남북으로 갈라져 서로 총부리를 겨누는 형제가 등장한다. 평온한 일상에서 갑작스레 전쟁터로 내몰린 형제는 서로 다른 이념으로 갈등과 충돌을 겪기도 하지만 이해와 협력을 통해 어려움을 극복해 나간다. 한국전쟁의 비극 속에서 숭고한 형제애라는 주제로 관객들에게 깊은 감동을 남긴 영화였다.

「태극기 휘날리며」의 모티브는 전쟁기념관에 있는 '형제의 상(像)'에서 나왔다. '형제의 상'은 형 박규철 소위와 동생 박용철 하전사의 실제 이야기다. 황해도 평산군 출신인 형제는 북한 지역에 소련 군정이 들어서자 형만 월남하고 동생은 남으면서 헤어졌다. 전쟁이 일어나 형은 대한민국 육군으로, 동생은 조선인민군 육군으로 참전했는데, 원주 치악고개에서 전투를 벌이다 극적으로 만나 서로 부둥켜안고 울었다고 한다.

나이 든 세대에게 형제에 관한 이야기라면 「의좋은 형제」를 빼놓을 수 없다. 1964년도부터 국민학교(초등학교) 2학년 2학기 국어책에 실렸던 실존 인물의 이야기다. 고려 말기 충남 예산군에 살았던 이성만, 이순 형제의 남다른 우애와 효성이 알려져 세종 2년에 효자 정려(旌閭)가 내려졌고 연산군 3년(1497년)에 효제비(孝悌碑)가 세워졌다. 1964년 예당저수지가 완공된 후 수몰되었다가 1978년 극심한 가뭄으로 예당저수지의 물이 빠지면서 효제비가 발견되었다. 지금은 충청남도 유형문화재로 지정받아 예산군 대흥면에 있는 '의좋은형제공원'에 보존돼 있다.

중국의 '의좋은 형제'로는 북송(北宋)시대 소식(蘇軾, 1037~1101)과 소철(蘇轍, 1039~1112) 형제를 들 수 있다. 두 형제는 1057년 동시에 과거 급제도 했는데, 아버지 소순(蘇洵)과 함께 '당송팔대가(唐宋八大家)'에 모두 이름이 오를 정도로 역대 최고의 문장가들이었다. 형 소식(蘇軾)은 우리에게 소동파(蘇東坡)로 더 잘 알려진 시인이자 중국요리 '동파육(東坡肉)'을 고안한 사람이기도 하다. 그런데 소식(蘇軾)은 시문을 통해 조정을 비판함으로써 민심이반을 조장했다는 죄목으로 옥에 갇히고 말았다. 이때 동생 소철(蘇轍)에게 유언처럼 보낸 '옥중기자유(獄中寄子由, 옥중에서 동생 자유에게 부치다)'라는 시구(詩句)는 마치 영화나 드라마에 나오는 연서(戀書)를 떠올리게 한다. "여군세세위형제갱결래생미료인(與君世世為兄弟 更結來生未了因, 너와 더불어 세세손손 형과 아우 되었으니 다음 생애에도 전생의 인연 다시 이어 가자꾸나)." 형으로서 자신 가족의 부양을 떠넘기는 죄책감과 외로이 남게 될 아우 걱정을 하는 한편, 다음 생에서도 형제의 인연을 맺어갈 것을 다짐하는 형제애가 애틋하기만 하다.

중국 후한(後漢) 말 삼국시대의 영웅인 조조(曹操)의 장남 조비(曹丕)와 삼남 조식(曹植)의 갈등은 형제라는 관계를 다시 한번 생각하게 한다. 조조가 사망하고 전장에서 많은 공을 세웠던 장남 조비(曹丕)가 위(魏)나라의 왕위에 올랐다. 그러나 조비는 어려서부터 총명해 부친의 사랑을 많이 받아온 셋째 동생 조식에게 질투심이 있었다. 조비는 조식이 반란을 일으킬까봐 미리 화근을 없애기 위해, 적당한 핑계를 대 죽이기로 했다. 여러 사람이 있는 자리에서 조식에게, 일곱 걸음을 걷는 동안 시 한 편을 짓지 못하면 중한 벌을 내리겠다고 엄포를 놓은 것이다. 이에 조식이 읊은 시가 바로 「칠보시(七步詩)」다.

콩 삶는 데 콩깍지를 때니(煮豆燃豆萁 자두연두기)
콩은 솥 안에서 우는구나(豆在釜中泣 두재부중읍)
본래 같은 뿌리에서 났거늘(本是同根生 본시동근생)

서로 지짐이 어찌 이리 급하뇨(相煎何太急 상전하태급)

동생인 조식이 콩의 처지에서 보면 원래 한 뿌리에서 났건만 형인 조비가 콩대처럼 자신을 삶아 대니 억울해서 눈물이 난다는 내용이다. 이 시를 듣고 있던 조비도 가슴이 찡했지만, 일시적인 감상일 뿐 조비의 비정함은 그 후로도 변함이 없었고 조식은 불우하게 살다가 한 많은 생을 마쳤다.

『시경(詩經)』에 "형제혁어장, 외어기모(兄弟鬩於牆 外禦其侮)"라는 구절이 있다. 형제는 집 안에서 서로 싸우더라도 밖으로부터 모욕을 당한다면 힘을 합쳐 막아낸다는 뜻이다. 그래서 옛날 형제가 없는 집안에서는 형제가 있는 집안을 부러워하기도 했다.

『명심보감』의 「안의편(安義篇)」에도 "형제(兄弟)는 위수족(爲手足)이요 부부(夫婦)는 위의복(爲衣服)이니 의복파시(衣服破時)엔 갱득신(更得新)이어니와 수족단처(手足斷處)엔 난가속(難可續)이니라."라는 말이 있다. 형제는 손발과 같고 부부는 의복과 같으니 의복이 떨어졌을 때는 새 옷을 얻을 수 있지만, 손발은 끊어지면 다시 잇기가 어렵다는 뜻이다.

그렇다. 형제를 동기간(同氣間)이라고 하는 것도 같은 어버이의 기운(氣運)을 받고 태어난 사이라는 말이다. 세상에서 얻기 어려운 것은 형제요, 취하기 쉬운 것은 재물이듯 형제는 재물보다 더 귀하다. 저출산 시대에 이제 형제도 귀한 세상이 되었다. 과거처럼 왕권을 두고 형제가 다투지는 않지만, 재산 때문에 등지고 부모님을 모시는 문제로 다툰다는 것은 실로 안타까운 일이다. 오래전 라면 광고에 구봉서와 곽규석 코미디언이 나와 "형님 먼저! 아우 먼저!" 하듯이 형제가 의좋게 살아간다면 이 또한 커다란 행복이다.

57

대효존친(大孝尊親)

왕이든 백성이든 자기 가정에서 평화를 찾아내는 자가 가장 행복한 사람이다.

- 괴테(독일 작가) -

어느 온라인 강사가 젊은 수강생들에게 부모 부양에 책임을 느끼고 있느냐고 물었더니 모두 ×를 눌렀는데 딱 한 명이 ○를 눌렀다. 기특해서 이유를 물었더니 "잘못 눌렀다"고 답했다는 우스개 이야기가 있다. '낀 세대'라고 자처하는 또래 친구들이 모이면 우리가 '효도해 온 마지막 세대이자, 효도를 받지 못하는 첫 세대'라는 자조 섞인 말을 나누곤 한다. 반면에 고령화 시대를 맞아 자식들도 힘들어하니 효를 바라서는 안 된다는 말도 한다.

한자의 효(孝)는 자식(子)이 노인(老)을 업고 있는 형상이다. 효에 대해 공자는 "효백행지본(孝百行之本, 효는 모든 행동의 근본이다)"이라고 했고, 퇴계 이황은 "모든 행동의 근원(孝者百行之源)", 율곡은 "모든 행동의 바탕(孝者百行之道)"이라고 했다. 예부터 우리는 효를 사람이 지켜야 할 당연한 도리(道理)로 여겨 왔다. 영국의 역사학자 토인비(Arnold Joseph Toynbee, 1889~1975)는 우리의 효 문화를 보고 "만약 지구가 멸망해 인류가 다른 곳으로 이주한다면 꼭 가지고 가야 할 문화"라고 말했다. 그가 생을 마감하기 2년 전인 1973년에 한 말이다. 그러나 세태가 변해 효를 말하면 젊은이들은 꼰대의 잔소리로 치부(置簿)하기에 십상이다. '효도 세제 혜택'이나 '효도계약서'라는 말이 나오고 '불효자 방지법'까지 거론되는 것은 효가 사라졌다는 것을 의미한다. 대법원 통계에 따르면 최근 4년간 효도계약서 분쟁을 포함한 부담부증여(負擔附贈與) 해제 관련 민사 소송은 350건이 넘는다. '동방예의지국'이라던 나라가 '노인불경지국(老人不敬之國)'이 되고 만 것이다.

효가 이처럼 바닥에 떨어진 이유는 무엇일까? 중국 전한(前漢) 시대 유학자였던 유향(劉向)이 지은 『설원(說苑)』에는 "효쇠어처자(孝衰於妻子)"라는 말이 나온다. 장가든 아들이 처자식에게만 관심을 쏟아 효도가 흐려진다는 말이다. 결혼한 아들은 아들이 아니고 며느리의 남편이라는 말이 틀린 말이 아니다. 아들보다 딸을 더 선호하는 시대가 되었다. 그러나 며느리도 시부모 모시기를 친정 부모 모시듯 하면 효가 결코 어려운 일만은 아니다.

효를 실천하려면 어떻게 해야 할까. 중국 고전 『예기(禮記)』에 나오는 「증자(曾子)」의 '효유삼(孝有三)'과 『맹자(孟子)』의 「광장장(匡章章)」에 나오는 '불효자오(不孝者五)'를 보면 알 수 있다. 효유삼(孝有三)이란 효도의 세 가지를 말하는데 첫째가 대효존친(大孝尊親, 어버이를 존중하는 것)이요, 둘째는 기차불욕(其次弗辱, 어버이를 욕되게 하지 않는 것)이며, 셋째는 기하능양(其下能養, 봉양하는 것)이다.

불효자오(不孝者五, 불효자오)란 다섯 가지 불효로서 첫째는 사지가 멀쩡한데도 부모의 봉양을 게을리하는 것이요, 둘째는 주색잡기에 빠져 부모의 봉양을 게을리하는 것이요, 셋째는 재산과 처자식에게만 관심을 두며 부모의 봉양을 소홀히 하는 것이요, 넷째는 쾌락과 한탕주의에만 빠져 부모를 욕보이게 하는 것이요, 다섯째는 남과 다투기를 좋아해 부모에게 걱정을 끼치는 것을 말한다.

고려 중기 문장가인 이규보(李奎報, 1168~1241)가 아들과 조카에게 보낸 시(詩) 「시자질(示子姪)」에는 진정한 효가 무엇인지를 분명하게 보여 주고 있다. "사후천추만세지명(死後千秋萬歲之名) 불여생시탁주일배(不如生時濁酒一杯)." 죽고 나서 자손들이 무덤을 찾아와 절을 하고 천만년 이름이 전해지는 것보다는 살아생전에 탁주 한 잔 술로 목을 축이는 것만 못하다는 뜻이다. 귀한 돈을 들여 조상 묘를 왕릉처럼 가꾸어도 100년이 지나면 잡초에 묻혀 산짐승들의 놀이터가 될 터이니 부모가 살아 계실 때 잘 모시라는 말이다.

유교 경전인 『시경(詩經)』의 「한시외전(韓詩外傳)」에 '풍수지탄(風樹之嘆)'이라는 말이 있다. 부모님의 은혜를 갚기 위해 효도를 하려 했지만, 부모님이 계시지 않아 슬퍼한다는 뜻이다. 공자를 따르던 제자 13명이 이 말을 듣고 부모님이 계시는 고향으로 돌아갔다는 이야기도 전해진다. 조선 중기의 학자 송강 정철(鄭澈)이 지은 「훈민가(訓民歌)」에도 같은 말이 나온다. "어버이 살았을 제 섬길 일을 다하여라 / 지나간 뒤에는 애달프다 어이 하리 / 평생에 고쳐 못 할 일이 이뿐인가 하노라." 풍수지탄은 마음만 먹고 효를 미루다 보면 씻지 못할 후회로 남는다는 것을 일깨워 주는 말이다.

효의 핵심은 대효존친(大孝尊親), 부모의 마음을 헤아려 기쁘게 해 드리는 일이다. 나이 드신 어머니가 잘사는 큰아들보다 반지하에 사는 둘째 아들 집에 자주 가는 것은 둘째 아들이 잠자기 전에 어머니 등을 긁어 주기 때문이다. 효도 여행이나 안마기도 좋고 용돈을 드리는 것도 좋지만, 자식의 얼굴을 보는 것이 부모에겐 최고의 선물이다. 코로나19가 기승을 부리던 추석날 '불효자는 옵니다'라는 현수막이 내걸린 적이 있었다. 시대가 변했다 해도 명절이면 밤을 새워서라도 산간벽지나 섬 지역에 있는 부모를 뵈러 가는 자식들이 있다. 중국 춘추전국시대에 노래자(老萊子)라는 사람은 나이가 70세인데도 90세가 넘은 부모님 앞에서 어린애처럼 색동저고리를 입고 재롱을 부렸다. 여기에서 유래한 말이 반의지희(斑衣之戱)다.

2006년 인천의 평범한 가장이 92세 된 아버지를 특수 제작한 지게에 짊어지고 금강산 관광에 나서 화제가 된 적이 있다. 어머니를 먼저 여읜 자식들이 다리가 불편하신 아버지를 기쁘게 해 드리기 위해 마음을 모은 결과였다. 공자의 고장 중국의 언론이 "효가 사라진 중국에 경종을 울리는 일"이라고 소개하기도 했다. 당시 아들이 아버지를 지고 갔던 지게는 지금도 대전의 '한국 효문화진흥원' 전시대에서 우리에게 진정한 효가 무엇인지를 말해 주고 있다.

58

인구절벽

행복은 내가 열어 놓은지도 몰랐던 문을 통해 슬그머니 찾아온다.

- 존 배리모어(미국 배우) -

일찍이 나는 두 아들에게 공언(公言)했다. 결혼해서 아이를 낳으면 육아 지원금으로 첫째 아이는 1억, 둘째는 2억, 셋째는 3억을 주겠노라고. 인구가 줄어들어 나라의 미래를 위해서가 아니라 순전히 손자를 빨리 보고 싶은 심산이었다. 넷째는 10억을 준다 해도 낳을 리가 만무하고 셋째도 설마 낳겠는가 하는 마음이었지만 둘째까지는 낳기만 한다면야 집을 팔아서라도 도와주고 싶은 마음이었다.

내가 아들에게 했던 공언에 자극을 받아서였는지 부영그룹이 출산한 직원에게 1억 원을 지급한다고 해서 주목을 받았다. 그 뒤 부영그룹 지원자 수는 예전보다 5배 넘게 증가했고 특정 직군에서는 10배까지 늘기도 했다. 나이대도 20~30대 지원자 비율이 더 많이 늘어났다. 부영그룹에 이어 게임 개발회사인 '크래프톤'도 출산장려금 1억 원을 주기로 했다.

이런 분위기의 영향 때문인지 2024년 인구 동향 조사 결과는 합계 출산율이 0.75명으로 전년보다 0.03명 올라 9년 만에 반등한 것으로 나타났다. 그러나 출생아 수가 23만 8천 명으로 전년 대비 8천 명 증가한 데 비해 사망자 수는 35만 8천 명이어서 자연 감소 인구는 12만 명에 달한다. 이러한 현상은 2020년 처음 시작된 이래 5년째 이어져 45만 명이나 줄어든 셈이다. 경제협력개발기구(OECD) 회원국의 합계 출산율은 2022년 기준 1.51명으로 우리나라의 두 배에 달한다. 출산율이 1.0명 아래인 국가는 우리나라가 유일하다.

정부에서 지난 18년간 저출산 문제를 해소하기 위해 380조 원의 예산을 쏟아부었는데도 성과는 미미하다. 저출산에 따른 인구 감소로 초등학교가 사라지고 있다. 100년 이상의 역사를 가진 초등학교는 전국에 780개교인데 이 중 301개교(38.6%)가 전교생이 60명 이하여서 폐교 위기에 직면했다. 신입생이 한 명도 없는 학교가 2024년에 157개 학교, 2025년에는 180개 학교였다. 이 중 49개 학교가 2025년에 폐교됐다.

한국 청소년 정책연구원의 설문 조사에 의하면 청소년 10명 중 '꼭 결혼해야 한다'라고 응답한 사람은 3명뿐이다. '결혼하면 자녀를 가져야 한다'고 응답한 사람도 20%에 불과했다. 우리나라 여성의 평균 초산 연령이 32세를 넘고 25~49세 남성의 47%가 미혼이다. 1968년에 발표한 가수 김상희의 노래 「단벌 신사」에는 '31살 노총각'이라는 가사가 있다. 당시에는 30살을 넘기면 상 노총각이었는데 요즘은 40대 노총각이 흔한 세상이다. 그래서 미혼이나 독신 가구에 '싱글세(稅)'를 걷자는 말까지 나온다.

통계청은 최근 2012년 처음으로 5,000만 명을 돌파한 우리나라 인구가 29년 만인 2041년이 되면 5,000만 명 선이 붕괴할 것으로 전망했다. 2019년 7번째로 합류했던 '3050클럽(1인당 국민소득 3만 달러 이상, 인구 5,000만 명 이상)'에서도 밀려날 처지다. 인구 전문 민간 싱크탱크인 한반도 미래인구연구원은 최근 출간한 '2025 인구보고서'에서 우리나라 인구가 100년 후 2125년이면 현재의 서울시 인구보다 적은 753만 명으로 줄어든다고 발표했다.

2007년 대선 당시 국가혁명당 허경영 명예 대표는 인구 구조의 붕괴를 예고하면서 '1억 원 결혼 수당'을 공약으로 내걸었다. 그때는 황당하다는 반응이었으나 이제 현실이 되었다. 2024년도에 인천시가 전국 17개 시·도 중 인구 증가 1위를 기록한 것도 '아이플러스 1억 드림' 등 저출생 대응 정책이 효과를 낸 것으로 보고 있다. '아이플러스 1억 드림'은 인천에서 태어나는 아이에게 18세까지 총 1억 원을 지원하는 것을 목표로 한다.

2024년도 출산율 1위인 전남 영광군(1.71명)과 2위 전남 강진군(1.6명), 강원 화천군(1.51명)은 모두 결혼부터 출산과 양육까지 장려금과 수당 등 단계별로 촘촘하게 지원해 왔다. 2024년 5월 국민권익위원회와 저출산 고령사회위원회가 발표한 대국민 설문 조사 결과에서는 '정부가 1자녀 1억 원을 직접 지원한다면 아이를 낳게 하는 동기 부여가 되겠느냐'는 물음에 62.6%가 '된다'라고 답했다.

그렇다고 돈이 저출산 문제를 모두 해소할 수 있는 것은 아니다. 캐나다의 저술가인 존 이빗슨(John Ibbitson)과 대럴 브리커(Darrell Bricker)의 저서 『텅빈 지구(다가오는 인구감소의 충격)』에는 우리가 새겨 담아야 할 내용이 있다. '한국 여성들이 결혼과 엄마 되는 것을 뒤로 미루는 이유 중 하나는 한국 남성'이라는 것이다. 한국 남성들의 가사노동 시간은 적고, 여성의 육아와 가사에 대한 의무가 경력 단절과 맞물려 한국 여성들이 직장생활하면서 아이 갖는 것을 더욱 힘들게 한다는 설명이다.

2023년 노벨경제학상 수상자인 클로디아 골딘(Claudia Dale Goldin) 하버드대 경제학과 교수도 같은 지적을 한다. 최근 남성이 가사노동에 덜 참여하는 국가의 출산율이 더 낮다는 연구 결과를 발표했는데 한국을 대표적인 사례로 꼽았다. 세계 최저 출산율을 기록한 한국의 '성별 가사노동 격차'는 3시간이었으나, 출산율 1.6명인 스웨덴이나 미국 등은 1시간 미만이라는 것이다. 여성이 가사노동을 도맡는 것이 부담돼 아이를 낳지 않는다는 결론이다.

위 연구 결과를 대하니 옛날 어른들이 '사내는 절대 부엌에 들어가서는 안 된다'라는 말을 들으며 자랐다는 말씀이 생각난다. 그러나 요즘 젊은 남자들은 결혼하면 가사 일에 많이 참여하는 편이다. 그러니 꼭 한 가지 유념해야 할 것은 사위가 싱크대에서 설거지하면 착한 사위라 하고, 아들이 같은 일을 하면 며느리 안 보는 데서 눈치를 주면 안 된다는 것이다. 내 아들이라도 부엌일을 많이 거들어 자식 많이 낳아 행복하게 살면 될 테니까 말이다.

59

쓰레기 대란

행복을 추구하는 것도 중요하지만 행복을 누릴 자격을 갖추는 것이 더욱 중요하다.

- 칸트(독일 철학자) -

내가 초등학교에 다니던 1960대는 모든 것이 귀해 쓰레기라는 용어조차 생소하던 시절이었다. 비닐과 플라스틱이 나오기 전이었으니 유리 조각이나 고무신 조각 하나라도 있으면 엿장수한테 뛰어가 엿과 바꿔 먹었고, 헝겊 조각은 안방 뒷문의 찢긴 창호지 구멍에 찬 바람 들어오는 것을 틀어막는 데 쓰였다. 태울 수 있는 것은 땔감이 되고, 썩는 것은 퇴비가 되었으니 친환경이요, 자원으로 재생산된 셈이다.

2025년 6월 5일, 세계 환경의 날 행사가 제주도와 서울 일원에서 이루어졌는데 행사의 주제는 '플라스틱 오염 종식(Beat Plastic Pollution)'이었다. 플라스틱 오염 해결이 특정 국가의 몫이 아닌, 전 인류가 함께 대응해야 할 공동의 과제임을 강조한 것이다. 플라스틱은 매년 1,100만 톤이 생산되지만, 재활용률은 10%가 되지 않는다. 나머지는 수생 생태계로 유입돼 토양을 오염시켜 사회적 환경적 비용이 3천억~6천억 달러에 이른다.

우리나라에도 페트병 한 개를 넣으면 10원씩 포인트가 쌓이는 인공지능 기반의 분리수거 로봇을 운영하는 기업이 있고 지자체에서도 투명 페트병을 모아 오면 화장지로 바꿔 주는 제도를 시행하고 있다. 그러나 아직도 주변에는 플라스틱 쓰레기가 널려 있다. 유럽 플라스틱 제조사 협회(EUROMAP) 통계에 따르면 우리나라 1인당 연간 포장 플라스틱 원료 사용량은 세계에서 두 번째로 높고 연간 소비하는 페트병이 지구를 14바퀴 돌 수 있는 양이다.

문명의 발달과 함께 오늘날 지구는 쓰레기 대란으로 신음하고 있다. 2008년에 '세계 일회용 비닐봉지 없는 날(7월 3일, International Plastic Bag Free

Day)'을 제정하고 각종 캠페인도 벌이지만 그린피스가 조사한 우리나라 일회용 비닐봉지 소비량은 연간 267억 개로 서울시 면적을 13번 이상 덮을 수 있는 양이다. 쓰레기 종량제(1995년)와 음식물쓰레기 종량제(2012년)를 시행한 지도 오래되었으나 환경오염은 날로 악화하고 있다. 하루에 버려지는 담배꽁초가 1,200만 개에 이르며 서울 자동차전용도로에 버려지는 쓰레기가 일 년에 160톤이 넘는다.

최근 유엔환경계획(UNEP)이 발표한 '음식물쓰레기 지표 보고서(Food Waste Index 2021)'를 보면 한 해 동안 세계적으로 발생하는 음식물쓰레기는 약 10억 톤에 달한다. 이를 처리하는 데에도 천문학적인 예산이 들어간다. 일회용품은 더 말할 것도 없다. 연간 종이컵 사용량은 170억 개, 플라스틱 빨대도 연간 약 100억 개에 달한다.

제주도 한라산에 쌓이는 쓰레기와 버려지는 라면 국물이 자연환경을 오염시킨다는 보도가 있었다. 에베레스트는 세계에서 가장 높은 쓰레기장이 되었다. 네팔 정부는 에베레스트에 쌓이는 쓰레기 문제를 해소하기 위해 오래전부터 등산객에게 보증금과 오물세를 걷고 있다. 미국 요세미티 국립공원의 암벽을 등반하려면 오물통을 가지고 가 대소변까지 수거해야 한다. 태국의 푸켓(Phuket)과 인도네시아의 발리(Bali) 등 유명 관광지도 쓰레기 처리를 못 해 입장료를 거둘 지경이다. 바다 밑에도 폐어구가 쌓여 쓰레기장이나 다름없고 해변에는 스티로폼이 밀려와 발 디딜 틈이 없다. 하와이 근처 북태평양에는 8만여 톤의 쓰레기가 모여 한반도 크기의 열여섯 배에 달하는 섬이 되었는데 이름이 'GPGP(Great Pacific Garbage Patch)'다. 태평양 위에 떠 있는 거대한 쓰레기 땅이라는 뜻이다. 여기에는 한글이 선명하게 적힌 쓰레기도 있다. 세계 환경 단체들은 플라스틱 공해를 세계에 알리자는 뜻으로 2017년에 이곳을 정식 국가로 인정해 달라는 청원을 국제연합(UN)에 제출하기도 했다.

쓰레기는 이제 지구를 벗어나 우주에서도 문제다. 2013년에 선보인 미국 영화 「그래비티」는 우주 유영을 하면서 작업 중이던 여주인공이 우주 쓰레기의 파편에 맞아 조난하는 내용이 나온다. 2021년에 개봉한 방화(邦畵) 「승리호」는 우주 쓰레기들을 모아 돈을 버는 우주 청소선(淸掃船)의 이름이다. 최근 유럽우주국(ESA)은 지구 주변 우주에 지름 10㎝ 이상의 쓰레기가 3만여 개나 있고, 1~10㎝ 크기의 쓰레기는 75만여 개가 있다고 발표했다. 1㎜~1㎝ 정도의 작은 우주 쓰레기는 무려 1억 6,600만 개에 달한다. 우주 쓰레기는 주로 수명이 다해 버려진 인공위성이나 위성을 쏘아 올리는 데 사용했던 로켓 파편 등이다. 이러한 우주 쓰레기가 총알보다 8배나 빠른 속도로 날아다니고 있다 보니 인공위성과 부딪혀 실제로 '우주 교통사고'가 발생하기도 한다. 어쩌면 작고한 영국의 천재 물리학자 스티븐 호킹 박사가 경고한 것처럼 우주 쓰레기로 인해 인공위성이 마음 놓고 우주를 날아다닐 수 없는 날이 올지도 모른다.

지역마다 쓰레기 매립장과 소각장이 들어설 곳이 없고 밤하늘에 떨어지는 별똥이 우주 쓰레기인 세상이 되고 말았다. 지금도 사람이 모이는 행사장에는 어김없이 쓰레기가 쌓이고 명절 고속도로 휴게소에는 쓰레기를 분리해 버리기는커녕 가정에서 나온 쓰레기까지 넘쳐난다. 독일 역사가인 로만 쾨스터(Roman Koster)는 『쓰레기의 세계사』에서 모든 것이 사라지는 세상에서 "쓰레기는 유일하게 증가하는 자원"이라고 강조한다. 다음 세대가 지금의 지층을 살펴본다면 온통 쓰레기로 가득할 것이다. 인간의 영향으로 형성된 지질시대를 의미하는 단어 '인류세(Anthropocene)'에서 '쓰레기세(Wasteocene)'라는 단어도 등장했다. 미국 작가 마크 트웨인은 "문명이란 불필요한 생활필수품을 끝없이 늘려 가는 것"이라고 설파했다. 이 말이 틀렸다고 외칠 수 있는, 그런 날이 올 수 있을까.

60
옷 쓰레기

현대인의 행복은 상점의 쇼윈도를 들여다보는 스릴과 현금이든 할부 등 그가 살 수 있는 모든
것을 사는 데 있다.
— 에리히 프롬(독일 심리학자) —

우리나라에서 환갑이 넘은 나이에 형님한테 옷을 물려받아 입고 사는 사람이 몇이나 될까. 가난했던 옛날에 옷을 물려받아 입는 것은 흔한 일이었지만 노년에 접어든 나는 어렸을 때보다 형님이 준 옷을 더 많이 얻어 입고 산다. 다섯 형제 중 막내인 나는 다행히(?)도 바로 위 형님이 멋쟁이시다. 가끔 몇 번 입지도 않은 바지나 티셔츠 같은 옷을 잘 입지 않는다며 갖다 준다. 체형이 비슷해 옷이 잘 맞는데 소매나 바지 길이가 약간 차이가 날 때면 수선집에 가서 고쳐 입을 때도 있다. 고가품이라며 가져다준 유명 회사 정장은 색상도 마음에 들고 맞춤옷처럼 잘 맞아 더는 옷을 살 일이 없게 되었다.

그런데 자세히 보면 내 옷장에도 입지 않은 옷이 많이 있다. 오래전에 산 옷도 있고 할인 행사장에서 샀는데 입지 않은 옷은 물론 이런 옷이 있었나 할 정도로 잊고 지낸 옷도 있다. 요새는 제품이 좋아 10년을 입어도 옷이 닳아서 못 입을 일은 없다. 일 년에 한 번도 입지 않은 옷은 버리라는 말이 있지만 언제 입을지도 모르고, 아까워서 모셔 둔 옷이 옷장에 가득하다. 그러다가 나는 큰맘 먹고 아프리카 헐벗은 사람들 생각하며, 안 입는 옷을 의류 수거함에 넣고 나서 마치 무슨 기부라도 한 것처럼 위안으로 삼는다.

그런데 어느 날 '옷 무덤'이라는 기사를 보고 놀라운 사실을 알게 됐다. 내가 기부하는 마음으로 보낸 옷들이 아프리카와 동남아 국가에서 쓰레기가 되어 지구환경을 오염시키는 주범이 된다는 것이다. 옷 쓰레기는 우주에서도 보일 만큼 심각하다. 얼마 전 미국의 위성사진 영상 업체인 '스카이

파이(SkyFi)'는 우주에서 내려다본 칠레의 아타카마 사막을 공개했다. 이 사진은 버려진 옷 폐기물이 거대한 산처럼 쌓여 있는 모습이었다. 칠레는 중남미 최대의 중고 의류 수입국인데, 매년 수입해서 팔리지 않고 버려지는 옷이 4만여 톤에 이른다고 한다.

옷은 버릴 때뿐만 아니라 제조 단계에서부터 환경을 오염시킨다. 청바지 한 벌을 만들 때 11.5kg의 온실가스를 배출한다. 유엔 기후변화협약(UNFCCC)이 보고한 바에 따르면 패션 산업이 배출하는 탄소량은 전체 탄소 배출량의 10%를 차지하고 산업 폐수의 20%가 된다. 국제자연보전연맹(IUCN)은 미세 플라스틱의 35%가 합성섬유로 만든 옷을 세탁할 때 발생한다고 경고하고 있다. 합성섬유는 200년이 지나야 생분해된다.

인구가 세계 28위인 우리나라는 헌 옷 수출국 5위가 되었다. 미국, 영국, 독일, 중국 다음이다.

1980년대 이후 면(綿)을 대체할 합성섬유 개발로 의류 산업이 급성장해 값싼 옷을 대량 생산할 수 있게 됐다. 가난해서 헐벗고 살던 시절에는 옷이 귀해 나들이옷은 옷장에 모셔 놓고 일상복은 살이 드러나 보일 정도로 해질 때까지 입었다. 아이들 옷은 형제는 물론 이웃집 다 큰 애들의 옷까지 얻어다 입혀 키우기도 했다.

바야흐로 옷의 대량생산과 대량소비, 대량폐기 시대가 되었다. 옷이 날개가 아니라 종이컵처럼 일회용품이 되어 쓰레기로 버려진다. 가격표가 붙어 있는, 한 번도 입지 않은 옷도 있는데 그중에는 85% 정도가 외국에 수출된다. 그 많은 옷 중에는 다시 쓰레기가 되어 지구 환경의 오염원이 된다.

옷 쓰레기를 줄일 수는 없을까? 덜 만들고 덜 사 입으면 된다. 패스트패션(fast fashion)이 등장해 옷을 빠르게 기획하고 제작하여 유통한다. 수요에 즉시 반응하는 실시간 소매(小賣, real-time commerce) 방식으로 옷의 소재보다 유행과 디자인을 앞세워 가격이 저렴한 것이 특징이다. 일반 브랜드는 보통 계절별로 신상품을 선보이는 데 반해 패스트패션 기업은 월 단위, 2주 단위로 새 제품을 내놓는다. 이보다 제작 주기가 더 빠른 울트라 패스트패션(ultra-fast fashion)은 주(週) 단위로 새 상품을 내놓는데, 대표적인 패스트패션기업인 중국의 쉬인(SHEIN)은 5일까지 압축해 신상품을 만들어 낸다고 한다.

이렇게 만들어낸 옷이 1년에 1,000억 벌, 이 중에서 330억 벌이 쓰레기가 되어 태워지고 땅에 묻힌다. 울트라 패스트패션의 원단인 '폴리에스터'는 값이 저렴하지만, 제조 과정에서 면섬유의 세 배에 달하는 탄소를 배출한다. 값싼 옷뿐만 아니라 '명품'이라고 하는 유명 회사의 팔리지 않은 옷도 희소성을 위해 비밀리에 소각하는 것이 관행이다. 재고를 할인해서 팔거나 기부할 경우 브랜드 가치가 떨어질 수 있다는 게 이유다.

프랑스는 해마다 70톤씩 버려지는 옷 쓰레기를 줄이기 위해 '수선 장려금'을 지원하고 있다. 패스트 패션 문제에 대처하기 위해 2023년부터 5년 동안 1억 5,400만 유로(약 2,200억 원)의 기금을 적립하고 소비자가 옷을 수선할 때 10~25유로(약 14,000~35,000원)를 지원해 준다. 나아가 옷의 라벨에 옷 한 벌에 사용되는 물의 양과 사용한 화학약품, 미세플라스틱 배출량, 재활용 소재 활용 여부 등을 기재해 환경보호에 관심을 기울이고 있다.

2025년 9월 서울 성동구의 한 공유주방에서 '다시입다연구소'와 '아름다운 가게'가 '아름다운 수선혁명랩(수선랩)'을 운영했다. 기후위기 시대에 '나와 지구의 건강을 위해 다시 입는 의생활'을 확산하고 수선 문화를 알리기 위해서였다. 가지고 온 양말을 수선한 행사 참가자들은 "패스트패션이 만드는 환경오염에 대한 죄책감이 들고 양말을 버리고 다시 사는 것조차 환경에 민폐가 되는 것 같아 최대한 수선해서 쓰고 싶었다."라고 말했다.

우리는 옷장에 무슨 옷이 얼마나 쌓여 있는지도 모르고 살면서, 외출할 때면 입고 나갈 옷이 없다고 불평한다. 유행이 지났다고 입지 않고, 추억이 있는 옷이라고 입지도 않는 옷을 쌓아 놓고 살다 결국은 버린다. 오래된 옷을 입고 수선해 입으면 촌스럽다고 여긴다. 패션은 필요에 의한 소비가 아니고 욕구에 의한 소비다. 옷은 추위를 막는 기능에서 몸치장하는 도구로 바뀌었다. 옷을 새로 살 때면 옷 쓰레기와 지구환경을 생각하면서 꼭 사야 할 옷인지 한 번쯤 생각해 볼 일이다.

61

지구수비대

우리는 행복에 대해서는 거의 생각하지 않고, 오직 그것을 얻기 위한 수단에 대해서만 생각한다.

— 쇼펜하우어(독일 철학자) —

어릴 적에 보았던 만화 「지구수비대」나 「지구 방위사령부」에는 대원들이 지구를 침략하는 외계인과 맞서 싸우는 장면이 등장했었다. 그러나 영국의 샤샤 노리스 박사가 지은 책 『출동! 지구수비대』에는 지구를 파괴하는 악(惡)의 무리가 아이들의 엄마와 아빠, 선생님, 이웃집 아저씨, 아줌마 등 이 세상의 어른들로 묘사된다. 이 책은 어린이들을 위한 환경 교과서가 아니라 지구를 망쳐 놓은 어른들이 반드시 읽어야 할 책이라는 생각이 들었다.

2024년 11월 미국 캘리포니아 해변에서 3m에 달하는 산갈치가 죽은 채로 발견됐다. 평소에는 900m 심해에서 살아 곤경에 처했을 때만 서식지를 떠나는 것으로 알려져 '지구 종말의 날 물고기(Doomsday fish)'라는 별명이 붙은 물고기다. 일본에서는 최대 9m까지 자라는 이 심해어가 얕은 바다에 출현하면 지진과 쓰나미의 전조라고 여기기도 한다.

지구 온난화는 경고가 아니라 재앙으로 다가오고 있다. 기후위기와 지구 파괴의 원인은 온실가스 배출량이 계속 증가하고 있기 때문이다. 온실가스 증가로 빙하가 녹아내리고 북극곰이 사라질 위험에 처해 있다. 남태평양의 작은 섬나라 투발루는 평균 해발고도가 3m에 불과하다. 해수면이 매년 4mm씩 상승하고 있어 2100년이면 국토 전체가 수몰될 것이란 우려가 나온다. 이미 주거지 상당수가 잠기고 농사짓기가 어려워 국민의 5분의 1이 이웃 나라로 이민을 떠날 정도로 상황이 심각하다.

해수면 상승은 남의 나라 문제가 아니다. 국립해양조사원 조사 결과에 따르면 지난 35년간 우리나라 연안 해수면은 매년 3.06mm씩 높아져 평균 10.7cm 상승했다. 최근 10년 동안 해수면 상승 속도는 40% 가까이 빨라졌다. 현재 수준의 탄소 배출 상태가 계속되면 2035년쯤엔 지구 평균온도가 2도 올라가고 2100년엔 해수면이 평균 82cm 더 높아질 거란 전망이다. 바다 환경은 어족 자원의 보호는 물론 산소의 50%를 공급한다는 점에서 육지 못지않게 중요하다. 해양 플라스틱 쓰레기는 점점 작은 미세 플라스틱으로 분해되어 물고기가 먹고 결국 우리 인간의 식탁으로 다시 돌아온다.

우리의 생명과 직결된 소양호와 대청호를 비롯한 담수호에 녹조가 번지고 주요 강의 수질이 갈수록 나빠진다. 100년 빈도의 폭설과 폭우, 유례없는 폭염이 계속되어 전통적인 사계절의 개념까지 바뀔 수 있다고 우려할 정도다. 그런데도 탄소 배출량을 줄이는 성과는 미미하기만 하다. 2015년 파리 협정이 체결되어 '기온 상승 1.5도 이하 유지'를 위해 국제사회가 공조 체제를 구축했다. 그러나 저마다 눈앞의 이익에만 몰두해 탄소 배출 감축 목표 달성이 불투명하다. 2025년 1월 트럼프 미국 대통령은 취임하자마자 파리 협정에서 탈퇴했다.

세계적인 문명연구가이자 『총·균·쇠』의 저자인 미국의 UCLA 지리학과 재레드 다이아몬드(Jared Mason Diamond) 교수는 『문명의 붕괴』라는 책에서 문명사회의 몰락 이유로 환경 파괴와 기후변화를 들면서 이를 그 사회의 구성원이 어떻게 대처하는가에 따라 존망이 달라진다고 강조한다.

지구를 지키기 위한 환경보전 운동은 '지구의 날(4.22)'을 맞아 '어쩌다 한 번 실천하는 선행'이 아니다. 생존의 문제로 인식하고 활동하는 사람들이 있다. 몇 해 전 환경미화원으로 일했던 80대 성상효 어르신은 5년 가까이 약 153만여 개의 담배꽁초를 주워 모아 화제가 됐다. 직접 재떨이를 만들어 꽁초가 많이 버려지는 25곳에 설치하기도 했다. 이분은 "담배꽁초를 모으는 순간이 가장 행복한 시간"이라고 말한다.

최근 젊은 사람들이 많이 참여하는 '플로깅(plogging)'이란 스웨덴어의 '줍다(plocka up)'와 영어의 '달리기(jogging)'를 합성한 신조어로 걷거나 뛰면서 길에 버려진 쓰레기를 줍는 활동이다. 우리말로는 '줍깅'이나 '쓰담 달리기'로 부른다. 설악 산악동지회는 설악산에서 LNT(Leave No Trace, 흔적 남기지 않기) 캠페인을 벌인다. 산행 중 발생하는 쓰레기는 물론 대소변까지 수거하자는 움직임이다. 미국과 유럽에서는 산행 문화로 정착된 지 오래되었다.

자기 건강을 돌보는 일이 곧 지구를 지키는 일이 되기도 한다. 옥스퍼드대 연구보고서에 따르면 고기 먹는 횟수를 1주일에 한 번으로 줄이고, 통곡물 채식 생활로 바꾸면 온실가스의 34%를 해결할 수 있다. 5천만 모든 국민이 전기를 20%만 아껴도 가동 중인 100만 ㎾짜리 석탄 화력발전소 10개를 중단하는 효과가 있다. 개발이라는 명분으로 탄소를 흡수하는 산림을 파괴하는 일도 줄여야 한다.

그러고 보면 지구 수비가 그렇게 거창한 일만은 아니다. 승용차보다 대중교통을 이용하고 가까운 거리는 걷거나 자전거로 이동하면 이산화탄소 발생을 줄일 수 있다. 분리배출을 귀찮게 여기지 말고 실천하자. 종량제 봉투 속 내용물을 보면 70~80%가 재활용할 수 있는 것들이라고 한다. 쓰레기를 줍는 것도 중요하지만 버리지 않기는 훨씬 더 쉽고 중요한 일이다. 이산화탄소만 지구를 파괴하는 것이 아니다. 산에 올라가서 라면 국물이나 과일 껍질을 버리는 사람도 지구 파괴자다. 아름다운 사람은 머문 자리도 아름답다. 이 땅에 사는 모든 사람은 지구를 살리고 지키는 지구수비대 대원이다.

7장

장무상망(長毋相忘)

62
고희(古稀)와 종심(從心)

모든 행복한 순간을 소중히 간직하라. 노후에 훌륭한 대비책이 된다.

- 크리스토퍼 몰리(미국 작가) -

칠순(七旬)이 될 무렵, 만 나이 통일법이 시행(2023년 6월 28일)되면서 칠순 기념행사를 늦게 하겠다는 친구들이 많아졌다. '만 나이'는 출생일 기준 0살로 시작하여, 생일이 지날 때마다 1살씩 더하는 방식으로 계산하다 보니 갑자기 나이가 한두 살씩 줄어들었다. 팔순이라면 모를까 칠순이라고 해서 옛날처럼 크게 잔치를 벌이지는 않는다. 가족끼리 여행이나 식사 정도 하는 분위기로 바뀌었다.

칠순을 맞으면 나이가 많아졌다는 점에서 그리 반가운 일만은 아니지만, 오래 살았다는 의미에서는 축하할 일이기도 하다. 환갑잔치를 할 정도로 평균수명이 짧았던 옛날에는 칠순이 흔치 않아 고희(古稀)라고 했을 것이다. 일흔 살을 나타내는 말은 칠순을 비롯해 고희(古稀)나 종심(從心) 외에도 희수(稀壽), 희년(稀年), 수로(垂老), 수백(垂白) 등이 있는데 특정 나이를 뜻하는 말이 이렇게 많은 것도 특이하다. 그러나 표현은 다를지라도 희(稀)는 '드물다'라는 뜻이고 수(垂)는 늙음이나 백발(白髮)이 '드리워진다'라는 뜻이므로 모두 일흔 살 노인을 가리키는 말이다.

칠순을 다른 말로 가장 널리 쓰이는 것이 고희(古稀)다. 옛 '고(古)'와 드물 '희(稀)'로 구성되어 '예부터 드문 나이'란 뜻으로 당나라 시인 두보(杜甫, 712~770)의 「곡강(曲江)」이라는 시에 등장한다. "… 얼마 안 되는 술빚은 어디 가도 늘 있지만(酒債尋常行處有, 주채심상행처유) 인생은 예부터 칠십 살기 드무네(人生七十古來稀, 인생칠십고래희)…"라는 구절의 '고래희(古來稀)'에서 칠십 세를 뜻하는 고희(古稀)라는 말이 나왔다.

두보는 47세에 미관말직인 좌습유(左拾遺)라는 관직을 얻었으나 당시 조정의 기강이 흐트러지고 나라는 쇠퇴해 가는 암담한 현실을 보고 장안의 근처 곡강에 있는 부용원(芙蓉苑)이라는 궁원(宮苑)을 자주 찾았다. 이곳에서 두보는 답답한 마음을 달래며 헛된 명성에 매달려 봄날의 꽃구경은 물론 지천에 깔린 외상 술값도 갚지 못하고, 칠순을 맞기 전에 마쳐야 하는 짧은 인생을 시에 담았다.

두보가 살았던 시기에는 칠순 노인이 드물었을 테지만 요즘은 20대 숫자보다 많은 나이가 되었다. 2023년 통계만 해도 우리나라 인구 중에서 70세까지 생존할 확률은 86%이다. 그러니 이제 칠순 나이는 고희라 할 수 없고 90세를 넘어 100세는 되어야 고희라고 해야 할 것 같다. 두보가 칠순을 드문 나이라는 의미에서 고희로 표현했지만, 공자는 무엇에도 걸림이 없는 나이라는 뜻으로 종심(從心)이라고 표현했다. 『논어(論語)』의 「위정편(爲政篇)」에 "칠십이종심소욕불유구(七十而從心所慾不踰矩)"라는 대목이 나오는데 "일흔 살에는 마음속으로 하고 싶은 대로 해도 법도(法度)에 벗어나지 않았다."라는 뜻이다.

여기에서 구(矩)는 목수(木手)들이 사용하는 직각을 이루는 자(⏋)를 말한다. 이순(耳順)을 지나 칠순이 되면 미리 다짐이나 특별히 의식하지 않고 마음 내키는 대로 말이나 행동을 하더라도 도리나 법규를 벗어나지 않는다(不踰 불유)는 것이다. 실로 성인지도(聖人之道)의 경지(境地)에 올랐다는 뜻과 다름없다. 그래서 도올 김용옥 선생도 이를 '진정한 인간의 자유'라고 감탄해 마지않았다. 그러나 이는 공자에게나 해당하는 말이지 모두가 칠순이 된다고 해서 그러한 경지에 이르기는 실로 어려운 일이다. 인간의 마음이란 글자 그대로 '종심소욕(從心所慾)', 즉 욕망과 욕구에 따라 일어나기 마련인데 그 욕(慾)하는 바가 어찌 법규와 도리에 벗어나지 않을 수 있겠는가.

안타깝게도 노년을 상징하는 용어 중에는 노장(老將)이나 노련미(老鍊味),

노익장(老益壯)과 같이 긍정적인 표현 못지않게 노욕(老慾)이나 노추(老醜), 심지어는 노망(老妄)과 같이 부정적인 표현도 많이 있다. 종심보다는 삼가야할 일이 많다는 뜻이다.

칠순은 이제 고희라는 나이 자체보다는 사회의 어른으로서 젊은 세대에 본보기가 될 수 있도록 종심에 관심을 돌려야 한다. 지하철 경로석에 빈자리가 있는데도 일반석으로 마음이 간다거나 청력이 약해졌다고 해서 주위의 시선을 의식하지 않고 큰소리로 통화하는 것은 종심의 본뜻과는 거리가먼 것이다. 젊은 사람들 앞에서 자신의 말만을 내세우려 해서는 더더욱 삼가야 할 일이다.

공자는 나이가 들수록 품격을 갖추라는 의미로 종심을 말하지 않았을까. 그러니 이제부터라도 노신사(老紳士)다운 풍모를 유지하기 위해 자신을 돌아보는 일에 소홀히 해서는 안 된다. 외모는 물론 마음이 내킨다고 해서 나도 몰래 나오는 말과 행동이 불유구(不踰矩, 법도에 벗어나지 않음)와는 반대로 비뚤어지지는 않는지 살펴야 한다. 칠순이 넘어서 어른으로 존경받기는커녕 나잇값도 못 한다는 핀잔을 듣는 일은 없어야 할 것이다.

63

카톡 시대

행복은 나비와 같다. 당신이 잡으려고 하면 달아나지만, 가만히 앉아있으면 어깨 위에 살포시 내려앉을 것이다.

- 나타니엘 호손(미국 소설가) -

2010년부터 시작한 글로벌 모바일 메시지 서비스인 '카톡(카카오 톡, Kakao Talk)'은 의사소통에 혁명적인 변화를 가져왔다. 스마트폰의 급격한 확산과 함께 게임과 채팅, 보이스톡과 페이스톡 등 다양한 기능은 종전의 단순 통화 기능에서 초연결 정보 사회로 탈바꿈시켰다. 특히 '단톡방'은 모임이나 의견을 모으고 공지사항을 알리는 데 매우 효과적이다. 그래서 나이 든 아날로그 세대들도 누구나 한두 개쯤은 단톡방에 가입해 이용할 정도로 주요한 소통 수단으로 기능하고 있다.

그렇다고 카톡이 좋은 점만 있는 것은 아니다. '노모포비아(nomophobia)'는 '노 모바일-폰 포비아(No mobile-phone phobia)'의 줄임말로 스마트폰이 없으면 초조해하거나 불안과 공포감을 느끼는 증상을 일컫는 말이다. 이러한 스마트폰 중독 현상은 젊은이들에게서 두드러진다. 미국 샌디에이고 주립대 진 트웬지(Jean M. Twenge) 교수의 연구 결과에 따르면 온라인에 많이 노출된 청소년일수록 더 불행하다고 느꼈고, 페이스북 등 소셜 네트워크 서비스(SNS)를 강제로 끊게 한 청소년은 계속 사용한 이들에 비해 행복감이 높은 것으로 나타났다. 이처럼 스마트폰 중독이 불행을 초래하는 이유에 대해 뉴욕대학교 애덤 알터(Adam Alter) 교수는 스마트폰 사용자들이 독서나 건강 등 기분 좋아지는 앱 사용엔 고작 하루 9분을 쓰면서 이보다 훨씬 많은 27분을 게임과 SNS, 웹 서핑 등 기분 나빠지는 앱을 보는 데 쓰기 때문이라고 주장하고 있다.

우리도 '카톡 공해'라고 말할 정도로 카톡의 부작용을 실감하고 있다. 이른 아침이나 밤늦게까지 울리는 카톡 소음이 신경을 거스르게 하고 이롭지도 않은 같은 내용이 하루에 두세 개씩 오기도 한다. 더구나 정치나 종교 등 자신의 신념을 과도하게 표현하여 눈살을 찌푸리게 한다. 그래서 아예 카톡을 사용하지 않는 사람도 있다. 특히 직장인들은 퇴근 후나 휴일에도 업무와 관련한 카톡 때문에 스트레스에 시달린다. 최근 '직장 갑질 119'의 설문 조사에 의하면 70%에 달하는 직장인들이 퇴근 이후 직장에서 전화나 SNS 등을 통해 업무 연락을 받아 쉴 권리를 침해받고 있다고 응답했다. 이에 '연결되지 않을 권리(The Right to disconnect)'를 보장할 수 있도록 일명 '퇴근 후 카톡 금지법' 제정을 추진하기에 이르렀다. 초·중·고등학교 학생은 '교내 스마트폰 금지법'이 국회를 통과해 2026년 3월부터 학교 수업 중에 스마트폰 등 스마트 기기를 원칙적으로 사용할 수 없게 되었다.

그러나 이러한 카톡에서도 어쩌다 감동을 주는 내용이 있다. 글쓴이도, 출처도 없이 인터넷에도 떠도는 글이지만 내용만큼은 유명 작가의 글 못지않게 감동적이다. 주제도 다양해 묶어서 책으로 펴내도 좋겠다는 생각이 들 정도다. 아래 내용은 그중에서 '배려'가 무엇인지를 일깨워 주는 글이다.

신작로를 따라 천천히 달리고 있는 버스 안에서, 엄마 품에서 곤히 자고 있던 아이가 갑자기 깨더니 울기 시작했습니다. 조금 있으면 그치겠지 했던 아이는 계속해서 울었습니다. 울음은 세 정거장을 거쳐 갈 때까지 도무지 그칠 기미가 보이지 않았습니다. 슬슬 짜증이 나기 시작한 승객들이 여기저기서 화난 목소리를 내기 시작했습니다.

"아줌마! 아이를 좀 잘 달래 봐요, 버스 전세 냈나?"

"아줌마 내려서 걸어가요! 여러 사람 힘들게 하지 말고, 아~ 짜증 나네. 정말…."

아이를 안고 있는 엄마에게 승객들이 잔뜩 화가 나서 온갖 험한 말을 퍼붓고 있는데, 갑자기 버스가 멈췄습니다. 모두 무슨 일이 생겼나? 승객들이 의아한 마음으로 앞을 바라보는데, 버스 기사 아저씨가 차를 멈추고 문을 열고 나가 길옆에 있는 상점에서 무언가를 사 들고 왔습니다. 그리고, 성큼성큼 아이 엄마에게로 다가가더니 초콜릿 하나를 아이 입에 물려 주

없습니다. 그러자 신기하게도 아이는 울음을 뚝 그쳤습니다.

잠시 후 아무런 일도 없었다는 듯이 버스가 다시 출발하자, 화를 내고 짜증을 냈던 승객들은 부끄러운 생각이 들었습니다. 몇 정거장을 지나자 아이 엄마는 버스에서 내리면서 기사 아저씨에게 다가가 공손히 고개를 숙이고 손등에 다른 한 손을 세워 보였습니다. '고맙습니다.'라는 뜻의 수화였습니다. 아이 엄마는 듣지도 말하지도 못하는 장애인이었습니다. 아이 엄마가 아이를 업고 내리자 기사 아저씨는 출발하지 않고, 아주머니와 아이를 위해 자동차 불빛을 비추어 주었습니다. 버스에서 우는 아기의 청각장애인 엄마에게 보였던 버스 기사의 이런 행동에 승객들의 표정이 굳어졌고 누군가는 얼굴을 감싸며 눈물을 흘리고 있었습니다.

이제 기사 아저씨를 보고 "빨리 갑시다!"라고 재촉하는 사람은 아무도 없었습니다. 달빛을 따라 천천히 달려가는 버스 안에는 착한 기사 아저씨의 배려로 인해 행복한 마음들이 함께 천천히 굴러가고 있었습니다. 작은 관심으로 초콜릿 하나를 사서 말하지도, 듣지도 못하는 아이 엄마에게 배려를 베풀어 준 멋진 기사 아저씨였습니다….

카톡에 날마다 이처럼 감동적인 내용과 반가운 사람한테서만 온다면 얼마나 좋을까. 카톡의 부작용을 알았는지 캐나다 작가 마이클 해리스(Michael Harris)는 저서 『잠시 혼자 있겠습니다』에서 "SNS는 영양가 없는 관계만 채워 주는 사회적 패스트푸드"라고 경고하면서, 우리가 행복해지기 위해서는 잠시 스마트폰을 내려 두라고 조언하고 있다. 그렇다고 우리는 스마트폰 없이 하루도 살 수 없다. 그래서 나는 가끔 'AI 첨단기능 앱(application)'을 개발해 스마트폰에 내장해서 내가 원하는 정보만 들어오게 하면 참 좋겠다는 생각을 해 보곤 한다.

64

고독과 외로움

인간은 자기가 행복하다는 것을 알지 못하기 때문에 항상 불행하다.

- 도스토옙스키(러시아 작가) -

2023년 1월 16일 산악인 김영미 대장은 무보급 단독으로 51일 동안 1,186.5㎞를 걸어 남극점에 도달하는 이정표를 세웠다. 100㎏이 넘는 썰매를 끌고 영하 30도를 넘나드는 혹한 속에서 이룩한 쾌거였다. 한국인 최초이자, 아시아 여성 최초의 대기록이다. 김영미 대장이 남극 탐험 중 혹한보다 더 견디기 힘들었던 것은 고독감과 외로움이었다. 그런데 김영미 대장이 이를 극복하기 위해 미리 준비한 내용의 인터뷰 기사가 눈길을 끌었다. 김 대장은 설악산의 계곡물 소리와 개구리 울음소리 등 계절을 떠올릴 수 있는 소리와 자동차 소음과 비슷한 기계음, 지인들의 목소리를 녹음해 갔는데 이들이 바람 소리밖에 없는 남극의 극한 환경을 극복하는 데 큰 도움이 되었다고 한다.

군중 속의 고독이라는 말이 있듯이 외로움은 혼자 있을 때만 겪는 감정이 아니다. 영국의 경제학자 노리나 허츠(Noreena Hertz)는 『고립의 시대』라는 책을 통해 외로움은 도시의 군중 속에 있을수록, 나이가 젊을수록, 그리고 더 많이 온라인에 연결될수록 위력이 강해진다고 말할 정도다. 저자는 휴대전화와 소셜미디어의 사용이 인간을 초유의 '항시적 연결' 상태로 만들었지만, 일상 속 대부분의 의사소통이 스마트폰과 SNS를 통한 비대면 소통으로 대체되어 현대인에게 외로움이 증가한다고 분석한다.

외로움도 질병일까? 최근 미국 뉴욕타임스는 외로움과 고독이 하루에 담배 15개 피우는 것과 같이 건강에 매우 해롭다고 보도해 관심을 끌었다. 미국 공중보건서비스단 단장 겸 의무총감인 비베크 머시(Vivek Murthy)가 발표한 「외로움과 고독에서 오는 감염병 2023(Our Epidemic of Loneliness and

Isolation 2023)」이란 보고서에는 외로움이나 고독과 같은 감정은 조기 사망 가능성을 26~29% 높이고 심장병 위험이 29%, 뇌졸중 위험이 32% 커지며 치매는 무려 50%까지 늘어난다는 내용이 담겨 있다. 호주에서는 외로움에 지친 노인 자살이 사회문제가 되고 있다.

외로움이 사회적 질병으로 주목을 받자 영국은 2018년에 '고독부[외로움 부(部), Ministry of Loneliness]'를 신설했다. 노인들의 고독사가 심각한 일본도 2021년부터 '고독·고립 담당 장관'을 임명하고, 내각관방에 고독 및 고독사 대책 담당실을 설치했다. 일본은 히키코모리(은둔형 외톨이) 현상에 대해서도 그 심각성을 인식하고 2003년부터 사회복지법을 개정해 이들을 복지 수혜 대상에 포함했다. 우리나라도 2022년에 「고독사 예방 및 관리에 관한 법률(고독사 예방법)」을 제정하고 고독사 예방을 위한 다양한 정책과 프로그램을 지원하고 있다.

그러나 은둔 청년과 고독사는 갈수록 증가 추세에 있다. 최근 서울시 조사에 의하면 '마음의 문'을 닫고 특별히 외출도 하지 않으며 스스로 방 안에 자신을 가둔 고립·은둔 청년이 약 13만여 명에 달하는 것으로 나타났다. 19세~39세의 은둔 청년은 전국으로 범위를 넓히면 약 61만 명이라는 추산이 나온다. 문제는 이들이 자책과 사회에 대한 원망을 넘어 타인에 대한 분노와 공격성으로 발전하면 범죄로 연결될 수 있다는 점이다.

은둔 청년과 달리 장년층에서는 고립·은둔 생활자가 고독사로 치달을 수 있다. 코로나 이후 우리나라에서 고독사로 생을 마감한 사람이 한 해 5천 명에 이른다. 이들은 대부분 50대에서 70대의 독거노인이거나 나홀로가구에 살던 사람들인데, 숨진 뒤 가족을 찾지 못했거나 가족이 있어도 인도(引渡)를 거부한 무연고 사망자들이다. 내면의 배고픔이라고 하는 외로움과 고독한 생활로 인해 고독사로 우려되는 인구는 153만여 명인데 이들 중 가장 취약한 계층은 50~60대 중장년 남성이다.

이처럼 외로움과 고독의 그림자에 짓눌려 사는 사람이 늘고 있는데 우리는 어떻게 해야 하나? 일찍이 맹자는 사회적 약자인 '환과고독(鰥寡孤獨)'을 공동체가 먼저 배려해야 한다고 주장했다. 여기에서 환(鰥)은 나이 들어 아내가 없는 홀아비이고, 과(寡)는 지아비가 없는 과부를 말하며, 고(孤)는 부모가 없는 아이, 독(獨)은 부양해 줄 자식이 없는 무의탁자를 가리킨다.

외로움과 고독한 이들에게 가장 큰 적은 외부와의 단절이다. 현직 경찰관인 권종호 씨는 『고독사는 사회적 타살입니다』라는 책에서 고독사 현장에서 발견한 공통점은 '단절'이었다는 점을 강조하고 있다. 고독사를 맞이한 사람의 대부분은 경제적 어려움 등 피치 못할 사정 속에 고립된 사람들이었다며, 고독사는 사회 구조의 변화를 정부 제도가 따라가지 못해 일어나는 '사회적 타살'이라는 것이다.

'21세기의 감염병'이라고 하는 외로움과 고독사 문제를 극복하려면 주위에 있는 사람들의 관심과 따뜻한 손길이 필요하다. '혼밥(혼자 밥 먹기)'이란 말이 낯설지 않게 되었고 1인 노래방과 1인 식탁이 익숙해졌다. 「자연인」이나 「나 혼자 산다」라는 TV 예능 프로그램이 관심을 끄는가 하면 『이번 생은 나 혼자 산다』라는 책까지 등장했다. 우리나라 국민 중 곤경에 처했을 때 도움을 받을 가족이나 친구가 없다는 사람이 27.6%로 경제협력개발기구(OECD) 회원국 중 최하위라는 조사 결과도 있다. 1인 가구가 1,000만 세대가 넘어 2035년이 되면 세 집에 한 집 꼴로 늘 것이라고 한다. 70세 이상 인구 중 네 명에 한 명은 혼자 산다. 함께 살아가는 우리의 정(情) 문화 복원이 절실하다. 내가 사는 이웃에 누군가는 텅 빈 집 안에서 차마 남들에게 말 못 하는 외로움과 고독에 갇혀 있는지도 모른다. 그들에게 다가가 건네는 따뜻한 차 한 잔, 다정한 안부 한마디가 커다란 치유의 힘이 될 수 있다.

65

고독력 키우기

평생 행복하다는 건 그 누구도 감당할 수 없다. 그건 이승에 존재하는 지옥일 뿐이다.

- 조지 버나드 쇼(영국 작가) -

가물거리던 별빛마저 잠이 드는 밤하늘에

이름 모를 새 한 마리 구슬피 울며 외로이 날아가네

나의 고독은 어둠에 묻혀 밤보다 더 깊은데

모닥불 하나 피워 앉은 이내 가슴에 추억만 남아 있네…

가수 최백호가 1983년에 발표한 노래「고독」의 가사를 보면 노래 제목만큼이나 고독의 내음이 물씬 풍긴다. 최백호는 일찍 부모를 여의고 가난과 병마에 시달리며 고독한 젊은 시절을 보냈다. 30대 초반에「고독」이라는 노래 가사를 짓고 부른 최백호는 고독을 예술로 승화시켜 대중가수로 성장해 나갔다.

혼자 있는 시간을 견디기 힘들어하는 사람이 있는가 하면 혼자 있는 시간에 편안함과 안정감을 느끼는 사람도 있다. 그래서 독일의 철학자 '폴 틸리히(Paul Tillich, 1886~1965)'는 "외로움이란 혼자 있는 고통이며, 고독이란 혼자 있는 즐거움이다."라고 말했다. 외로움과 고독의 공통점은 '혼자'라는 점에서 같은 나무에서 자라 뻗어 나간 가지와 같다.

고독을 즐기려고 일부러 혼자 사는 사람은 극히 드물다. 노명우 작가는『혼자 산다는 것에 대하여』에서 독신 풍조의 확산이나 사회 몰락의 징조와는 달리 '어쩌다 보니' 혼자 사는 사람이 된다고 말한다. 자신의 의지에 따라 자발적으로 혼자 사는 삶을 선택한 사람도 있지만, 대부분 사람은 확고한 철학이나 신념이 있어서라기보다는 기존의 가정 중심성이 약화하는 것에 불과하다는 것이다.

외로움과 고독은 나이 든 사람들에게 찾아오는 반갑지 않은 손님이다. 『월든』을 저술한 미국의 데이비드 소로(David Henry Thoreau, 1817~1862)나 『홀로 사는 즐거움』을 지은 법정 스님처럼 고독을 즐기는 경지에 오르면 모를까, 외로움과 고독은 모두에게 두려운 대상으로 다가온다. 나이가 들어갈수록 자식이 제 갈 길을 찾아가고 친구가 하나둘씩 세상을 떠나면 어쩔 수 없이 고독과 마주하게 된다. 배우자마저 곁을 떠나면 절대 고독은 피할 수 없는 현실이 되어 삶의 질이 급격히 떨어진다.

그러므로 노후에는 누구의 도움 없이도 혼자서 살아갈 수 있는 고독력(孤獨力)이 필요하다. 모두가 언젠가는 혼자가 된다는 점에서 고독력은 세상과 작별할 때까지 삶을 이어 가는 핵심 기술이자 습득해야 할 필수 과목이다. 2024년에 발표한 OECD 보고서는 2050년 한국은 '돌봄이 필요한 노인 비율'이 OECD국 중 가장 높은 나라가 될 것으로 전망됐다. 누군가의 손을 빌리지 않고 혼자 사는 힘을 지금부터 길러야 한다. 고독력은 한마디로 마음의 근육처럼 고독을 이겨내는 힘이다. 혼자서 밥해 먹고 청소하는 그런 능력이 아니라, 혼자 살아도 자기 삶을 주체적으로, 무엇인가에 홀로 집중하면서 뚜벅뚜벅 걸어가는 능력이다.

고독력을 키우기 위해서는 나만의 취미 생활을 즐기면서 새로운 유대관계를 만들어 가는 것이 중요하다. 실내에서 스마트폰과 TV만 본다거나 술과 친구가 되어서는 안 되고 혼자 살더라도 외부와 단절된 고립된 생활은 피해야 한다. 혼자 있는 것에 외롭고 두려움을 느낀다면 접근하기에 편하고 쉬운 것부터 시작하는 것이 좋다. 가까운 공원이나 동네 산책하기, 음악 감상, 영화 보러 다니기, 대형 서점 둘러보기 등은 오히려 혼자 하는 게 자연스럽다.

이런 생활에 점점 익숙해지면 둘레길 걷기나, 기차여행 하기, 자전거 투어 등 활동 반경을 늘린다. 그러다 보면 좀 더 색다른 재미를 느낄 수 있다. 나아가 그림 그리기나 글쓰기, 사진 찍기, 악기 연주하기와 같은 창의적인 예술 활동에 참여해 사회적인 유대 활동을 강화하면 고독력을 키우는 데 도움이 된다. 낚시나 바둑, 산악회 활동처럼 동호인과 함께 어울리는 시간을 많이 가질수록 외로움과 고독감에서 벗어나 삶에 활력소가 된다.

반려식물도 반려동물 못지않게 고독력을 키우는 데 도움이 된다. 시골살이하는 나는 화단과 텃밭 모퉁이에 좋아하는 나무와 화초를 심었다. 정성 들여 가꾼 이 꽃과 나무들이 언젠가 내가 혼자일 때, 외부활동이 어려울 때, 나의 든든한 친구가 되어 외롭고 고독하지 않도록 응원해 줄 것이다.

삶이란 어떻게 보면 그냥 살아가는 것이 아니라 스스로 살아내야 하는 시간이다. 나 자신을 친구로 삼아 혼자서도 놀이처럼 즐길 줄 아는 고독력은 무엇보다 든든한 노후 대책이 된다. 소일거리가 없어 외롭고 고독감에 빠지는 시간이 많다는 것은 '홀로 있음'에 실패하고 결국 인생마저 실패로 끝나는 것이나 다름없다. 고독력이란 혼자 있는 시간을 두려워하지 않고 자기 자신과 온전히 함께할 수 있는 능력이다. 고독이 피할 수 없는 시간으로 다가왔을 때 나만의 고독과 함께 살아가는 방법을 만들어 가는 것이 노후에 행복의 길로 나아가는 길이다.

66

이웃 삼촌

세상에서 가장 어려운 산수(算數)가 있다면 그것은 바로 우리에게 주어진 축복을 헤아리는 것이다.

— 에릭 호퍼(미국 철학자, 작가) —

부영그룹 이중근 회장의 통근 기부가 세간의 화제가 된 적이 있다. 거액의 기부금뿐만 아니라 고향 마을 280여 가구 주민들에게 약 1억 원씩을 기부한 데 이어 초등학교와 중학교 동창생들에게 1억 원, 고등학교 동창생들에게 5천만 원씩을 전달했기 때문이다.

이처럼 이 회장의 독특하고 통 큰 기부는 '이웃사촌 정신'에서 비롯됐다. 이 회장은 가끔 주변의 지인들로부터 "고향 마을 주민이나 동창생들에게 재산을 나눠 주는 이유가 뭐냐?"라는 질문을 받는다. 그럴 때면 "출세는 나눌 수 없고, 사촌이 땅을 사서 배가 아픈 것은 의술로도 치유할 수 없으니 배를 아프게 한 사람이 치유를 위해 재산을 개인에게 직접 나눠 준다."라는 철학을 얘기했다고 한다. 이 회장은 평소에도 주민과 동창들 모두 '폭넓은 의미의 사촌'이라며 "살아오면서 인연을 맺은 사람들과 함께 나누고 싶었다."라고 말해 왔다.

'사촌이 땅을 사면 배가 아프다'는 말은 남이 잘되는 꼴을 못 보고 질투하며 시기하는 것을 이르는 속담으로 쓰인다. 그러나 이 말은 옛날 농경사회에서 사촌이 땅을 사면 작물을 잘 재배하도록 축하해야 하는데, 가진 것이 없으니 배라도 아프게 해 거름 대신 인분이라도 주라는 의미가 담겼다는 얘기도 있다. 남도 아닌 사촌이 잘되는 것은 좋은 일이니 질시보다는 응당 박수를 보내며 축하해야 마땅한 일이다. 좋은 마음으로 타인의 행복을 빌어 주는 일은 스트레스를 받아 배가 아픈 것보다 건강에도 좋다.

이중근 회장의 나눔의 철학에서 '사촌'이 등장하는 것을 보면서 문득 사촌의 의미에 대해 생각해 보았다. 사촌은 아버지 형제의 아들과 딸을 가리키는 말로 매우 가까운 혈족이다. 그러나 도시화가 되면서 사촌이 있어도 멀어지게 되었고, 그나마 출산율이 줄고 1인 자녀가 늘다 보니 아예 사촌이 사라지는 시대가 돼 버렸다. '이웃사촌'은 사촌을 대신해 변해 가는 세태의 아쉬움을 달래 주는 말이다.

『논어』의 「이인편(里仁篇)」 첫 장에는 어진 사람들과 함께 살아야 함을 강조하는 대목이 나온다. "자왈, 이인위미 택불처인 언득지(子曰, 里仁爲美 擇不處仁 焉得知)"로, "마을의 인심이 인후한 것이 아름다우니, 가려서 인에 처하지 않는다면 어찌 지혜롭다 하겠는가?"라는 뜻인데, 거주지를 선택할 때 그 마을 사람들이 따뜻한 인정이 있는지를 봐야 한다는 말이다. 지혜로운 사람은 인정 많은 곳을 찾아가 사는 사람이요, 나아가 어느 곳에 가서 살더라도 인정을 베풀어 이웃이 사촌으로 여기도록 살아가는 사람이다.

좋은 이웃과 살기 위해 시세보다 열 배를 주고 집을 산 고사(古事)가 있다. "백만매택(百萬買宅)이요, 천만매린(千萬買隣)이라."는 말은 백만금으로 집을 사고 천만금으로 이웃을 산다는 뜻이다. 중국 남북조 시대의 고위 관리였던 송계아(宋季雅)는 은퇴 후 살 집을 보러 다니다 천백만 금을 주고 여승진(呂僧珍)이라는 사람의 이웃집으로 이사 갔다. 실제 가격이 백만 금밖에 안 되는 집을 천백만 금이나 주고 샀다는 말이 의아해 여승진이 이유를 물었다. 이에 송계아는 "백만 금은 집값으로 지급했고(百萬買宅, 백만매택), 천만 금은 당신과 이웃이 되기 위한 웃돈이다(千萬買隣, 천만매린)!"라고 답했다. 송계아는 돈보다도 좋은 이웃과 함께하는 것을 무엇보다 중요한 일로 여긴 것이다.

미국 사람들도 새로 집을 구매할 때 이웃과 좋은 관계를 맺을 수 있는지를 중요한 요인으로 고려한다. 9월 28일을 '이웃사촌의 날(National Good Neighbor Day)'로 지정하고 있는 미국에서는 이웃사촌과 같은 의미로 통용되는 '설탕 한 컵의 규칙(a cup of sugar rule)'이라는 말이 있다. 꼭 설탕만이 아니라 이런저런 물건들을 편하게 빌려서 쓸 수 있는 사이여야 비로소 '이웃 사촌'이라 할 수 있다는 표현이다.

집은 어디에 있느냐에 따라 값이 다르다. 같은 집이라도 서울 강남과 지방 소도시의 집값은 천차만별이다. 사람들은 지하철역이나 병원, 시장, 학교, 공원이 가까운 곳이면 좋다며 거액을 투자해 거주지를 결정한다. 그러나 불편한 이웃이 있다면 하루도 살기가 힘들다. 멋진 전원주택을 짓고 살다가 이웃과 적응을 못 해 떠나는 사람도 있다.

옛적에는 떡 한 조각이라도 나눠 먹고 부족한 농기구를 빌려다 쓰는 이웃 사촌이 많았다. 그러나 이웃이라고 다 사촌 같지는 않다. 도시의 아파트에서는 층간소음으로 끔찍한 일까지 벌어진다. 요즘은 시골도 옛날 인심과 많이 달라졌다고 말하는 사람도 있으나, 다행히도 나는 귀향 후 이웃과 사촌처럼 지내는 사이가 되었다. 삼 년이 넘고 보니 이웃사촌을 넘어 '이웃 삼촌'이라고 부를 정도로 가까이 지낸다. 이웃사촌이란 인기척 하나만으로 마당 안까지 허물없이 드나들 수 있는 사이다. 아파트처럼 현관문의 초인종을 누르고 얼굴을 비춰 줘야 문이 열리는 닫힌 공간이 아니다. 담장 너머로 말소리가 들려 살림살이를 엿볼 수 있고 눈만 뜨면 서로 얼굴을 보는 사람들이다.

좋은 이웃을 만나기도 어렵지만 내가 좋은 이웃이 되는 것도 쉬운 일이 아니다. 그러나 내가 잘하면 모두를 좋은 이웃으로 만들 수 있다. 아이가 뛰놀아 층간소음이 걱정되면 이사를 생각하기 전에 이웃에게 미안한 마음을 전하고, 반려견을 키우지 않는 이웃을 만나면 목줄을 당겨 신경을 쓰지 않게 하라. 담장을 낮추고 이웃에게 먼저 다가가 인사하며 차 한 잔 대접해 보라. 좋은 이웃은 멀리 있는 형제보다 낫다. 이웃사촌을 넘어 이웃 삼촌과 같은 좋은 이웃이 있으면 그곳이 바로 최고의 명당이요 크나큰 행복이다.

67

관계의 행복

행복은 손에 쥐고 있는 동안에는 항상 작게 보이지만 놓치고 나면 그것이 얼마나 크고 귀중한 것인지 깨닫는다.

– 도스토옙스키 (러시아 작가) –

160권이 넘는 방대한 책을 저술하고 교수와 장관을 지내 금관문화훈장까지 받았으며 우리 시대의 석학이자 대표 지성, 문화계의 거목으로 존경을 받는다면 성공한 삶이 아닐까. 그러나 정작 본인은 실패한 삶이었다고 후회하는 사람이 있다. 바로 2022년 89세로 타계한 이어령 교수이다.

이어령 교수는 무엇 때문에 스스로 실패한 인생이라고 자처했을까? 그 이유는 이어령 교수의 저서 『딸에게 보내는 굿나잇 키스』와 생전의 인터뷰 내용이 담긴 『이어령의 마지막 수업』에서 찾을 수 있다. 『딸에게 보내는 굿나잇 키스』는 먼저 세상을 떠난 딸에게 아버지로서 사랑을 베풀지 못한 후회의 장면이 절절하게 배어 있다. 어린 딸은 잠들기 전 '굿나잇'을 기대하며 아빠인 이어령 교수의 서재 문을 두드린다. 그러나 집필에 몰두한 아빠는 그런 딸에게 눈도 안 맞추고 건성으로 손만 흔들었다. 어떤 날은 퇴근하는 아빠 팔에 매달리고 무릎에 앉아 재롱을 부리려고 하는 딸에게 "밥 좀 먹자"라며 밀쳐 내기도 했다. 그럴 때마다 딸은 아버지가 나를 사랑하지 않는다고 여기며 원망했다. 이어령 교수는 뒤늦게야 이를 알고 그때 딸의 볼에 입 맞추며 따뜻하게 안아 주지 못한 자신을 책망하며 후회했다.

『이어령의 마지막 수업』에서는 마음을 터놓을 만한 친구가 없이 살아온 삶을 후회한다. 많은 사람의 존경을 받았던 세간의 평가와는 달리, 동행자 없이 혼자서 자신의 그림자만 보며 숨 가쁘게 달려온 삶에 대해 실패했다고 회고하는 것이다. 딸과 아버지와의 관계, 친구와의 관계에서 샘솟아야 할 행복이 메마르고 만 결과이다.

이어령 교수의 후회를 보면서 우리는 다시금 행복이 무엇인가에 대해 질문을 하게 된다. 지금까지 많은 연구 기관과 전문가들이 내놓은 행복에 관한 연구 발표 중에서 『세상에서 가장 긴 행복 탐구 보고서』는 가장 주목받는 책이다. 미국 하버드대에서 1938년부터 85년 동안 행복의 조건을 알아내기 위해 연구한 결과물이기 때문이다.

하버드 의대 '성인 발달 연구소'는 하버드 대학생 그룹 268명과 보스턴 최빈곤층 소년 456명을 분류해 그들의 삶을 지금까지 추적 조사하고 있다. 그간 84%의 참가자들이 연구에 지속해서 참여했고, 이들의 후손 1,305명까지 더해 3세대에 걸친 연구가 진행 중이다. 그들에게 수천 개의 질문을 던지고 수백 가지를 측정해 건강하고 행복한 삶을 유지하는 조건이 무엇인지를 조사했다. 연구진은 피험자들에게 단순히 인터뷰만 한 것이 아니라 이들의 뇌를 스캔하고 혈액을 검사하는 등 과학적인 방법을 통해 그동안 살아온 삶 속에서 무엇이 행복감을 가져다주었는지를 측정했다. 결론은 단 한마디, "좋은 관계는 우리를 더 건강하고 행복하게 해 준다."였다. 행복의 조건은 우리가 흔히 말하는 엄청난 부(富)나 명예, 직업적 성취 등이 아니라 '친밀한 인간관계의 빈도와 질'이라고 단언하고 있다.

행복을 말할 때 인간관계를 강조하는 또 다른 전문가는 미국 다트머트대학의 마이클 가자니가(Michael S. Gazzaniga) 교수다. 세계에서 가장 저명한 뇌과학자로 꼽히는 마이클 가자니가 교수는 일평생의 연구를 토대로 "인간의 뇌는 인간관계를 잘하기 위해서 설계되었다."라는 결론을 내렸다.

연세대학교 서은국 심리학 교수는 그의 저서 『행복의 기원』에서 돈의 부작용은 사람의 필요성을 평가 절하하는 데 있다고 말한다. 돈은 많이 가질수록 자기 충만감을 높이게는 하지만 '사람은 필요 없다'라는 생각을 가지도록 하기 때문이다. 사회적 동물인 인간이 살아가는 데 있어서 친구나 연인과 같은 '사람'은 행복을 위해 필수적인 조건이다. 그러므로 서은국 교수는 가장 행복한 순간은 가까운 사람과 함께 밥을 먹는 순간이라고까지 말하고 있다.

그래서일까. 미국 작가 카네기(Dale Harbison Carnagey)의 『인간관계론』은 1936년에 발간한 이후 이 시대 최고의 자기계발서로 자리 잡아 지금도 '스테디셀러(steady seller)'의 지위를 유지하고 있다. 이 책에는 인간관계의 3원칙과 인간관계를 잘 맺기 위한 6가지 방법을 비롯해 상대방을 설득하는 12가지 방법, 리더가 되는 9가지 방법이 담겨 있다.

행복이란 거창하고 먼 곳에 있는 것처럼 보이지만 사람과 사람 사이의 관계라고 볼 수 있다. 가족과 친구는 물론 많은 지인과 직장에서 부딪히는 사람, 이들과의 관계가 행복의 크기를 결정짓는 것이다. 자살의 원인은 다양하지만, 그중에서도 가장 많은 비율을 차지하는 것은 대인관계라는 통계가 있다. 직장인들의 스트레스나 퇴사 이유도 일보다는 상사나 동료 등 사람과의 관계가 가장 크다. 인간관계야말로 행복의 핵심 요소인 것이다.

이어령 교수의 후회는 우리에게 "당신은 지금 주위에 있는 사람들에게 어떠한 관계를 유지하고 있는가?"를 되묻고 있다. 가족이라고 해서 소홀하게 대하지는 않았는지, 누군가가 힘겹게 내미는 손을 바쁘다며 외면하지는 않았는지 돌아보라는 것이다. 어린 딸에게 하찮은 '굿나잇 키스'보다는 좋은 피아노를 사 주고 고급 승용차에 태워 사립학교에 보내는 것이 아빠의 행복이자 능력이라고 믿었던 자신처럼 어리석게 살지 말라는 가르침이다.

하늘에 있는 딸을 그리워하며 다짐했던 이어령 교수의 절규가 행복을 찾아 앞만 보며 내달리고 있는 우리의 가슴 한편을 후빈다.

「… 딸이 서재의 문을 열고 '아빠 굿 나잇'이라고 말하면 글 쓰던 펜을 내려놓고, 읽고 있던 책장을 덮어놓고, 두 팔을 활짝 펴 가슴에 안아 높이 들어 올리며 졸리는 딸의 얼굴에 '굿 나잇 키스'를 하겠노라…」

68
진정한 친구

좋은 친구가 생기기를 기다리는 것보다 누군가에게 좋은 친구가 되었을 때 행복하다.

- 버트런드 러셀(영국 철학자) -

힙합 듀오였던 리쌍이 부르고 가수 정인이 피처링한 노래 「챔피언」은 2008년 1월 경기 중 사망한 복서 최요삼을 추모하기 위해 만든 노래다. 그런데 이 노래가 담긴 앨범의 제목이 「백아절현」이어서 눈길을 끈다. 중국 고사(故事)에 나오는 백아절현(伯牙絶絃)은 '백아가 거문고 줄을 끊었다'라는 뜻으로 자신을 알아주는 참다운 벗의 죽음을 슬퍼한다는 말이다. '마음이 서로 통하는 절친한 친구'를 뜻하는 지음(知音)도 백아절현에서 나왔다.

친구에 대한 고사(故事) 중 으뜸인 것은 '자신을 알아주는 친구', 즉 지기(知己)다. 당나라 시인 왕발(王勃)은 친구를 전송하며 쓴 시(詩)에서 "세상에 나를 알아주는 그대가 있다면(海內存知己, 해내존지기), 하늘 끝에 있어도 이웃에 있는 듯하다(天涯若比隣, 천애약비린)."라며 진실한 우정을 나타내고 있다. 관포지교(管鮑之交)의 주인공 관중은 포숙을 가리켜 "나를 낳은 것은 부모이지만 나를 아는 것은 오직 포숙뿐이다(生我者父母 知我者鮑子也, 생아자부모 지아자포자야)."라고 말할 정도였다.

친구라는 관계에 있어 무엇보다 중요한 것은 믿음이다. 붕우유신(朋友有信)이나 금란지교(金蘭之交)라는 말도 친구 사이의 두터운 정을 상징하는 말이다. 마음으로 사귀고 덕으로 맺어야 한다는 도의지교(道義之交)를 강조한 연암(燕巖) 박지원(朴趾源, 1737~1805)은 친구를 '제2의 나'라고 말하는가 하면 지인에게 보낸 편지에서 "친구를 잃은 슬픔이 아내를 잃은 슬픔보다 훨씬 크다."라고 말할 정도였다. 올곧은 성품으로 늘 가난에 시달리던 그에게 친구는 행복의 원천이었다.

연암의 평생지기였던 조선 후기 학자 이덕무(李德懋, 1741~1793) 또한 친구를 "함께 살지 않는 아내요, 핏줄을 같이하지 않은 형제"라고까지 표현했다. 박지원의 제자였던 박제가(1750~1805)는 "사람에게 하루라도 벗이 없으면 좌우 두 손을 잃은 것 같다."라고 했다. 아리스토텔레스가 말한 "친구는 두 개의 몸에 깃든 하나의 영혼이다."라는 명언과 같은 맥락이다.

우리가 이름과 얼굴을 알고 지낸다고 해서 다 친구는 아니다. 디지털 시대에 SNS의 발달로 인해 수많은 온라인 친구가 있지만, 진심으로 마음을 같이하는 친구는 많지 않다. 2001년에 상영했던 영화 「친구」에서는 "괜찮다. 친구끼리 미안한 거 없다."라는 대사가 나온다. 핏줄이 다른 형제처럼, 다른 집에서 사는 아내처럼 지내며 무슨 일이든 미안해할 일이 없고, 오해가 있더라도 바람에 날릴 수 있는 진정한 친구는 몇이나 될까?

영국의 옥스퍼드대학교 진화인류학과 교수인 로빈 던바(Robin Dunbar)는 『프렌즈(Friends)』라는 책에서 인간의 뇌가 관리할 수 있는 인간관계는 150명에 불과하다는, 이른바 '던바의 수(Dunbar Number)'를 주장했다. 이 150명은 '공항 라운지에서 우연히 그 사람을 발견했을 때 주저하지 않고 다가가서 옆자리에 앉을 만큼'의 친분이 있는 사람이다. 던바는 그들 중에서 '절친한 친구'는 5명에 불과하고 '친한 친구'는 15명, '좋은 친구'는 50명, 나머지는 그저 그런 친구들이라고 분류했다.

친구라고 부르는 사람 중에서도 친밀도는 각기 다를 수밖에 없다. 던바가 강조하는 친밀도를 높일 수 있는 요소는 사투리처럼 같은 언어를 사용하거나 지역, 학교, 직장, 관심사가 같을 경우이다. 이외에도 도덕적 견해나 종교 등 일치하는 세계관이 같으면 친구가 될 가능성이 크다고 봤다. 어찌 보면 유유상종(類類相從)과 다름없는 말이다. 중요한 것은 최근 의학 연구 결과에서 친구가 많을수록 건강과 행복에 크게 이바지한다는 것이다.

2023년 당시 115세로 세계 최고령이었던 스페인의 '마리아 브리냐스 모레라' 할머니의 장수 비결은 규칙적인 일상과 가족·친구와의 좋은 관계였다. 장수 연구자들은 한결같이 노년의 인생에서 좋은 친구의 수가 많을수록 스트레스를 줄이고 건강한 삶을 보내는 데 도움을 준다고 말한다. 나이가 들면 재(財)테크보다 우(友)테크가 더 중요하고, 친구를 '사회적 백신'이라고 말하는 이유이기도 하다.

공자는 이로운 벗(益者三友 익자삼우)과 해로운 벗(損者三友 손자삼우)을 말했지만 아무래도 친구는 죽마고우(竹馬故友, 오래된 친구)가 최고 친구요 보약 같은 친구다. 중국 당나라의 시성(詩聖) 두보(杜甫)는 장안(長安)의 여행길에 병이 났을 때 「구우금우(舊友今友, 옛 친구 새 친구)」라는 시(詩)를 지었다. 그 시에는 "구우래금우불래(舊雨來今雨不來, 옛 친구들은 왔으나 새 친구들은 아니 왔네)"라는 대목이 있다. 폭우 속에서 문병을 오고 가는 많은 친구 중에서도 새 친구보다 오래된 친구의 소중함을 드러내 보인 것이다.

친구란 맺어지기도 어렵지만, 관계를 지속하기는 더 어렵다. 박지원은 『연암집(燕巖集)』에서 "아무리 좋은 사이라도 세 번만 도움을 청하면 곧 사이가 벌어지지 않는 사람이 없고, 오래된 원한이 있더라도 세 번만 재물로 도움을 주면 곧 친하게 되지 않는 이가 없다."라고 했다. 도의지교(道義之交)가 어찌 그리 쉬우랴. 그래서 "인생에서 진정한 친구 한 명만 있어도 성공"이라는 말이 나왔을 것이다.

흐르는 세월 따라 함께하던 친구도 점점 멀어져 간다. 가수 이현도가 부른 「친구에게」라는 노래에는 "가끔은 새가 되어 날아와 주렴…"이라는 가사가 있다. 조용필의 노래 「친구여」에도 "친구여 모습은 어딜 갔나 꿈속에서 만날까…"라는 가사가 있다. 곁에 없는 친구에 대한 그리움의 표현이다. 벌거숭이가 되어 가재 잡고 물장구치며 소 꼴 먹이러 다니던 옛 친구가 그립다.

69

장무상망(長毋相忘)

어리석은 사람은 행복을 먼 데서 찾으나 현명한 사람은 행복을 자신의 발밑에서 키운다.

- 제임스 오펜하임(미국 작가) -

조선 후기 사회에서 금수저로 성장했던 추사 김정희(1786~1856)가 정쟁(政爭)으로 인해 집안이 풍비박산이 나고 제주도에서 보낸 유배 생활은 곤궁하기 짝이 없었다. 유배지 제주도에 도착한 다음 해에 평생지기이자 구원의 희망이었던 친구 김유근(金逌根, 1785~1840)의 부음을 접하고 이듬해에는 부인과 사별한다. 부인의 사망 사실을 모른 채 편지를 보내기도 했던 김정희는 아내가 세상을 뜬 지 한 달이 지나서야 소식을 듣게 된다. 이러한 상황에서 반대파들의 박해도 심해지자 한양의 소식도 끊기고 평소 친하던 친구들한테서도 편지 한 통 오지 않았다.

실의의 나날을 보내던 김정희에게 유일한 위안은 제자였던 이상적(李尙迪, 1804~1865)이 보내온 책이었다. 역관(譯官)인 이상적은 중국에 가는 사신을 수행해, 두 번이나 보물과도 같은 중국 서적을 한 보따리씩 구해와 연경의 소식과 함께 보내준 것이다. 머나먼 청나라 연경에서 조선 땅 삼천리를 지나고 거친 파도를 넘어 제주도에 도착한 책은 김정희에게 생명수와 같았다. 자신의 앞날을 위해 그 책을 한양에 있는 권세가들에게 주어도 모자랄 텐데, 위험을 감수하며 보낸 책을 받아 든 김정희는 가슴이 먹먹할 뿐이었다.

김정희가 이상적에게 해 줄 수 있는 것은 오직 붓으로 그린 그림밖에 없었다. 국보 180호 「세한도(歲寒圖)」에는 제자 이상적에 대한 고마움을 표현한 김정희의 마음이 담겨 있다. 발문(跋文)에 쓰인 "세한연후 지송백지후조야(歲寒然後 知松柏之後彫也, 날씨가 추워진 뒤에야 소나무와 잣나무의 잎이 나중에 시드는 것을 안다)."는 『논어』의 9장인 「자한편(子罕篇)」에 실린 것으로, 안중근 의사가 만주의 여순 감옥에서 남긴 글(보물 제569-10호)이기도 하다. 유배 생활 중인 자신에게 대하는 이상적의 의리와 사랑을 송백에 비유한 것이다.

중국 『후한서(後漢書)』의 「왕패전(王覇傳)」에 나오는 "질풍지경초(疾風知勁草, 거센 바람이 불어야 강한 풀을 알 수 있다)"도 같은 뜻이다. 사람은 어려운 상황에 부딪혔을 때 비로소 의리와 지조(志操)가 얼마나 강한지, 자기에게 한결같은 사람인지를 알 수 있다.

얼핏 보면 황량해 보이는 세한도이지만 여기에는 제자 이상적에 대한 김정희의 각별한 마음이 담겨 있다. 세한도의 발문에서 김정희는 "권세나 이권(利權) 때문에 어울리게 된 사람들은 권세나 이권이 떨어지면 만나지 않게 된다."라는 중국 전한(前漢) 시대의 역사가 사마천(司馬遷)의 말을 인용하면서 권세나 이권으로 자신을 대하지 않은 이상적에게 고마운 마음을 표현한다. 사마천의 말이 아니더라도 요즘 우리 사회를 돌아보면 삶의 가치나 철학보다는 자신의 이익과 영달을 위해 이합집산하는 모습을 쉽게 볼 수 있다.

권세나 이권 때문에 어울리게 된 사람들은 권세나 이권이 떨어지면 만나지 않게 되는 것은 2천 년 전이나 지금이나 다를 바 없다. 공자가 '세한연후'를 언급하던 시기는 14년간의 유랑 생활을 마치고 귀향 준비를 하고 있을 때였다. 공자가 정치 무대에 올라갈 기회를 상실하자 실망한 제자들이 하나둘 곁을 떠나는 것을 보고 공자는 '세한연후'를 실감했을 것이다.

인간의 진가는 어려운 고비에 부딪혔을 때 나타나게 된다. 뭔가 얻을 게 있어 보일 때는 의리와 친분을 내세우며 눈도장 한 번이라도 더 찍기 위해 줄을 서며 안달을 한다. 그러다가도 별 볼 일 없겠다 싶으면 언제 그랬냐는 듯 본색을 드러내고 등을 돌리는 게 사람 인심이다. 그러나 진실한 사람은 혹독한 추위 속에서도 소나무와 잣나무가 푸르듯 이익됨이 없고 설사 자신에게 불이익이 있을지라도 멀리하지 않는 것이다.

 「세한도」에서 유독 눈길을 끄는 것은 황량한 분위기의 집과 나무 외에도 오른쪽 아래에 찍혀 있는 '장무상망(長毋相忘)'이라는 낙관(落款)이다. 「세한도」에는 모두 네 개의 낙관이 있는데 나머지 세 개는 모두 김정희의 이름과 관련한 것이지만 이 '장무상망'은 이상적에 대한 김정희의 고마워하는 마음이 절절하게 배어 있다. 장무상망은 '오래도록 서로 잊지 말자'라는 뜻으로 중국 한나라 시대에 사용한 와당(瓦當)이나 동경(銅鏡)에 보일 정도로 오래전부터 사용한 말이다. 중국의 문사(文士)나 조선의 학자와 선비들이 이 문구를 인장(印章)으로 사용했다. 김정희가 이상적에게 「세한도」를 그려 주며 '장무상망'이라는 인장을 찍을 때의 심정은 사제(師弟) 간의 정(情)을 넘어 형제애와 같은 마음이었기 때문이었을 것이다.

누구에게나 잊지 못할 사람이 있다. 스승이나 친구, 혹은 연인…. 살면서 잊어서는 안 될 것이 내가 곤궁할 때 신세를 지고 나에게 도움을 준 사람이다. 형편이 바뀌었다고 언제 그랬냐는 듯 외면하고 살아서는 안 된다. 기억하지 못한 일은 어찌할 수 없다 하더라도 언젠가는 한번 찾아가 봐야지 하고 생각나는 사람이 있다면 미루지 말고 하루라도 빨리 고마움을 표시하는 것이 좋다. 「세한도」에 새겨진 장무상망을 바라보면서 나는 누군가에게 장무상망의 말을 들을 수 있는 사람이었는지, 내가 어려울 때 힘이 되어 준 사람을 그동안 잊고 살지나 않았는지 되돌아본다.

70

향수(鄕愁)

행복이란 하늘이 파랗다는 걸 발견하는 것만큼이나 쉬운 일이다.

 - 요슈타인 가이더(노르웨이 작가) -

고향에 돌아와서

(回鄕偶書, 회향우서)

어려서 고향 떠나 늙어서야 돌아오니

(少小離家老大回, 소소이가노대회)

고향 사투리는 여전한데 귀밑머리만 희었네

(鄕音不改鬢毛衰, 향음부개빈모쇠)

아이들은 마주봐도 나를 알아보지 못하고

(兒童相見不相識, 아동상견부상식)

깔깔대며 묻는다 아저씨는 어디서 왔느냐고

(笑問客從何處來, 소문객종하처래)

고향을 그리워하지 않는 사람이 몇이나 있을까? 중국 당대(唐代)의 시인 하지장(賀知章, 659~744)의 작품은 1,500여 년이 지났지만 지금도 향수를 자극하는 시(詩)로서는 으뜸이라 할 만하다. 하지장은 당(唐) 현종 때 예부시랑(禮部侍郞)을 지냈으나 만년에는 벼슬을 내려놓고 고향으로 돌아가 도사(道士)가 되었다는 인물이다. 하지장의 시를 음미하면 고향에 대한 추억이 저절로 떠오른다. 나는 타향살이 50년이 더 지나서야 귀향했다. 고향 마을에는 아는 사람보다 모르는 사람이 더 많다. 아이들 웃음소리도 사라진 지 오래된지라 어릴 적 뛰놀던 뒷산에 올라 옛 시절을 회상하며 추억을 달래곤 한다.

고향을 떠오르게 하는 '수구초심(首丘初心)'은 『예기(禮記)』의 「단궁상편(檀

弓上篇)」에 나온다. 중국 은나라 말기 주(周)나라 건국에 공을 세웠던 여상(呂尙) 강태공(姜太公)이 제(齊)나라의 왕으로 봉해졌다가 그곳에서 생을 마감했다. 그러나 장사(葬事)는 주나라 천자의 땅으로 옮겨 지냈다. 이를 두고 당시 사람들이 "옛사람이 말하기를, 여우가 죽을 때 머리를 자기가 살던 굴 쪽으로 향하는 것은 인이라고 하였다(古之人有言 曰狐死正丘首仁也, 고지인유언 왈호사정구수인야)."라고 말한 데서 유래한 것이다. 그 후 객사(客死)한 사람을 고향으로 옮겨 장사지내는 반장(返葬)이라는 풍습은 우리나라에까지 영향을 미치기도 했다.

수구초심은 조선 후기의 방랑시인 김삿갓(金炳淵 김병연, 1807~1863)이 지은 「난고평생시(蘭皐平生詩)」에도 등장한다. 20세 무렵 벼슬을 버리고 유랑 길에 나섰던 김삿갓은 "마음은 타향에서 고향을 그리워하는 여우 같고(心猶異域首丘狐, 심유이역수구호)", "부평초처럼 떠도는 신세 몇 해나 되었던가(轉蓬浮萍經幾霜, 전봉부평경기상)"라며 고향에 대한 향수를 노래했다.

김삿갓이 시를 통해 향수를 달랬던 것처럼 우리도 노래를 부르며 향수를 달래곤 한다. 가수 오기택이 부른 노래 「고향무정」은 1966년에 발표했으나 노래 가사인 "구름도 울고 넘는 저 산 아래 그 옛날 내가 살던 고향이 있었건만…"은 아직도 많은 사람의 가슴에 자리 잡고 있다. 정지용 시인의 「향수」는 1989년 가수 이동원에 의해 노래로 불리어 "그곳이 차마 꿈엔들 잊힐 리야…"라는 가사와 함께 명곡으로 남아 있다.

동물의 귀소본능(歸巢本能, Homing Instinct)처럼 사람은 죽어서도 고향에 돌아가는 것을 꿈꾼다. 윤흥길 작가의 장편소설 『문신』의 주제의식도 귀소본능을 연상하게 하는 '부병자자(赴兵刺字)'와 소설 『밟아도 아리랑』에서 나왔다. 부병자자는 전쟁터에 나가는 남편이나 아버지 또는 아들의 등을 바늘로 찔러 글자를 새기던 풍습이다. 죽더라도 가족들이 문신을 보고 시신을 식별해 고향 땅에 묻어 주기를 바라는 소망으로 문신을 새겼다.

『밟아도 아리랑』은 윤흥길 작가의 지인(知人)이 태평양 전쟁 당시 일본의 해군 기지가 있던 팔라우섬에 다큐멘터리 촬영을 갔다가 그곳의 혼혈 여성에게서 들었다는 사연이다. 혼혈 여성은 일제강점기 때 징용으로 끌려온 한국인 아버지가 노래 「밟아도 아리랑」을 부르며 힘든 노역을 버텼고 살아서 고향에 돌아가 묻히기를 소망했다는 것이다.

고향은 생각만 해도 그림처럼 떠올라 뛰어가고 싶은 그런 곳이다. 중국의 문장가인 도연명(陶淵明, 372~427)의 시 「귀거래사(歸去來辭)」에 나오는 "내 첨형우 재흔재분(乃瞻衡宇 載欣在奔)"은 "마침내 우리 집 대문과 처마가 보이자 기쁜 마음에 뛰듯이 간다."라는 뜻이다. 이처럼 그리움을 떠올리고 가슴을 따뜻하게 하는 향수는 한편으로 고통이기도 했다.

향수를 일컫는 노스탤지어(nostalgia)는 귀향을 뜻하는 노스토스(nostos)와 고통을 의미하는 알고스(algos)가 더해진 말이다. 그래서 향수병(鄕愁病, homesickness)이라는 말이 나왔다. 1688년 스위스 의사 요하네스 호퍼는 전쟁 중 고향을 그리워하는 군인들이 수면 장애와 식욕 저하 등의 증세를 보인다고 주장하며 향수를 부정적인 감정으로 간주했다.

그러나 최근 영국의 사회심리학자 콘스탄틴 세디키드스 박사는 노스탤지어를 '마음을 어두운 생각으로부터 지켜 주는 갑옷'에 비유하며 삶의 전반적인 안녕감에 긍정적인 영향을 미친다고 강조하고 있다. 특히 영국의 감정사학자 애그니스 아널드 포스터(Agnes Arnold-Forster)는 『노스탤지어, 어느 위험한 감정의 연대기』에서 노스탤지어는 과거의 좋은 기억을 떠올리게 함으로써 인지 능력이 향상돼 치매 환자 치료에도 도움을 준다고 말한다. 고독과 단절의 시대에 외로움을 달래 주고 삶을 더욱 행복하게 할 수 있다는 것이다.

어머니 품속 같은 고향, 지금은 교통이 발달해 마음만 먹으면 고향길에 오를 수 있다. 그러나 마음이 있다고 해서 모두 고향에 갈 수 있는 것은 아

니다. 해외 교포와 북한이 고향이거나 개발로 인해 고향을 잃어버린 사람
은 가고 싶어도 갈 수가 없다. 2025년 1월, 우리가 설을 맞아 고향으로 향
할 때 이스라엘의 가자 지구에서 15개월 동안의 전쟁 끝에 휴전이 성사됐
다. 이때 폐허가 된 고향으로 향하는 주민의 절규가 지금도 가슴을 울린다.
"설령 모래를 먹고 살아야 한다고 해도 내 도시와 내 동네로 돌아가기를 원
합니다…" 이들에게 고향길은 그야말로 생명줄과도 같은 것이었다.

아름다운 노년

세상에서 가장 큰 행복은 한 해가 끝날 때 그해의 처음보다 더 나아진 자신을 느낄 때이다.

- 톨스토이(러시아 작가) -

"나뭇잎이 푸른색일 때는 사람들이 안 쳐다봐요. 잎이 떨어지기 직전 붉게 빛날 때야 쳐다보게 되죠. 해도 서산에 몰려 있을 때 제일 아름답잖아요…" 언젠가 가수 배철수가 라디오 프로그램을 진행하면서 말했던 내용인데 단풍과 저녁노을의 아름다움을 표현한 말이다. 우리의 삶에서 맞이하는 노년도 단풍이나 저녁노을처럼 아름다울 수 있을까.

노년이 되면 신체의 노화로 인해 어쩔 수 없이 자신감을 상실하고 위축되기 마련이다. 그렇다고 늙는다는 것이 그렇게 서글픈 것만은 아니다. 로마 시대의 정치가 키케로(B.C.106~43)는 『노년에 대하여』에서 노년의 "삶은 쾌락에서 벗어난 축복받은 시절이고 철학에 전념할 새로운 호기(好期)"라고 말했다. 당나라 시인 백거이(白居易)의 「남경희로(覽鏡喜老, 거울 보고 늙음을 기뻐함)」에도 "늙지 않았더라면 요절하였을 터, 요절하지 않았으니 늙음은 당연한 일, 살아서 늙는 게 요절보다 나은 것"이라는 대목이 있다.

늙는다는 것은 미국 시인 시어도어 로스케(Theodore Roethke)의 "너희 젊음이 너희 노력으로 얻은 상(賞)이 아니듯이 내 늙음도 내 잘못으로 받은 벌(罰)이 아니다."라는 말처럼 내 탓이 아니다. 그러니 스스로 지혜롭고 아름다운 노년의 길을 개척해 나가야 한다. 스위스 사람들은 60세 넘은 노인을 '빨간 스웨터'라고 부른다. 회갑 때 남은 인생을 정열적으로 살라는 뜻으로 가족이 짠 빨간 스웨터를 선물로 주는 데서 비롯됐다.

그리스 격언에 "집안에 노인이 없거든 빌려라."가 있고 아프리카 속담에 "노인 한 사람이 죽는 것은 도서관 하나가 불에 타 사라지는 것과 같다."라는 말이 있다. 모두 노인의 지혜가 소중하다는 것을 상징하는 말이다. 중국에서는 50세를 잘잘못을 깨우치는 나이라고 해 '지비(知非)'라고 한다. 『한비자(韓非子)』의 「설림편(說林篇)」에 나오는 "노마지지(老馬之智)"도 노인의 지혜를 일컫는 말이다. 춘추시대 제(齊)나라 환공(桓公)이 정벌을 마치고 귀국 길에 길을 잃었다가 늙은 말(馬)의 지혜로 길을 찾았다는 데서 유래한다. 성경에도 "늙은 자에게는 지혜가 있고 장수하는 자에게는 명철(明哲)이 있느니라(욥기 12:12)"라는 구절이 있다.

미국 최고의 노인 정신의학과 전문의인 아그로닌(Marc E. Agronin) 박사는 『지금부터 다르게 나이 들 수 있습니다』라는 책에서 "나이 든다는 것은 쇠퇴하는 것이 아니라 성장한다는 것"이라고 하면서 노인의 강점 중 첫 번째는 '지혜'라고 주장한다. 나이가 들수록 지식이 쌓이고 경험과 기술이 축적되며 많은 시행착오를 통해 현명한 판단력을 갖추기 때문이라는 것이다.

지혜는 삶과 건강에 대한 철학을 실천으로 옮길 수 있다. 정신과 의사 이시형 박사(93)와 가정의학과 의사 윤방부 박사(84)도 최근 펴낸 『평생 현역으로 건강하게 사는 법』에서 퇴임 후에도 일과 배움을 지속하는 것이 100세 시대에 노후를 건강하고 아름답게 사는 비결이라고 강조한다. 무기력과 쇠퇴에서 벗어나 뇌와 몸, 마음을 활성화하라는 제안이다.

운동선수는 젊었을 때가 전성기이지만 보통 사람은 노년기에 최고의 업적이 이루어진다. 괴테가 83세에 『파우스트』를 완성했고 피카소는 89세에 자화상을 그렸다. 「황야의 무법자」에서 주연을 했던 클린트 이스트우드는 90이 넘어서까지 배우 활동을 했다. "당신은 나이만큼 늙는 것이 아니라, 당신의 생각만큼 늙는 것이다."라고 말한 미국의 조지 도슨(George Dawson, 1898~2001)은 98세에 알파벳을 배워 101세에 『인생은 아름다워』라는 자서전을 남겼다.

우리나라에도 바느질을 해 오다 83세에 연필로 그림을 그리기 시작해 94세에 그림 이야기 책을 펴낸 김두엽 할머니와 99세에 원동기와 운전면

허시험에 합격한 박기준 할아버지가 있다. 101세의 한종상 옹은 청주 다목적체육관에서 열린 2025년도 전국실버태권도 페스티벌에 참가해 박수를 받았다. 103세이신 의정부의 남궁전 사진작가는 90세에 사진을 배워 로키산맥과 알프스에 올라가서 찍은 사진으로 100세 기념 개인전을 열었다. 김형석 교수는 105세에도 책을 집필하고 강의를 한다. 늦은 나이에 한글을 깨치기 위해 연필을 쥐고 공부하는 할머니는 또 얼마나 많은가.

나이가 들었다고 해서 살 만큼 살았는데 이제 와 뭘 하겠느냐는 자조적(自嘲的)인 관념은 삶의 가치를 떨어뜨린다. 맥아더 장군은 "사람이 늙어 가는 이유는 목적과 이상을 잃어버렸기 때문이다. 세월은 피부를 주름지게 할 뿐이나 목적이 없는 무관심한 생활은 영혼을 주름지게 한다."라고 말했다. 미국 여성 작가인 베티 프리단(Betty Friedan)은 "인간에게 고유한 마인드 컨트롤 능력을 어떻게 이용하는가에 따라 활기찬 노년을 맞이할지 아니면 그저 사그라지고 말 것인지가 결정된다."라고 말했다.

65세에서 80세가 인생의 최고 황금기라고 한다. 청바지를 입는다고 청년이 되는 것은 아니다. 젊은 사람들로부터 존경은 아니더라도 복지의 대상이라는 인식에서 벗어나려면 무언가를 할 수 있는 능력을 갖추는 것이 중요하다. 머리를 쓰고 몸을 움직이는 것은 인지장애를 극복하는 가장 효과적인 방법이다. 천천히 늙어 가게 하려면 낯선 길을 걷거나 새로운 일을 시작해 습관적인 일상에서 벗어나야 한다. 그동안 살아온 경험을 토대로 내가 해 보고 싶은 일이 무엇인지, 할 수 있는 일이 무엇인지를 살펴 저녁노을처럼 아름다운 노년을 만들어 나가는 일이야말로 가장 큰 행복을 얻는 일이다.

웃을 일, 즐거운 일, 흥미로운 일을 만들자!

자기를 행복하다고 생각하는 사람이 가장 행복한 사람이다.

－ 아리스토텔레스(고대 그리스 철학자) －

서두에서 한국을 "가장 우울한 국가"라고 말했던 마크 맨슨은 표현이 다소 과하다고 느껴서인지 끝에서는 "한국에는 세계에서 보기 드문 회복탄력성(resilience)이 있다. 한국인은 위험한 지평선에서 벗어나 내면의 깊은 곳을 들여다보는 길을 찾을 거라 믿는다."라고 말했다. 맨슨의 말이 아니더라도 우리는 한국전쟁의 폐허를 딛고 일어서 세계 10위권의 경제 부국을 이뤄냈다. 'IMF 금 모으기'와 최근 두 번의 대통령 탄핵으로 벌어진 정치 불안을 신속하게 극복하면서 세계의 주목을 받았다. 이는 우리가 모두 회복탄력성이 뛰어나다는 것을 입증한다. 이제 우울한 감정이 있다면 과감히 떨쳐내고 우리의 잠재력을 발휘해 행복의 길을 찾아 나서야 한다. 다행히도 행복은 외부의 조건이 아니더라도 스스로 만들어 나갈 수가 있다.

미국의 긍정심리학자 마틴 셀리그만(Martin E.P. Seligman)은 우리의 행복 수준은 유전적 요소(약 50%)와 환경적 요소(약 10%)에 영향을 받지만, 나머지 40%는 우리가 일상에서 하는 의식적인 선택과 활동으로 결정된다고 말한다. 행복은 소망하고 기다리는 것이 아니라 의도적인 활동을 통해 가능하다는 것이다. 타고난 성격이나 행운 외에도 자신의 강점을 살려 그림을 그리거나 도자기를 빚듯이 꾸준히 연습해 나가면 얼마든지 행복도를 높일 수 있다.

　사람들은 로또에 당첨되는 것처럼 대박 나는 일이 있어야만 행복할 것으로 생각한다. 그러나 그런 행운은 평생 한 번 있을까 말까 한 일이다. 설혹 로또에 당첨되었다 할지라도 행복한 삶을 이어 가는 사람은 드물다. 당첨됐을 때의 행복감은 그리 오래가지 못하고 오히려 불행해졌다는 사례도 있다. 이유는 '쾌락 적응(hedonic adaptation)' 때문이다.

　우리가 '쾌락 적응'에서 벗어나려면 어떻게 해야 할까. 이에 대한 해답을 구하기 위해서는 미국의 심리학자 에드 디너(Ed Dieder)가 "행복은 즐거움의 강도가 아니라 빈도(Happiness is the frequency, not the intensity, of positive affect)"라고 한 말을 음미해 볼 필요가 있다. 전문가들은 한 번에 크나큰 행복감을 느끼기보다 작더라도 자주 행복감을 느끼는 경험에 집중하라고 조언한다.

　우리는 그동안 남에게 뒤처지지 않고 더 많은 것을 성취해 쌓아 올리는 것이 행복에 이르는 길이라고 배워 왔다. 그러나 더 많은 것을 바라고 채우려고만 하지 말고 불필요한 것들을 덜어내고 내려놓는 절제의 삶을 추구하는 자세가 필요하다. 나아가 비우고 나누는 생활 속에서 헛된 욕망으로부터 자유로울 때 진정한 행복의 길에 접어들 수 있다. 벨기에의 시인이자 극작가인 M.마테를링크(Maurice Maeterlinck, 1862~1945)의 동화극 『파랑새』는 '행복은 먼 곳이 아니라 가까이에 있다.'라는 것을 깨우쳐 준다. 없는 것을 구하려 하지 않고 지금 가지고 있는 것들에 만족하는 것이 진정한 행복이라는 것이다.

행복은 아끼던 물건을 잃어버리고 온 집 안을 뒤지다가 서랍 귀퉁이에서 찾았을 때 외치는 환호성이다. 행복은 언제나 우리의 눈앞에서 자신을 발견해 주기를 기다리고 있으나 우리는 그것을 보지 못하고 멀고도 높은 곳에 있다고 여긴다. 주변에 널려 있는 세 잎 클로버(행복)를 밟으며 네 잎 클로버(행운)를 찾는 것과 같다.

유엔이 「행복보고서」를 발표하기 위해 조사하는 질문 문항에는 '어제 하루 동안 웃을 일, 즐거운 일, 흥미로운 일이 있었습니까?'라는 내용이 있다. 긍정적인 감정 여부를 알아보기 위한 질문인데 응답자가 '그렇다'라고 답하면 '행복한 사람'으로 평가한다. 행복은 내가 찾아내고 만드는 것이며 지금 여기(Here and Now)에 있다. 2025년에 방한했던 빌 게이츠도 행복한 순간을 팀원들과 함께 문제를 해결했을 때와 자녀들과 함께하는 시간이었다고 말한다.

시골살이하면서 내가 가장 행복했던 시간은 도끼로 장작을 팰 때와 처마

밑에 제비가 집을 짓고 부화(孵化)한 새끼에게 먹이를 잡아다 먹여 주는 모습을 지켜보는 일이었다. 또 하나는 부러진 농기구 손잡이를 만들어 끼우고 능소화와 해당화 꺾꽂이에 성공했을 때였다. 해당화 꺾꽂이는 두 번이나 했는데 처음 꺾꽂이한 해당화가 연분홍 꽃을 피우고, 두 번째 꺾꽂이한 해당화가 바라던 진분홍색 꽃을 피웠을 때는 탄성이 저절로 나왔다.

마음만 먹으면 '소확행(小確幸)'이 될 만한 일은 주변에서 얼마든지 찾을 수 있다. 아무도 내가 하는 일을 알아주지 않는다 해도, 남들이 보기에는 하찮은 일이라 할지라도 내가 즐겁고 행복하면 그만이다. '웃을 일, 즐거운 일, 흥미로운 일'을 내가 만들어 나갈 때 우리는 모두 행복한 사람이 될 수 있다. 당신 앞에 펼쳐지는 하루하루가 날마다 아름답고 행복하기를 진심으로 바란다.

행복에는 커트라인이 없다.

어떠한 수준에 도달하면 행복하고

그렇지 않으면 불행하다는 커트라인이 정해져 있지 않다.

행복은 아무나 그것도 아무 때나 느낄 수 있는 것이고,

그것을 느끼는 횟수에도 제한이 가해지지 않는다.

그런데도 행복을 느끼지 못하는 것은

스스로가 행복의 커트라인을 정해 놓고 살아가기 때문이다.

. . . .

진정으로 행복을 느끼고 싶다면

어떠한 수준에 도달해야만 행복해질 수 있다는

행복의 커트라인을 정해 놓지 말아야 한다.

이미 정해져 있다면 철회시켜야 한다.

행복의 커트라인을 정해 놓는 것은

행복을 불러들이는 것이 아니라 내쫓는 것이다.

행복의 커트라인이 정해지는 순간

그 수준에 도달하지 못하는 행복은

느껴보기도 전에 달아나 버리고 만다.

- 송천호『나는 내가 바꾼다』中에서 -

마음이 행복이다

1판 1쇄 발행 2025년 12월 10일

저자 김성화
감수 한정근

교정 신선미   **편집** 유주은   **마케팅·지원** 이창민

펴낸곳 (주)하움출판사   **펴낸이** 문현광

이메일 haum1000@naver.com   **홈페이지** haum.kr
블로그 blog.naver.com/haum1000   **인스타그램** @haum1007

ISBN 979-11-7374-240-8(03810)